U0919989

"十二五"职业教育国家规划教材
经全国职业教育教材审定委员会审定

景区服务与管理

（第三版）

主编 ◎ 周国忠

中国旅游出版社

第三版前言

为了使教材内容能够与时俱进，本次修订对书中的案例、数据等内容进行了更新和规范，以反映学科专业新进展、行业发展新动态，相关表述也更加规范、准确。

特别指出的是，为了深入学习宣传贯彻落实党的二十大精神，更好教育引导广大师生听党话、跟党走，践行为党育人、为国育才的初心使命，培养德智体美劳全面发展的社会主义建设者和接班人，此次修订补充完善了社会主义核心价值观的内容。增加了绪论，绪论内容主要包括：深刻认识党的二十大胜利召开的伟大意义，提升新时代大学生政治站位；深刻把握党的二十大主题，激发新时代大学生爱国热情；深入学习领悟过去五年工作和新时代十年伟大变革的重大意义，增强新时代大学生民族自豪感；深刻领会“两个结合”是推进马克思主义中国化时代化的根本途径，加强新时代大学生弘扬中华优秀传统文化教育；牢牢把握全面建设社会主义现代化国家开局起步的战略部署，指引新时代大学生守正创新促发展；深入把握党的二十大关于文化和旅游工作的部署要求，推动文旅融合高质量发展；深刻把握团结奋斗的新时代要求，为文旅行业培养高素质人才。真正让马克思主义中国化时代化的最新理论成果进课堂、进教材、进师生头脑，融入师生学习工作。

本教材由浙江旅游职业学院周国忠教授担任主编，王方教授、郎富平教授参与编写。由于编者水平有限，不足之处在所难免，敬请广大读者批评指正！

编者

2023 年 2 月

第二版前言

《景区服务与管理》由中国旅游出版社于2012年6月初版，其以理论与实践的有机融合和行业背景而具有鲜明特色，经过几个学期的使用，获得广大高职院校的认可，获得学生和行业人士的好评。

随着景区业的快速发展，本书内容有必要做与时俱进的修订，以及时反映景区运营管理中的新需要、新技术、新方法、新理念。同时，体现出新的教育方式方法、增加新的教学手段、适应学校教学改革的需要，通过修订，进一步完善原有的教材内容，丰富教材特色，运用知识讲述、模拟实训或实习等方式，可以让学生更直观地感受景区业在对客服务和管理方面的要求，更加切合教育教学的实际需要，使本书成为一本优秀教材。

这次修订主要着眼四个方面的内容：

第一，体现“贴近一线工作”的理念。本课程具有较强的应用性，课程知识将直接应用于景区服务与管理的实践之中。因此，课程内容的安排尽量与实际的服务和管理工作挂钩，尽量避免空洞的理论阐述，使学生学完该课程后能够具有较好的实际工作能力。

第二，更新教材内容。首先，更新陈旧的内容，增加新内容，例如将智慧景区、智能导游、景区无线网络等新的景区服务与管理的内容及时地加入教材中。其次，对教材内容的详略进行调整和优化，理论性内容更少一些，应用性内容更多一些。再次，强化内容的系统性和逻辑性，让教师易讲、学生易懂。

第三，优化教材体例和结构。修订后的教材吸纳了“五星联盟”院校在教学实践中的教改成果等先进教学经验和成功的教学方法，包括案例教学、数字教学、模拟教学、模块教学、问题导向型教学等能够契合行业实际、提升学生学习兴趣和主动性等教学方法。

第四，增加了电子课件。

“景区服务与管理”是智慧景区开发与管理、旅游管理等旅游类专业的专业核心课程。旅游景区业迫切需要新型的专业人才来适应行业发展的需要。作为高等教育重要组成部分的高职教育，将培养行业应用型人才为己任，使我们培养的学生更好地服务于旅游景区，同时在学生的职业规划和发展空间上，更具有竞争力、适应力和上升力。

本教材由浙江旅游职业学院周国忠教授担任主编，王方副教授、郎富平副教授参与编写。

编者

2017 年 4 月

目录
CONTENTS

绪 论

党的二十大是在全党全国各族人民迈上全面建设社会主义现代化国家新征程、向第二个百年奋斗目标进军的关键时刻召开的一次十分重要的大会，是一次高举旗帜、凝聚力量、团结奋进的大会。党的二十大在政治上、理论上、实践上取得了一系列重大成果，就新时代新征程党和国家事业发展制定了大政方针和战略部署，是我们党团结带领人民全面建设社会主义现代化国家、全面推进中华民族伟大复兴的政治宣言和行动纲领，对于全党全国各族人民更加紧密团结在以习近平同志为核心的党中央周围，万众一心、接续奋斗，在新时代新征程夺取中国特色社会主义新的伟大胜利，具有极其重大而深远的意义。学习贯彻党的二十大精神，习近平总书记强调的“五个牢牢把握”是最精准的解读、最权威的辅导。要从战略和全局高度完整、准确、全面理解把握党的二十大精神，增强学习贯彻的政治自觉、思想自觉、行动自觉，为实现党的二十大确定的目标任务不懈奋斗。

一、深刻认识党的二十大胜利召开的伟大意义，提升新时代大学生政治站位

党的二十大担负起全党的重托和人民的期待，从战略全局深刻阐述了新时代坚持和发展中国特色社会主义的一系列重大理论和实践问题，科学谋划了未来一个时期党和国家事业发展的目标任务和大政方针，在党和国家历史上具有重大而深远的意义。

（一）这是中国共产党在百年辉煌成就和十年伟大变革的高起点上创造新时代更大荣光的大会

中国共产党在百年历程中共召开了十九次全国代表大会。党的二十大是我们党在建党百年后召开的首次全国代表大会，也是在新时代十年伟大变革的时间坐标上召开的全国代表大会，具有特别的里程碑意义。

（二）这是推进实践基础上的理论创新、开辟马克思主义中国化时代化新境界的大会

马克思主义中国化时代化既是马克思主义的自身要求，又是中国共产党坚持和发展马克思主义的必然路径。中国共产党为什么能，中国特色社会主义为什么好，归根到底是马克思主义行，是中国化时代化的马克思主义行。党的二十大深刻阐述了习近平新时代中国特色社会主义思想的科学内涵和精神实质，深入阐释了开辟马克思主义中国化时代化新境界的重大命题并提出了明确要求，具有重大理论意义。

（三）这是谋划全面建设社会主义现代化国家、以中国式现代化全面推进中华民族伟大复兴的大会

现代化是各国人民的共同期待和目标。百年来，我们党团结带领人民进行的一切奋斗、一切牺牲、一切创造，就是为了把我国建设成为现代化强国，实现中华民族伟大复兴。在新中国成立特别是改革开放以来的长期探索和实践基础上，经过党的十八大以来在理论和实践上的创新突破，我们党成功推进和拓展了中国式现代化，创造了人类文明新形态。党的二十大明确提出以中国式现代化全面推进中华民族伟大复兴的使命任务，精辟论述了中国式现代化的中国特色、本质要求和重大原则，深刻阐释了中国式现代化的历史渊源、理论逻辑、实践特征和战略部署，大大深化了我们党关于中国式现代化的理论和实践。

（四）这是致力于推动构建人类命运共同体、携手开创人类更加美好未来的大会

当前，世界之变、时代之变、历史之变正以前所未有的方式展开，人类社会面临前所未有的挑战。世界又一次站在历史的十字路口，何去何从取决于各国人民的

抉择。党的二十大深刻把握世界大势和时代潮流，宣示中国在变局、乱局中促进世界和平与发展、推动构建人类命运共同体的政策主张和坚定决心，为共创人类更加美好的未来注入强大信心和力量。

（五）这是推动解决大党独有难题、以党的自我革命引领社会革命的大会

全面建设社会主义现代化国家、全面推进中华民族伟大复兴，关键在党。党的二十大明确提出：我们党作为世界上最大的马克思主义执政党，要始终赢得人民拥护、巩固长期执政地位，必须时刻保持解决大党独有难题的清醒和坚定。

二、深刻把握党的二十大主题，激发新时代大学生爱国热情

党的二十大的主题，正是我们党对这些事关党和国家事业继往开来、事关中国特色社会主义前途命运、事关中华民族伟大复兴战略性问题的明确宣示，是大会的灵魂。习近平总书记在党的二十大报告中，开宗明义指出大会的主题："高举中国特色社会主义伟大旗帜，全面贯彻新时代中国特色社会主义思想，弘扬伟大建党精神，自信自强、守正创新，踔厉奋发、勇毅前行，为全面建设社会主义现代化国家、全面推进中华民族伟大复兴而团结奋斗。"这一主题明确宣示了我们党在新征程上带领人民举什么旗、走什么路、以什么样的精神状态、朝着什么样的目标继续前进等重大问题。《中国共产党第二十次全国代表大会关于十九届中央委员会报告的决议》指出："报告阐明的大会主题是大会的灵魂，是党和国家事业发展的总纲。"学习理解党的二十大精神，必须把握这一"灵魂"，抓住这一"总纲"。大会主题中的六个关键词语值得我们高度重视。

（一）旗帜

新时代新征程党高举的旗帜就是"中国特色社会主义伟大旗帜"。大会主题写入这一根本要求，既体现了中国特色社会主义历史演进的连续性、继承性，又体现了新时代党坚持和发展中国特色社会主义的坚定性、恒久性。

（二）思想

大会主题所指示的“全面贯彻新时代中国特色社会主义思想”，就是要求在新时代新征程必须全面贯彻习近平新时代中国特色社会主义思想。党的二十大报告对此作出全面部署。

（三）精神

继在庆祝中国共产党成立100周年大会上习近平总书记提出并号召继承发扬伟大建党精神后，党的二十大主题写入了“弘扬伟大建党精神”的要求，新修改的党章载入了伟大建党精神“坚持真理、坚守理想，践行初心、担当使命，不怕牺牲、英勇斗争，对党忠诚、不负人民”的内涵，这是党在自己最高权力机关及最高章程上的庄严宣示，明确回答了党以什么样的精神状态走好新的赶考之路的重大问题，不仅是贯穿大会报告的重要红线，也是今后党的全部理论和实践的重要遵循。

（四）现代化

“现代化”即“全面建设社会主义现代化国家”。这一重要主题彰显了当前和今后一个时期党的中心任务。党的二十大庄严宣告：“从现在起，中国共产党的中心任务就是团结带领全国各族人民全面建成社会主义现代化强国、实现第二个百年奋斗目标，以中国式现代化全面推进中华民族伟大复兴。”“中国式现代化”成为这次大会的重要标识。

（五）复兴

在党的二十大主题中，前后用了三个“全面”，即“全面贯彻新时代中国特色社会主义思想”“全面建设社会主义现代化国家”“全面推进中华民族伟大复兴”。第一个“全面”规定了新时代党的创新科学理论的指导地位，第二个“全面”规定了新时代新征程的中心任务，第三个“全面”规定了党在新时代新征程的奋斗目标。大会主题中的前两个“全面”，以及报告全文使用的其他一百多个“全面”，都是为了实现“全面推进中华民族伟大复兴”这一根本目标。

（六）团结奋斗

“团结奋斗”是党的二十大主题的鲜明特色。除了在主题中要求“为全面建设社会主义现代化国家、全面推进中华民族伟大复兴而团结奋斗”外，“团结奋斗”一词还体现在党的二十大报告的标题、导语、正文、结束语各个部分。报告全文共使用7次“团结奋斗”、27次“团结”，突出表达了这次大会的主基调。

三、深入学习领悟过去五年工作和新时代十年伟大变革的重大意义，增强新时代大学生民族自豪感

过去五年和新时代以来的十年，在党和国家发展进程中极不寻常、极不平凡。习近平总书记在党的二十大报告中全面回顾总结了过去五年的工作和新时代十年的伟大变革，深刻指出新时代十年的伟大变革，在党史、新中国史、改革开放史、社会主义发展史、中华民族发展史上具有里程碑意义。学习宣传、贯彻落实党的二十大精神，必须深入学习领悟过去五年工作和新时代十年伟大变革的重大意义，坚定历史自信、增强历史主动，自觉在思想上政治上行动上同以习近平同志为核心的党中央保持高度一致。

党的二十大报告在总结党的十九大以来五年工作基础上，用“三件大事”、三个“历史性胜利”高度概括新时代十年走过的极不寻常、极不平凡的奋斗历程，从16个方面全面回顾党和国家事业发展取得的举世瞩目的重大成就，从4个方面总结提炼新时代十年伟大变革的里程碑意义。新时代十年的伟大变革，充分证明中国特色社会主义道路不仅走得对、走得通，而且走得稳、走得好。

四、深刻领会“两个结合”是推进马克思主义中国化时代化的根本途径，加强新时代大学生弘扬中华优秀传统文化教育

党的二十大报告提出，中国共产党为什么能，中国特色社会主义为什么好，归根到底是马克思主义行，是中国化时代化的马克思主义行。100多年来，我们党洞察时代大势，把握历史主动，进行艰辛探索，坚持解放思想和实事求是相统一、培

元固本和守正创新相统一，把马克思主义基本原理同中国具体实际相结合、同中华优秀传统文化相结合，不断推进理论创新、进行理论创造，不断推进马克思主义中国化时代化，带领中国人民不懈奋斗，中华民族迎来了从站起来、富起来到强起来的伟大飞跃，实现中华民族伟大复兴进入了不可逆转的历史进程。

马克思主义理论不是教条，而是行动指南。习近平总书记在党的二十大报告中指出："我们坚持以马克思主义为指导，是要运用其科学的世界观和方法论解决中国的问题，而不是要背诵和重复其具体结论和词句，更不能把马克思主义当成一成不变的教条。"坚持和发展马克思主义，必须同中国具体实际相结合。100多年来，我们党把坚持马克思主义和发展马克思主义统一起来，既始终坚持马克思主义基本原理不动摇，又根据中国革命、建设、改革实际，创造性地解决自己的问题，不断开辟马克思主义中国化时代化新境界。坚持和发展马克思主义，必须同中华优秀传统文化相结合。只有植根本国、本民族历史文化沃土，马克思主义真理之树才能根深叶茂。中华优秀传统文化源远流长、博大精深，是中华文明的智慧结晶，其中蕴含的天下为公、民为邦本、为政以德、革故鼎新、任人唯贤、天人合一、自强不息、厚德载物、讲信修睦、亲仁善邻等，是中国人民在长期生产生活中积累的宇宙观、天下观、社会观、道德观的重要体现，同科学社会主义核心价值观主张具有高度契合性。中国共产党之所以能够领导人民成功走出中国式现代化道路、创造人类文明新形态，很重要的一个原因就在于植根中华文化沃土，不断推进马克思主义中国化时代化，推动中华优秀传统文化创造性转化、创新性发展。

五、牢牢把握全面建设社会主义现代化国家开局起步的战略部署，指引新时代大学生守正创新促发展

党的二十大站在党和国家事业发展的制高点，科学谋划了未来五年乃至更长时期党和国家事业发展的目标任务和大政方针，发出了全面建设社会主义现代化国家、全面推进中华民族伟大复兴的动员令。

"全面建成社会主义现代化强国，总的战略安排是分两步走：从二〇二〇年到二〇三五年基本实现社会主义现代化；从二〇三五年到本世纪中叶把我国建成富强民主文明和谐美丽的社会主义现代化强国。"党的二十大对全面建成社会主义现代

化强国两步走战略安排进行了宏观展望，又围绕统筹推进“五位一体”总体布局、协调推进“四个全面”战略布局，从11个方面对未来五年工作作出全面部署，全面构建了推进社会主义现代化建设的实践体系。特别是把教育科技人才、全面依法治国、维护国家安全和社会稳定单列部分进行具体安排，充分体现了抓关键、补短板、防风险的战略考量，是党中央基于新的战略机遇、新的战略任务、新的战略阶段、新的战略要求、新的战略环境做出的科学判断和战略安排，必将引领全党全国各族人民有效应对世界之变、时代之变、历史之变，推动全面建设社会主义现代化国家开好局、起好步。

六、深入把握党的二十大关于文化和旅游工作的部署要求，推动文旅融合高质量发展

党的二十大作出推进文化自信自强、铸就社会主义文化新辉煌的重大战略部署，要准确把握社会主义文化建设的指导思想和原则目标、战略重点和主要任务以及中国立场和时代要求。

（一）要准确把握社会主义文化建设的指导思想和原则目标

报告指出：“全面建设社会主义现代化国家，必须坚持中国特色社会主义文化发展道路，增强文化自信，围绕举旗帜、聚民心、育新人、兴文化、展形象建设社会主义文化强国，发展面向现代化、面向世界、面向未来的，民族的科学的大众的社会主义文化，激发全民族文化创新创造活力，增强实现中华民族伟大复兴的精神力量。”报告明确提出了社会主义文化建设的根本指导思想、基本原则和奋斗目标，坚持为人民服务、为社会主义服务，以社会主义核心价值观为引领，发展社会主义先进文化，弘扬革命文化，传承中华优秀传统文化，满足人民日益增长的精神文化需求，巩固全党全国各族人民团结奋斗的共同思想基础，不断提升国家文化软实力和中华文化影响力。

（二）要准确把握社会主义文化建设的战略重点和主要任务

党的二十大报告提出了建设具有强大凝聚力和引领力的社会主义意识形态、广

泛践行社会主义核心价值观、提高全社会文明程度、繁荣发展文化事业和文化产业、增强中华文明传播力影响力五个方面的战略任务，准确把握、全面落实好这些战略重点和主要任务，对于推进文化自信自强，铸就社会主义文化新辉煌具有重要基础支撑作用。

（三）要准确把握社会主义文化建设的中国立场和时代要求

党的二十大报告指出："中华优秀传统文化源远流长、博大精深，是中华文明的智慧结晶。"要把马克思主义基本原理与中华优秀传统文化相结合，不断推进马克思主义中国化，增强中华文明的传播力和影响力。

（四）以文塑旅、以旅彰文、推进文化和旅游深度融合发展

党的二十大报告明确提出："加大文物和文化遗产保护力度，加强城乡建设中历史文化保护传承，建好用好国家文化公园。坚持以文塑旅、以旅彰文，推进文化和旅游深度融合发展。"这些重要论述，为文旅行业把握新发展阶段，贯彻新发展理念，构建新发展格局，推动高质量发展点明了方向，指明了路径，是未来5年乃至更长一段时间内文旅行业融合发展实践的根本遵循和行动指南，对文旅行业实现理念重构和实践创新具有非常重要的现实指导意义。

七、深刻把握团结奋斗的新时代要求，为文旅行业培养高素质人才

在党的二十大上，习近平总书记宣示新时代新征程党的使命任务，发出了全面建设社会主义现代化国家、全面推进中华民族伟大复兴的动员令。从现在起，中国共产党的中心任务就是团结带领全国各族人民全面建成社会主义现代化强国、实现第二个百年奋斗目标，以中国式现代化全面推进中华民族伟大复兴。

美好的蓝图需要埋头苦干、团结奋斗才能变为现实。习近平总书记的铿锵宣示充满信心和力量——"党用伟大奋斗创造了百年伟业，也一定能用新的伟大奋斗创造新的伟业"。让我们更加紧密地团结在以习近平同志为核心的党中央周围，全面贯彻习近平新时代中国特色社会主义思想，坚定信心、同心同德，埋头苦干、奋勇

前进，深入贯彻落实党的二十大精神和党中央决策部署，为全面建设社会主义现代化国家、全面推进中华民族伟大复兴而团结奋斗，在新的赶考之路上向历史和人民交出新的优异答卷！

相关链接 1 搜索

关于党的二十大报告，必须知道的“关键词”

2022 年 10 月 16 日，中国共产党第二十次全国代表大会开幕，习近平代表第十九届中央委员会向大会作报告。一起学习报告里的这些“关键词”。

【大会的主题】

大会的主题是：高举中国特色社会主义伟大旗帜，全面贯彻新时代中国特色社会主义思想，弘扬伟大建党精神，自信自强、守正创新，踔厉奋发、勇毅前行，为全面建设社会主义现代化国家、全面推进中华民族伟大复兴而团结奋斗。

【三个“务必”】

中国共产党已走过百年奋斗历程。我们党立志于中华民族千秋伟业，致力于人类和平与发展崇高事业，责任无比重大，使命无上光荣。全党同志务必不忘初心、牢记使命，务必谦虚谨慎、艰苦奋斗，务必敢于斗争、善于斗争，坚定历史自信，增强历史主动，谱写新时代中国特色社会主义更加绚丽的华章。

【极不寻常、极不平凡的五年】

党的十九大以来的五年，是极不寻常、极不平凡的五年。党中央统筹中华民族伟大复兴战略全局和世界百年未有之大变局，就党和国家事业发展作出重大战略部署，团结带领全党全军全国各族人民有效应对严峻复杂的国际形势和接踵而至的巨大风险挑战，以奋发有为的精神把新时代中国特色社会主义不断推向前进。

【三件大事】

十年来，我们经历了对党和人民事业具有重大现实意义和深远历史意义的三件大事：一是迎来中国共产党成立一百周年，二是中国特色社会主义进入新时代，三是完成脱贫攻坚、全面建成小康社会的历史任务，实现第一个百年奋斗目标。

【新时代十年的伟大变革】

新时代十年的伟大变革，在党史、新中国史、改革开放史、社会主义发展史、中华民族发展史上具有里程碑意义。

【归根到底是两个“行”】

实践告诉我们，中国共产党为什么能，中国特色社会主义为什么好，归根到底是马克思主义行，是中国化时代化的马克思主义行。拥有马克思主义科学理论指导是我们党坚定信仰信念、把握历史主动的根本所在。

【中国共产党的中心任务】

从现在起，中国共产党的中心任务就是团结带领全国各族人民全面建成社会主义现代化强国、实现第二个百年奋斗目标，以中国式现代化全面推进中华民族伟大复兴。

【中国式现代化】

中国式现代化，是中国共产党领导的社会主义现代化，既有各国现代化的共同特征，更有基于自己国情的中国特色。

——中国式现代化是人口规模巨大的现代化。

——中国式现代化是全体人民共同富裕的现代化。

——中国式现代化是物质文明和精神文明相协调的现代化。

——中国式现代化是人与自然和谐共生的现代化。

——中国式现代化是走和平发展道路的现代化。

中国式现代化的本质要求是：坚持中国共产党领导，坚持中国特色社会主义，实现高质量发展，发展全过程人民民主，丰富人民精神世界，实现全体人民共同富裕，促进人与自然和谐共生，推动构建人类命运共同体，创造人类文明新形态。

【全面建设社会主义现代化国家开局起步的关键时期】

未来五年是全面建设社会主义现代化国家开局起步的关键时期。

【五个“坚持”】

我国发展进入战略机遇和风险挑战并存、不确定难预料因素增多的时期，各种“黑天鹅”“灰犀牛”事件随时可能发生。我们必须增强忧患意识，坚持底线思维，做到居安思危、未雨绸缪，准备经受风高浪急甚至惊涛骇浪的重大考验。前进道路上，必须牢牢把握以下重大原则。

——坚持和加强党的全面领导。

——坚持中国特色社会主义道路。

——坚持以人民为中心的发展思想。

——坚持深化改革开放。

——坚持发扬斗争精神。

【加快构建新发展格局】

必须完整、准确、全面贯彻新发展理念，坚持社会主义市场经济改革方向，坚持高水平对外开放，加快构建以国内大循环为主体、国内国际双循环相互促进的新发展格局。

【发展经济着力点】

坚持把发展经济的着力点放在实体经济上，推进新型工业化，加快建设制造强国、质量强国、航天强国、交通强国、网络强国、数字中国。

【实施科教兴国战略】

必须坚持科技是第一生产力、人才是第一资源、创新是第一动力，深入实施科教兴国战略、人才强国战略、创新驱动发展战略，开辟发展新领域新赛道，不断塑造发展新动能新优势。

坚持创新在我国现代化建设全局中的核心地位。完善党中央对科技工作统一领导的体制，健全新型举国体制，强化国家战略科技力量，优化配置创新资源，提升国家创新体系整体效能。

【全过程人民民主】

全过程人民民主是社会主义民主政治的本质属性，是最广泛、最真实、最管用的民主。必须坚定不移走中国特色社会主义政治发展道路，坚持党的领导、人民当家作主、依法治国有机统一。

【全面依法治国】

全面依法治国是国家治理的一场深刻革命，关系党执政兴国，关系人民幸福安康，关系党和国家长治久安。必须更好发挥法治固根本、稳预期、利长远的保障作用，在法治轨道上全面建设社会主义现代化国家。

【文化自信自强】

全面建设社会主义现代化国家，必须坚持中国特色社会主义文化发展道路，增强文化自信，围绕举旗帜、聚民心、育新人、兴文化、展形象建设社会主义文化强国，发展面向现代化、面向世界、面向未来的，民族的科学的大众的社会主义文化，激发全民族文化创新创造活力，增强实现中华民族伟大复兴的精神力量。

【为民造福】

治国有常，利民为本。为民造福是立党为公、执政为民的本质要求。必须坚持在发展中保障和改善民生，鼓励共同奋斗创造美好生活，不断实现人民对美好生活的向往。

【完善分配制度】

坚持按劳分配为主体、多种分配方式并存，构建初次分配、再分配、第三次分配协调配套的制度体系。努力提高居民收入在国民收入分配中的比重，提高劳动报酬在初次分配中的比重。坚持多劳多得，鼓励勤劳致富，促进机会公平，增加低收入者收入，扩大中等收入群体。规范收入分配秩序，规范财富积累机制，保护合法收入，调节过高收入，取缔非法收入。

【推动绿色发展】

大自然是人类赖以生存发展的基本条件。尊重自然、顺应自然、保护自然，是全面建设社会主义现代化国家的内在要求。必须牢固树立和践行绿水青山就是金山银山的理念，站在人与自然和谐共生的高度谋划发展。

【总体国家安全观】

国家安全是民族复兴的根基，社会稳定是国家强盛的前提。必须坚定不移贯彻总体国家安全观，把维护国家安全贯穿党和国家工作各方面全过程，确保国家安全和社会稳定。

【新安全格局】

我们要坚持以人民安全为宗旨、以政治安全为根本、以经济安全为基础、以军事科技文化社会安全为保障、以促进国际安全为依托，统筹外部安全和内部安全、国土安全和国民安全、传统安全和非传统安全、自身安全和共同安全，统筹维护和塑造国家安全，夯实国家安全和社会稳定基层基础，完善参与全球安全治理机制，建设更高水平的平安中国，以新安全格局保障新发展格局。

【开创国防和军队现代化新局面】

实现建军一百年奋斗目标，开创国防和军队现代化新局面。

如期实现建军一百年奋斗目标，加快把人民军队建成世界一流军队，是全面建设社会主义现代化国家的战略要求。必须贯彻新时代党的强军思想，贯彻新时代军事战略方针，坚持党对人民军队的绝对领导，坚持政治建军、改革强军、科技强军、人才强军、依法治军，坚持边斗争、边备战、边建设，坚持机械化信息化智能化融合发展，加快军事理论现代化、军队组织形态现代化、军事人员现代化、武器装备现代化，提高捍卫国家主权、安全、发展利益战略能力，有效履行新时代人民军队使命任务。

【坚持和完善“一国两制”，推进祖国统一】

“一国两制”是中国特色社会主义的伟大创举，是香港、澳门回归后保持长期繁荣稳定的最佳制度安排，必须长期坚持。

坚持贯彻新时代党解决台湾问题的总体方略，牢牢把握两岸关系主导权和主动权，坚定不移推进祖国统一大业。

解决台湾问题是中国人自己的事，要由中国人来决定。我们坚持以最大诚意、尽最大努力争取和平统一的前景，但决不承诺放弃使用武力，保留采取一切必要措施的选项，这针对的是外部势力干涉和极少数“台独”分裂分子及其分裂活动，绝非针对广大台湾同胞。国家统一、民族复兴的历史车轮滚滚向前，祖国完全统一一定要实现，也一定能够实现！

【人类命运共同体】

中国提出了全球发展倡议、全球安全倡议，愿同国际社会一道努力落实。我们真诚呼吁，世界各国弘扬和平、发展、公平、正义、民主、自由的全人类共同价值，促进各国人民相知相亲，尊重世界文明多样性，以文明交流超越文明隔阂、文明互鉴超越文明冲突、文明共存超越文明优越，共同应对各种全球性挑战。中国人民愿同世界人民携手开创人类更加美好的未来。

【新时代党的建设新的伟大工程】

全面建设社会主义现代化国家、全面推进中华民族伟大复兴，关键在党。我们党作为世界上最大的马克思主义执政党，要始终赢得人民拥护、巩固长期执政地位，必须时刻保持解决大党独有难题的清醒和坚定。全党必须牢记，全面从严治党永远在路上，党的自我革命永远在路上，决不能有松劲歇脚、疲劳厌战的情绪，必须持之以恒推进全面从严治党，深入推进新时代党的建设新的伟大工程，以党的自我革命引领社会革命。

【五个“必由之路”】

全党必须牢记，坚持党的全面领导是坚持和发展中国特色社会主义的必由之路，中国特色社会主义是实现中华民族伟大复兴的必由之路，团结奋斗是中国人民创造历史伟业的必由之路，贯彻新发展理念是新时代我国发展壮大的必由之路，全面从严治党是党永葆生机活力、走好新的赶考之路的必由之路。

【战略性工作】

青年强，则国家强。当代中国青年生逢其时，施展才干的舞台无比广阔，实现梦想的前景无比光明。全党要把青年工作作为战略性工作来抓，用党的科学理论武装青年，用党的初心使命感召青年，做青年朋友的知心人、青年工作的热心人、青年群众的引路人。

——资料来源：人民网·中国共产党新闻网.

相关链接 2 搜索

9 个重要表述，带你理解高质量

习近平在党的二十大报告中提出，必须完整、准确、全面贯彻新发展理念，坚持社会主义市场经济改革方向，坚持高水平对外开放，加快构建以国内大循环为主体、国内国际双循环相互促进的新发展格局。

中国式现代化

报告原文

在新中国成立特别是改革开放以来长期探索和实践基础上，经过十八大以来在理论和实践上的创新突破，我们党成功推进和拓展了中国式现代化。

中国式现代化，是中国共产党领导的社会主义现代化，既有各国现代化的共同特征，更有基于自己国情的中国特色。

高水平社会主义市场经济体制

报告原文

构建高水平社会主义市场经济体制。坚持和完善社会主义基本经济制度，毫不动摇巩固和发展公有制经济，毫不动摇鼓励、支持、引导非公有制经济发展，充分发挥市场在资源配置中的决定性作用，更好发挥政府作用。

现代化产业体系

报告原文

建设现代化产业体系。坚持把发展经济的着力点放在实体经济上，推进新型工业化，加快建设制造强国、质量强国、航天强国、交通强国、网络强国、数字中国。

乡村振兴

报告原文

全面推进乡村振兴。坚持农业农村优先发展，坚持城乡融合发展，畅通城乡要素流动。扎实推动乡村产业、人才、文化、生态、组织振兴。全方位夯实粮食安全根基，牢牢守住十八亿亩耕地红线。深化农村土地制度改革，赋予农民更加充分的财产权益。保障进城落户农民合法土地权益，鼓励依法自愿有偿转让。

区域协调发展

报告原文

促进区域协调发展。深入实施区域协调发展战略、区域重大战略、主体功能区战略、新型城镇化战略，优化重大生产力布局，构建优势互补、高质量发展的区域经济布局和国土空间体系。

高水平对外开放

报告原文

推进高水平对外开放。稳步扩大规则、规制、管理、标准等制度型开放。加快建设贸易强国。营造市场化、法治化、国际化一流营商环境。推动共建"一带一路"高质量发展。有序推进人民币国际化。深度参与全球产业分工和合作，维护多元稳定的国际经济格局和经贸关系。

新领域新赛道

报告原文

必须坚持科技是第一生产力、人才是第一资源、创新是第一动力，深入实施科教兴国战略、人才强国战略、创新驱动发展战略，开辟发展新领域新赛道，不断塑造发展新动能新优势。

共同富裕

报告原文

我们要实现好、维护好、发展好最广大人民根本利益，紧紧抓住人民最关心最直接最现实的利益问题，坚持尽力而为、量力而行，深入群众、深入基层，采取更多惠民生、暖民心举措，着力解决好人民群众急难愁盼问题，健全基本公共服务体系，提高公共服务水平，增强均衡性和可及性，扎实推进共同富裕。

和谐共生

报告原文

大自然是人类赖以生存发展的基本条件。尊重自然、顺应自然、保护自然，是全面建设社会主义现代化国家的内在要求。必须牢固树立和践行绿水青山就是金山银山的理念，站在人与自然和谐共生的高度谋划发展。

——资料来源：http://finance.people.com.cn/n1/2022/1018/c1004-32547280.html.

相关链接 3 搜索

高举中国特色社会主义伟大旗帜
为全面建设社会主义现代化国家而团结奋斗
——在中国共产党第二十次全国代表大会上的报告（节选）

八、推进文化自信自强，铸就社会主义文化新辉煌

全面建设社会主义现代化国家，必须坚持中国特色社会主义文化发展道路，增强文化自信，围绕举旗帜、聚民心、育新人、兴文化、展形象建设社会主义文化强国，发展面向现代化、面向世界、面向未来的，民族的科学的大众的社会主义文化，激发全民族文化创新创造活力，增强实现中华民族伟大复兴的精神力量。

我们要坚持马克思主义在意识形态领域指导地位的根本制度，坚持为人民服务、为社会主义服务，坚持百花齐放、百家争鸣，坚持创造性转化、创新性发展，以社会主义核心价值观为引领，发展社会主义先进文化，弘扬革命文化，传承中华优秀传统文化，满足人民日益增长的精神文化需求，巩固全党全国各族人民团结奋斗的共同思想基础，不断提升国家文化软实力和中华文化影响力。

（一）建设具有强大凝聚力和引领力的社会主义意识形态

意识形态工作是为国家立心、为民族立魂的工作。牢牢掌握党对意识形态工作领导权，全面落实意识形态工作责任制，巩固壮大奋进新时代的主流思想舆论。健全用党的创新理论武装全党、教育人民、指导实践工作体系。加强全媒体传播体系建设，塑造主流舆论新格局。健全网络综合治理体系，推动形成良好网络生态。

（二）广泛践行社会主义核心价值观

社会主义核心价值观是凝聚人心、汇聚民力的强大力量。弘扬以伟大建党精神为源头的中国共产党人精神谱系，用好红色资源，深入开展社会主义核心价值观宣传教育，深化爱国主义、集体主义、社会主义教育，着力培养担当民族复兴大任的时代新人。推动理想信念教育常态化制度化，持续抓好党史、新中国史、改革开放史、社会主义发展史宣传教育，引导人民知史爱党、知史爱国，不断坚定中国特色社会主义共同理想。用社会主义核心价值观铸魂育人，完善思想政治工作体系，推进大中小学思想政治教育一体化建设。坚持依法治国和以德治国相结合，把社会主义核心价值观融入法治建设、融入社会发展、融入日常生活。

（三）提高全社会文明程度

实施公民道德建设工程，弘扬中华传统美德，加强家庭家教家风建设，加强和改进未成年人思想道德建设，推动明大德、守公德、严私德，提高人民道德水准和文明素养。统筹推动文明培育、文明实践、文明创建，推进城乡精神文明建设融合发展，在全社会弘扬劳动精神、奋斗精神、奉献精神、创造精神、勤俭节约精神，培育时代新风新貌。加强国家科普能力建设，深化全民阅读活动。完善志愿服务制度和工作体系。弘扬诚信文化，健全诚信建设长效机制。发挥党和国家功勋荣誉表彰的精神引领、典型示范作用，推动全社会见贤思齐、崇尚英雄、争做先锋。

（四）繁荣发展文化事业和文化产业

坚持以人民为中心的创作导向，推出更多增强人民精神力量的优秀作品，培育造就大批德艺双馨的文学艺术家和规模宏大的文化文艺人才队伍。坚持把社会效益放在首位、社会效益和经济效益相统一，深化文化体制改革，完善文化经济政策。实施国家文化数字化战略，健全现代公共文化服务体系，创新实施文化惠民工程。健全现代文化产业体系和市场体系，实施重大文化产业项目带动战略。加大文物和文化遗产保护力度，加强城乡建设中历史文化保护传承，建好用好国家文化公园。坚持以文塑旅、以旅彰文，推进文化和旅游深度融合发展。广泛开展全民健身活动，加强青少年体育工作，促进群众体育和竞技体育全面发展，加快建设体育强国。

（五）增强中华文明传播力影响力

坚守中华文化立场，提炼展示中华文明的精神标识和文化精髓，加快构建中国话语和中国叙事体系，讲好中国故事、传播好中国声音，展现可信、可爱、可敬的中国形象。加强国际传播能力建设，全面提升国际传播效能，形成同我国综合国力和国际地位相匹配的国际话语权。深化文明交流互鉴，推动中华文化更好走向世界。

——资料来源：http://www.gov.cn/xinwen/2022-10/25/content_5721685.htm.

第一章 景区服务与管理概述

景区是旅游者的终极旅游目的地和所购买旅游产品的核心内容。本章重点对景区的定义、特征和类型进行介绍，概述景区服务与管理的基本内容。学习者在进一步学习景区服务与管理相关内容之前，对景区要有较全面的了解。同时，为了使学习者对景区有背景性的了解，本章简要介绍了景区的产生与发展及其在旅游业中的地位。

学习目标

知识目标

1 了解景区发展中存在的问题。

2 掌握景区的基本概念、特征及分类。

3 熟悉景区服务与管理所涵盖的基本内容。

4 理解景区企业的岗位职能及要求。

技能目标

掌握景区发展趋势的分析能力。

景区是旅游者产生旅游动机的直接因素之一，是一个国家或地区人文资源和自然资源的精华所在，也是旅游目的地形象的重要窗口。景区越来越凸显其在旅游业中的支柱性地位。到2022年年底，我国已有国家5A级旅游景区318家、国家A级旅游景区14917家，国家级旅游度假区63家。截至2023年9月，我国共有57项世界遗产，其中39项世界文化遗产（含6项世界文化景观）、14项世界自然遗产、4项世界文化与自然遗产。无论从数量还是质量上考量，我国都是景区资源大国，众多景区已经在我国旅游业中发挥重要作用，提高我国景区服务与管理水平迫在眉睫。

相关链接　搜索

被列入《世界遗产名录》的中国遗产地

（截至2023年9月）

一、文化遗产（38项）

1. 周口店北京猿人遗址（北京，1987.12）

2. 长城（黑龙江、辽宁、吉林、河北、河南、北京、天津、山西、山东、内蒙古、陕西、宁夏、甘肃、青海、新疆，1987.12）

3. 莫高窟（甘肃，1987.12）

4. 明清皇宫［北京故宫（北京），1987.12；沈阳故宫（辽宁），2004.7］

5. 秦始皇陵及兵马俑坑（陕西，1987.12）

6. 承德避暑山庄及周围寺庙（河北，1994.12）

7. 曲阜孔府、孔庙、孔林（山东，1994.12）

8. 武当山古建筑群（湖北，1994.12）

9. 布达拉宫历史建筑群（西藏，1994.12）

10. 庐山（江西，1996.12）

11. 丽江古城（云南，1997.12）

12. 平遥古城（山西，1997.12）

13. 苏州古典园林（江苏，1997.12）

14. 颐和园（北京，1998.11）

15. 天坛（北京，1998.11）

16. 大足石刻（重庆，1999.12）

17. 明清皇家陵寝［明显陵（湖北）、清东陵（河北）、清西陵（河北），2000.11；明孝陵（江苏）、明十三陵（北京），2003.7；盛京三陵（辽宁），2004.7］

18. 皖南古村落（西递、宏村）（安徽，2000.11）

19. 龙门石窟（河南，2000.11）

20. 青城山—都江堰（四川，2000.11）

21. 云冈石窟（山西，2001.12）

22. 中国高句丽王城、王陵及贵族墓葬（吉林、辽宁，2004.7）

23. 澳门历史城区（澳门，2005.7）

24. 安阳殷墟（河南，2006.7）

25. 开平碉楼与村落（广东，2007.6）

26. 福建土楼（福建，2008.7）

27. 五台山（山西，2009.6）

28. 登封"天地之中"历史建筑群（河南，2010.8）

29. 杭州西湖文化景观（浙江，2011.6）

30. 元上都遗址（内蒙古，2012.6）

31. 云南红河哈尼梯田（云南，2013.6）

32. 中国大运河（北京、天津、河北、山东、河南、安徽、江苏、浙江，2014.6）

33. 丝绸之路：长安—天山廊道的路网（河南、陕西、甘肃、新疆，2014.6）

34. 中国土司遗址（湖南、湖北、贵州，2015.7）

35. 广西左江花山岩画（广西，2016.7）

36. 鼓浪屿：历史国际社区（福建，2017.7）

37. 良渚古城遗址（浙江，2019.7）

38. 泉州：宋元中国的世界海洋商贸中心（福建，2021.7）

39. 普洱景迈山古茶林文化景观（云南，2023.9）

二、自然遗产（14 项）

1. 九寨沟（四川，1992.12）

2. 黄龙（四川，1992.12）

3. 武陵源（湖南，1992.12）

4. 三江并流（云南，2003.7）

5. 大熊猫栖息地（四川，2006.7）

6. 中国南方喀斯特（云南石林、贵州荔波、重庆武隆，2007.6；广西桂林、贵州施秉、重庆金佛山、广西环江，2014.6）

7. 三清山（江西，2008.7）

8. 中国丹霞［福建泰宁、湖南崀山、广东丹霞山、江西龙虎山（包括龟峰）、浙江江

郎山、贵州赤水，2010.8］

9. 中国澄江化石地（云南，2012.7）

10. 新疆天山（新疆，2013.6）

11. 神农架（湖北，2016.7）

12. 可可西里（青海，2017.7）

13. 梵净山（贵州，2018.7）

14. 中国黄（渤）海候鸟栖息地（第一期）（江苏，2019.7）

三、文化与自然遗产（4 项）

1. 泰山（山东，1987.12）

2. 黄山（安徽，1990.12）

3. 峨眉山—乐山大佛（四川，1996.12）

4. 武夷山（福建，1999.12）

［资料来源］百度百科：中国世界遗产

想 一 想：

1. 遗产保护有何意义？

2. 说说旅游开发与遗产保护的关系。

第一节　景区的定义与特征

一、景区的定义

关于景区的定义尚未形成一致的说法，与旅游景区相近的概念有：旅游目的地、旅游区、风景名胜区、景区、风景旅游区、旅游景点等。学者张凌云在其所著《旅游景区景点管理》（2003）中指出，上述概念基本上是从广义和狭义两方面对旅游景区进行了定义，广义的旅游景区几乎等同于旅游目的地，狭义的旅游景区则是一个吸引游客休闲和游览的经营实体。

中华人民共和国国家标准《旅游景区质量等级的划分与评定》（GB/T 17775—2003）中对景区定义做出了权威表述：旅游景区（tourist attraction）是以旅游及其相关活动为主要功能或主要功能之一的空间或地域。具体来说，是指具有参观游览、休闲度假、康乐健身等功能，具备相应的旅游服务设施并提供相应旅游服务的独立管理区。该管理区应有统一的经营管理机构和明确的地域范围，包括风景区、文博院馆、寺庙观堂、旅游度假区、自然保护区、主题公园、森林公园、地质公园、游乐园、动物园、植物园及工业、农业、经贸、科教、军事、体育、文化艺术等各类旅游区。

二、景区的特征

（1）综合性。一个旅游景区通常由多个要素构成，包括资源要素、康体娱乐活动要素、接待设施要素及各种服务要素等，这些要素的质量必须保持一致，否则就会影响旅游景区的整体质量。

（2）服务性和愉悦性。旅游吸引物、设施和服务是旅游景区产品的构成和旅游功能的载体。旅游吸引物的品质再高，也不能完全满足在游客参观游览、娱乐休闲、康体健身、科学考察、文化教育等活动中获得愉悦和快乐的真正需求，只有当旅游景区为他们提供了具有相应水准的设施和服务，才能得到完全的愉悦体验。因此，在旅游景区中游客的旅游行为与服务是不可分割的。

（3）创造性。景区是可以依托原有自然和人文资源，经过设计、改造、建设，形成符合人们意愿和自然规律的旅游空间。例如，中国古代的苏州园林、各地的植物园等；一些本身旅游资源匮乏的地区，或为了增强对游客的吸引力，或为了塑造地方形象标志，或为了营造地方文化展示场所，形成完全再建性的旅游景区。例如，深圳华侨城的世界之窗、深圳欢乐谷、上海东方明珠塔以及各地的纪念馆和博物馆等。此外，旅游景区的开发是一个动态的过程，任何一个旅游景区都会经历初创期、发展期、成熟期、衰退期等几个过程，要延长旅游景区的生命周期，或实现旅游景区的长盛不衰，必须对旅游景区产品进行更新换代，不断推出符合市场需求的新产品。

（4）地域性。地域性指景区是一个独立的空间场所，它的门票范围通常为其经营服务的地域范围。此外，地域性还表现为旅游景区的地域差异性上，即自然、历史、社会、文化、环境的影响导致的旅游景区特征的差异性。

第二节　我国景区的类型

景区的分类与其概念很难统一。本书根据《2005年中国旅游景区发展报告》中对旅游景区的分类，并综合相关著作中的分类方法进行旅游景区的分类。

一、按景区质量等级分类

一种是两级分类。自2006年12月1日起实施的《风景名胜区条例》将我国风景名胜区分为国家级风景名胜区、省级风景名胜区。

另一种是五级分类。《旅游景区质量等级的划分与评定》（GB/T 17775—2003）将景区按等级划分为五级，分别是：AAAAA级旅游景区、AAAA级旅游景区、AAA级旅游景区、AA级旅游景区、A级旅游景区（本书中分别表述为5A级旅游景区、4A级旅游景区、3A级旅游景区、2A级旅游景区、1A级旅游景区）。

二、按景区资源的属性分类

按景区资源的属性可以将旅游景区分为七大类：

（1）自然景观型。包括国家公园、森林公园、地质公园、自然保护区、野生动物园等。

（2）人文景观型。包括文博院馆、寺庙观堂、宗教圣地、民俗园科技教育地等。

（3）现代游乐型。包括主题公园、游乐园、微缩景区和海洋馆、表演中心等。

（4）历史遗产型。包括古文化遗址、古生物化石、军事遗址、古建筑、名人故居、历史村镇、红色旅游等。

（5）休闲度假型。包括滨海、滨湖、山地、温泉、滑雪和高尔夫等运动场所。

（6）节事庆典型。包括博览会、交易会、节事、赛事、企业超大型活动、社会活动、宗教仪式、企业活动等。这类景区基本属于不稳定型景区。

（7）工农业旅游区。包括工业区、工业基地、农庄等场所。

三、按旅游吸引物的主题特征和吸引客源区域的范围分类

学者周玲强在其著作《旅游景区经营管理》（2006 年）中提出从旅游吸引物的主题特征、吸引客源区域的范围对旅游景区进行分类。

（一）按旅游吸引物的主题特征分类

（1）自然类景区。这类景区主要是以自然景观资源为依托的旅游景区，包括风景名胜区、自然保护区、森林公园和部分旅游度假区。

（2）文物类景区。这类景区主要是指以历史文化、宗教文化等为主要资源特色的旅游景区，包括博物馆、名人故居、宗教圣地等。

（3）主题类旅游景区。这类景区是指主题鲜明的人造旅游景区，包括主题公园、主题型动植物园和其他主题型人造景区、传统节会举办场所、博览会场所等。

（二）按吸引客源的区域范围分类

（1）地方性客源为主的景区。这类景区吸引的客源主要来自当地，如大多数主题公园、当地政府管理的博物馆以及一些不知名的景区等。

（2）全国性客源为主的景区。这类景区或是品质高、知名度高的景区，或是依托吸引全国性客源的主要旅游目的地（或旅游城市）。

（3）国际性客源的景区。这类景区一般都是世界闻名，或其资源具有垄断性，是一个国家或地区国际旅游业的重要支撑。

除上述分类方法外，还可以从其他不同的角度对景区进行分类。例如，按景区经营权不同，可以分为事业经营型景区、国企经营型景区、民企经营型景区等；按景区等级不同，可以分为世界级景区、国家级景区、省级景区和地市级景区；按景区的开发特征不同，可以分为经济开发型景区和资源保护型景区。

课堂思考

景区的分类不是绝对的，还有许多别的方法，现有的这些类型随着旅游业的发展和景区产品的不断改造和创新，其资源的属性和类别也将发生一定的变化。

第三节　景区服务与管理的基本内容

景区服务与管理为一门新兴的应用型学科。从目前国内旅游学者关于旅游景区方面的研究来看，相关研究多偏重于景区开发与经营管理方面，较少涉及景区服务与管理。然而，就景区产品质量而言，服务是重要的组成部分，并起着举足轻重的作用，管理是提高景区整体水平的必然途径。因此，景区服务与管理对景区在经营过程中能做到更加有序、安全、高质、高效、可持续发展将发挥越来越重要的作用。本书从景区的基本概念、分类、特征着手，讨论景区服务与管理所涉及的基本内容，这也是本书实务篇章的基本框架。

一、景区服务内容

景区自身的性质和特点决定了不同类型的旅游景区提供的服务可能存在很大差异。本书从景区服务的一般流程来阐述，服务内容主要包括景区票务服务、景区排队服务、景区的咨询服务和投诉处理、景区的解说服务以及景区的配套服务。

（一）入门接待服务

（1）票务服务。票务服务是景区服务的第一个窗口，主要包括售票服务和验票服务两部分。

（2）排队服务。排队服务是游客验票入园之前或游客在参加景区内某项活动时的一个等候环节，在游客密集时段，对于景区来说，这是一个关键环节。主要从队列队形的设计安排和人为服务技巧的角度来进行引导性的服务。

（3）咨询服务。游客特别是散客和自由行的游客往往通过咨询获取所游览景区的详细资料，他们有时预先通过网络或电话咨询，有时在景区内当面向接待人员咨询。

（二）进入景区后的接待服务

（1）解说服务。这是游客获得体验、增强活动兴趣的关键性服务，也是大部分景区的核心服务，包括有声和无声的解说服务、有向导式解说服务和自导式解说服务等。

（2）配套服务。包括娱乐设施服务、接待设施服务、商品服务、交通服务等。

（三）保障服务

保障服务包括营销服务、安全服务。营销服务是为旅游者提供满意的产品。安全服务是确保一切旅游设施性能良好、安全可靠，维护景区治安，保证游客生命、财产的安全。

二、景区管理的内容

（一）景区质量管理

质量是企业的生命，质量管理也是景区管理的核心内容之一。质量管理包括过程因素和人员因素。因此，管理“真实瞬间”（moment of truth）很重要，亦即顾客与员工面对面接触的瞬间很重要。因此，我们将着重讨论景区服务质量的控制、服务质量的提升、游客行为的管理和服务标准化问题。

1. 景区主体管理

与其他企业一样，景区管理是以人为中心的，主要包括个体与团队两个方面，涉及人力资源配置、管理与培训、服务质量监管体系等方面。

2. 景区客体管理

（1）游客管理。游客是旅游活动的主体，做好游客的管理和服务是旅游景区的核心工作之一。游客管理主要包括：正确引导游客的行为，建立良好的与游客沟通的渠道，做到服务性管理与控制性管理相结合等。

（2）环境质量管理。环境质量是景区产品质量的重要组成部分，合理规划与设计景区的空间与游览活动线路、合理控制和引导游客流量、正确进行游客行为管理是保证景区环境质量的有效措施。

（二）市场营销管理

市场是企业生存的源泉，没有市场，景区企业就失去了生存和发展的活力。因此，本书讨论了景区市场营销的基本理论和方法、景区市场营销的策略、价格策略及客户管理的技巧。

（三）安全管理

景区安全管理主要包括设施安全管理和游客安全管理。

第四节　我国景区发展趋势

一、景区重数量更重质量

随着旅游业在国民经济中地位的不断提高，各地旅游业发展的速度也不断加快，大部分地区将其作为支柱产业或先导产业来发展，新的景区成批出现。

我国景区在数量上迅速增长，在质量提升上，无论观念还是行动也得到了强化，表现为精品意识和品牌意识加强，经营和管理的创新能力不断提升。

二、特色及个性化旅游成为游客新宠

从旅游者的需求变化看，旅游消费将不再是单一的、走马观花式的观光游，而

是逐渐趋向有特色和个性化的休闲度假游和专项旅游。旅游者的旅游消费更加灵活和独立。未来，深度旅游不断兴起，城郊乡村旅游将成为都市人的主要休闲方式，自助游产品、信息、服务、交通等相关内容将面临巨大的发展机遇。

三、传统景区产品开发方式升级

为了不断满足游客的需求，景区必定通过多种方式改变传统产品形态，提升综合产品的附加值。

（一）无景点旅游受青睐

所谓无景点旅游，是指人们为了放松休闲、娱悦心情，不以景区为目的，而是以享受旅途本身为目的，以随性而游、兴尽而返的方式进行的一种自助旅游。如北京郊区的油菜花、小溪、落叶都成为市民追捧的旅游热点。无景点旅游的过程中，旅游吸引物涉及美食、自然环境、历史景观、目的地风情等，实质是旅游者到非人工开辟的景点去旅游，是一种注重旅游品质与感觉放松的深度旅游，是体验经济发展方向下的旅游新业态。

（二）景区产品与科技的结合

当前旅游业发展呈现旅游大众化、出游散客化、行为个性化和营销网络化趋势。随着自助游、深度游的兴起，景区也需顺应时代发展，把景区产品与科技相结合，吸引游客，即由传统景区转向景区产品与科技相结合的虚拟景区。

虚拟景区是指以全景虚拟现实为主要技术手段的虚拟现实技术，全面展示旅游景点风貌，给游客以身临其境的感受。目前主要有三种形式：一是景区3D虚拟动画。二是与网络游戏联合，打造虚拟景区。如丽水飞石岭景区与天畅科技网游合作的《大唐风云》。三是数字伴游综合体。这是一种综合互联网技术、电子商务、移动通信、无线视频等的旅游移动信息平台，用户可以通过使用这种终端设备，在实现移动电子导游功能的同时，还可以随时随地地获得食、住、行、游、购、娱等全方位的旅游资讯和服务。旅游供应商则可以通过这种数字伴游综合体，进行产品、服务的宣传和实时交易。

（三）景区产品与文化的结合

旅游从本质上讲是一种文化活动，旅游没有文化就没有灵魂。文化具有独特性和不易模仿性、改变性，只有深入挖掘文化内涵，才能使以文化旅游为主要产品的景区形成垄断地位和持续发展态势。

（四）景区品牌的输出

对于企业来讲，品牌就是竞争力和生命力。在某种程度上说，游客出游选择景区，其选择标准是"品牌"。在景点领域，我国的华侨城、苏州乐园、杭州宋城等已成功树立了主题公园的品牌。如华侨城在实现公司持续增长、创造巨大利润的同时，为大众提供品质产品和服务，丰富人们的文化休闲生活，打造出中国旅游第一品牌，并在多地拓展。

四、非传统旅游资源开发渐成气候

非传统旅游资源主要包括三类：

（1）文化类资源。包括：文化演出业；文化场所、文化产品。

（2）商务会展类资源。包括：商务类资源，如商业场所和街区、购物中心、综合体；餐饮类资源；会展类资源。

（3）生活休闲类资源。生活、时尚类资源，如休闲廊道、美容场所、养生场所、社区等；运动健身类资源，如赛事参与、健身考察、拓展训练等。

本章小结

我国是景区资源大国，众多景区已经在我国旅游业发展中发挥重要作用。提高我国景区服务与管理水平迫在眉睫。本章主要介绍了景区服务与管理的一些相关观念、基本理念及我国景区发展的历程和发展趋势。

（1）从景区的构成、功能，以及我国景区企业运行的实际出发，认为景区是以旅游吸引物、设施和服务为主要构成的可以开展参观游览、娱乐休闲、康体健身、科学考察、文化教育等活动的场所，是一个为游客提供以上相应服务的独立管理区。

（2）着重从景区资源的属性、旅游吸引物的主题特征和吸引客源区域的范围对景区进行了分类。

（3）从景区的基本概念、分类、特征着手，讨论景区服务与管理所涉及的基本内容。

（4）分析了中国景区的发展趋势。

复习与思考

一、名词解释

景区与旅游业发展的关系　景区可持续发展

二、选择题

1. 景区具有的基本特征是（　）。

A. 单一性　　B. 地域性　　C. 不变性　　D. 服务性和愉悦性

2. 到 2023 年 9 月，我国已被联合国教科文组织列入《世界遗产名录》的景区有（　）项。

A. 57　　B. 50　　C. 46　　D. 40

3. 按景区资源属性分，桐乡乌镇景区属于（　）。

A. 自然景观型　　B. 人文景观型　　C. 现代游乐型　　D. 休闲度假型

三、简答题

1. 从工作流程看，景区服务应包括哪些重要内容？

2. 景区管理的内容主要包括哪些方面？

四、分析题

试分析我国景区发展的趋势。

五、能力应用题

列举当地2~3家景区，从旅游吸引物的主题特征和吸引客源区域的范围进行分类。

六、实训项目

考察当地的某个景区，从不同角度对其进行归类，并分析其在不同发展阶段所表现出的特征。

推荐阅读

中华人民共和国国家标准《旅游景区质量等级的划分与评定》（GB/T 17775—2003）.

第二章 票务服务

本章重点介绍景区的订票、售票和验票服务工作流程，讨论各服务流程中的工作难点，使学习者对景区票务服务有较为全面的概括性了解。

学习目标

知识目标

1. 了解订票服务、售票服务、验票服务的流程及工作难点。
2. 理解有关景区票务服务的岗位职能及要求。
3. 掌握与景区相关的票务服务内容。

技能目标

熟练应用订票服务、售票服务、验票服务的技能。

案　例

如何预订香港迪士尼乐园门票

1. 网上预订门票

于香港迪士尼乐园的网站购买门票，然后于到访当天前往香港迪士尼乐园正门入口取票，网上购票服务将不收取服务费。

2. 酒店宾客优先预订迪士尼乐园门票

香港迪士尼乐园酒店或迪士尼好莱坞酒店的宾客，将于住宿期间享有迪士尼乐园门票供应的保证。可致电 852–1830–830 或电邮至 reservations@hongkongdisneyland.com，向订房中心查询。

3. 通过旅行社预订门票

旅行社所提供的香港迪士尼乐园旅游套餐中，已包括迪士尼乐园门票，请向您所住的旅行社查询有关详情。

4. 团体订票

团体宾客若订购 25 张或以上的门票（如作商务会议或家庭聚会等用途），可致电 852–1830–830 联络香港迪士尼乐园团体销售部。

5. 于香港迪士尼乐园正门入口购买门票

宾客可于到访迪士尼乐园当天，在香港迪士尼乐园正门入口售票处购买门票。门票供应量将视预订情况而定。于到访迪士尼乐园前一天浏览香港迪士尼乐园网站，或致电 852–1830–830 查询迪士尼乐园门票的销售情况。

［资料来源］香港迪士尼乐园网（http://www.hongkongdisneyland.com）

案例分析

1. 景区预订门票可以通过哪些方式？
2. 各种方式的订票流程是怎样的？
3. 景区采用预订门票的方式对景区的经营管理有何益处？

订票工作是景区实现收入的预先环节，预订景区门票已经被各地景区纳入票务服务管理的范围之内。根据西方旅游景区的管理经验，景区预售门票必将成为一种趋势，对景区游客接待、环境管理各方面都有较好的影响。

第一节　景区订票服务

一、订票范围

景区订票范围既包括景区门票，也包括与景区相配套的其他服务票，如景区观光车票、酒店住宿、餐饮、旅游纪念品预订以及其他预订。景区门票的预订在景区订票中占绝大多数。

二、订票渠道

（一）网上预订

网上预订一般流程可以分为以下步骤：首先，填写预订人信息，以便及时确认订单；然后，提供有效证件号码，预订人的有效证件指的是身份证、学生证、老年证、士兵证、护照等，有效证件号码是预订人到达景点购买门票的唯一凭证；预订人到达景点售票处后，告知景点售票人员自己是通过何种订票机构预订了门票的，就可以购买到相应门票。网上预订门票的票价视各订票机构而定，有些是全价票，有些是优惠折扣票；有些网站收取订票费用，有些网站不收取任何费用。

相关链接　搜索

五台山景区发布重申唯一官方售票平台的公告

2023 年 6 月 21 日，五台山风景名胜区游客服务中心发布《关于重申五台山景区唯一官方售票平台的公告》（以下简称《公告》），声明“五台山游客服务中心”微信公众号是五台山景区唯一官方预约售票平台。

《公告》称，近期景区发现携程、美团、飞猪、同程旅行、大众点评、马蜂窝、高德地图等网络平台，以及惠游五台山、五台山门票预订、惠游圣地、慧游圣地等微信公众号和部分旅行社，未经五台山景区授权，私自销售或捆绑销售景区门票，导致部分游客出现无法正常检票、退票失败，甚至遭受经济损失的情况。

为切实维护游客的切身利益，五台山景区严正声明，"五台山游客服务中心"微信公众号是五台山景区唯一官方预约售票平台，五台山景区未授权任何非官方网站、手机App、微信公众号、小程序等网络平台以及旅行社预约销售五台山景区门票。五台山景区提醒游客务必认准官方平台，切实维护自身利益。针对相关平台和旅行社的侵权行为，五台山景区将密切关注事态发展，并视情节严重情况依法追究相关法律责任。

[资料来源]中国旅游新闻网（http://www.ctnews.com.cn/jqdj/content/2023-06/22/content_143847.html）

（二）电话订票

电话订票为各景区经常使用的订票方式。办公电话可以设置在售票处，但一般由游客中心咨询处受理电话订票事务。电话订票一般不接受少量票的预订，如香港迪士尼乐园有专门的订票热线，但只是针对在 100 名以上的大宗游客服务。

电话预订程序和网上预订程序相似，一般流程为电话询问，填写预订人信息，需要有效证件作为取票凭证，并确定取票方式和地点。

（三）代理点订票

在各大城市中，代理点订票逐渐成为最为普遍的订票方式，它迎合了散客越来越多的旅游趋势。

（1）旅行社代理点。游客可以通过客源地的当地旅行社或者目的地旅行社了解景区的相关信息，并实现预订功能。

（2）宾馆代理点。不少景区与其所在城市的各大宾馆合作，游客可以通过其住宿的宾馆，在其住宿期间预订景区门票。

（3）商场代理点。在城市最繁华的商场密集群和大型超市集中地带，往往设立景区的门票预订代售窗口。

三、订票流程

不管采用以上何种订票方式，其基本的预订流程是相似的。

步骤一，选择预订日期。当游客打入订票电话热线或成功登录电子商务网站后，首先选择预订景区，再选择预订日期。

步骤二，选择要订购的票务类型和数量。票务类型是指团队票或散客票、成人票或儿童票、普通票或优惠票等分类，票务种类不同，票价因情况有所不同；数量指订票人实际需要预订的票的张数。

步骤三，填写领票人信息。领票人是订票过程中最重要的直接联系人，需要将其确切信息详细记录备案，订票是否确立以及何时何地来领票都需要凭此信息进行传递。

步骤四，确认订单。订票是否成功，自订票开始到信息反馈的时间跨度，要视具体情况而定。有些网页预订时，可以即时查阅是否预订成功的信息，但也有一些网上订票或现场订票需要一定的等待时间，尤其是在旅游旺季等特殊时间。

步骤五，网上或现场支付。如选择网上支付，在欲支付银行右边点击“在线支付”，将进入银行的在线支付系统。如支付成功，将提示您“交易成功”，订单状态从“未支付”改变为“已支付”。操作完成后，未获得上述提示，则说明预订支付不成功，需要直接登录该银行的网上银行操作界面，查看该订单是否支付成功，或者与网站系统管理人员联系。

步骤六，现场取票。当订单支付成功后，订单状态为“已支付”，即可以在规定时间内由领票人到指定的领票点取票。取票时领票人必须提供订单号和订单上所注明领票人的有效证件。例如，旅行社的领票导游到现场取票，则需提供该导游本人的导游证，并现场报出订单号才能取票。

需要注意的是，景区门票有一个阶段的预订时间，最早只能提前 15 天左右，同时预订时间与出票时间一般不得少于 1 小时，到出票口取票时间视不同景区而定。

相关链接　搜索

预约山西云冈石窟门票常见问题（购票＋检票）

1. 购票指南

云冈石窟景区实行实名制购票，在窗口购票时，须出示全部游玩人的实体“二代身份证”；在线上购票时，须填写全部游玩人的身份信息。

Q1：我家小孩还没有办理身份证 / 身份证丢了该怎么办？

A1：选择购买纸质票时，可以携带孩子的户口本前往景区“人工窗口”办理购票；选择购买电子票时，在线填写儿童本人身份证信息即可购票。

云冈石窟景区常见的三类游览线路为：步行游览、乘坐电瓶车游览或乘船游览。其中景区门票还细分为成人票和儿童票。相对应在购票时需要游客根据自己游览线路选择对应的票型，例如，步行游览所需票型：云冈石窟儿童票、云冈石窟成人票；乘坐电瓶车所需票型：云冈石窟儿童票＋电瓶车、云冈石窟成人票＋电瓶车；乘坐游船所需票型：云冈石窟儿童票＋游船、云冈石窟成人票＋游船。当然不同优惠人群也可以根据自身优惠政策购买优惠票型。

Q2：我应该如何购票？景区人工窗口售票吗？

A2：云冈石窟景区支持人工窗口购买当日门票，也支持网上提前预约 60 天内的门票。

云冈石窟电子票预约平台有以下几种：

①微信搜索“云冈石窟”公众号选择“预约门票”，点击进入“购票通道”，选择“门票预约入口”。

②微信搜索“云冈石窟”小程序，点击进入“门票预约入口”。

③支付宝搜索“云冈石窟”小程序，点击进入“门票预约入口”。

④携程、美团、同程、高德地图等搜索“云冈石窟”。

Q3：老年人该如何买票？线路如何安排？

A3：云冈石窟景区满 60 周岁以上老年人，凭本人身份证或老年证免票，持本人“二代身份证”扫描入园。若老年人想选择较为省心省力的游览方式，可选择购买“景区电瓶车”，往返 15 元 / 人。

Q4：儿童该如何买票？是否需要窗口换票？

A4：携带 6~18 周岁儿童游览景区，可持儿童本人实体身份证到景区人工窗口购票或提前在网上预约门票。

① 6 周岁以下或身高 1.2 米以下儿童免票；

②电子门票无须换票，持身份证或二维码入园。

Q5：我是现役军人或退役军人可以享受优惠吗？什么人群可以免门票？

A5：退役军人暂无优惠。

目前免票人群：

①现役军人（含军校师生）凭本人军人保障卡、军官证、士兵证、消防救援人员免票；

②军队离退休干部、退休士官凭荣誉证、退休证、士官退休证免票；

③烈士遗属、因公牺牲军人遗属、病故军人遗属，凭退役军人事务部颁发的遗属优待证免票；

④公安民警凭警官证免票；

⑤满 60 周岁以上老人，凭本人身份证或老年证免票；

⑥ 6 周岁以下或身高 1.2 米以下儿童免票；

⑦导游人员持本人导游证、派团单、行程计划单（不含导游资格证、经理资格证）免票；

⑧残疾人凭本人身份证和第二代《中华人民共和国残疾人证》免票；伤残军人凭本人身份证及伤残军人证免票。

Q6：关于预订“云冈石窟 + 电瓶车”套票必须知道的几件事。

A6：网上预订云冈石窟 + 电瓶车的套票，景区门票是不需要换票的，而电瓶车票是需要在起始站换票乘车的。

①该套票中，车票属于往返票；

②换票地址：云冈石窟景区内游览必经之路金叶子树右手边电瓶车换票处；

③换票时间：9：00—17：00。

Q7：云冈石窟景区还有哪些有趣的体验项目或打卡点？

A7：后续官方线上平台会上线如射艺、游船、皮影戏等体验项目，还请持续关注公众号。

另外，景区内有院史馆、宿白纪念馆、博物馆等有纪念意义的场馆，还有图书馆、蜗牛公寓、东山咖啡馆等创意艺术区，欢迎打卡体验。

Q8：我该如何退票？门票未检票过期了可以退吗？

A8：云冈石窟电子票未检票，可自行申请退款。

若在“云冈石窟”微信公众号、微信小程序或支付宝小程序购买，可打开原购买页面，点击下方“订单中心”进行退票申请。无特殊情况，退款秒到账。

若您在“携程、美团、高德地图”等平台购买，需前往对应小程序或 App 中的个人中心进行退票申请。

如果您退款出现问题，可咨询官方平台客服协助查询。

2. 检票指南

云冈石窟景区实行一人一票制检票，为了便捷入园，如购买了纸质票，检票时请保证人手一张；如购买了电子票，请与同行人员一同检票入园。

景区开放时间：9：00—17：00（全年）。

Q9：电子票需要换票入园吗？如果我想留纪念怎么办？

A9：购买景区电子门票是不需要换票的，刷购票时填写的身份证或购票成功后的入园码均可入园；如果您想留纪念，建议在景区“人工窗口”购买纸质票。

购买了电子门票的游客，支付成功后，记得截图保存入园二维码。

［资料来源］太原本地宝（http://ty.bendibao.com/tour/202359/66689.shtm）

第二节 景区售票服务

案 例

“辨伪”使旅游“变味”

以下是一位大学生游客 Q 的投诉：

那是阳光明媚的一个周末，我和朋友一起去 Z 景区玩。可刚到售票处，就发生了一件让我们很不愉快的事情，差点儿吵了起来。

售票窗口里面坐着一位售票员，她身边还坐着一位中年妇女，因为没穿制服，很难判断是不是景区人员。窗上贴着“门票 10 元一张，1.4 米以下半票”的告示。我和我的朋友共两个人，没有零钞，于是就给了她一张 50 元的钞票，我只有这张 50 元的钞票，拿出去时钞票的外观有些破旧，但我没想到会引起后面的不愉快。

售票员接过钱，摸了一摸，看了我一眼，然后转头对坐在旁边的中年妇女说：“你看看这张……”

站在窗口的我们，没有听清楚她们具体的谈话，但她和中年妇女说话时的神态极不自然，好像在怀疑什么，又不时用异样的眼神往我们身上扫视。

好久之后，售票员把那张 50 元的钞票又递了出来，“这钱是假的，你换一张！”她说。

我立刻证实了之前被怀疑的感觉，气愤起来：“干吗要换啊？这钱是旧了点，但绝对不可能是假的！”

售票员见我生气了，她依然很冷漠，又说：“你换一张吧，收进假钞我们要自己赔的。”

我很生气，几乎想甩袖而去，但考虑到邀请朋友来游玩，发生这样尴尬的事情谁都不想看到，于是很不情愿换了一张崭新的一百元的钞票给售票员。她接过钱时，脸上那种得意胜利的笑容，对我是绝大的讽刺。

这次游玩让我很失望很气愤，景区售票员凭什么怀疑我的钱是假的？不过我更在乎的是售票员的处理方法，这让我觉得自己的人格受到侮辱，我要投诉她！

儿童优惠票引发争执

某景点全园实行一票制，成人票价为每人 140 元，1.2~1.5 米的儿童实行半价，1.2 米以下的儿童免费。在景点入口售票处，一个三口之家高高兴兴地准备买票。父亲对售票员说：“买两张成人票。”

售票员目测了一下孩子的身高，对孩子的父母说：“您好，我们景区实行优惠票制度，如果您的孩子身高在1.2米以下，您可以享受免票政策，请这位小朋友到这里来测量一下身高吧。”

母亲急忙说：“我儿子不到 1.2 米，还差一些。”

服务员微笑着指引方向，请小孩子去测量身高。小男孩蹦蹦跳跳到了测量仪器上，测量结果显示，他的身高刚好过了 1.2 米线。

服务员礼貌地对他的父母说：“您的孩子已经超出 1.2 米了，需要购半价票，两张成人票、一张儿童半价票，共 350 元。”

母亲似乎看起来很不情愿，说：“你们这尺寸会不会不准，我们前几天刚在家里量过，没到 1.2 米啊。我的孩子这么小也要买票吗？”说话之间去看孩子的父亲，很希望得到他的支持和帮助。

服务员仍旧保持微笑解释说：“我们的测量仪器定期检查，一定客观标准，这点请您放心。”接着转头对着一脸高兴、迫不及待想要冲进园区里去的小男孩说：“这位小朋友看起来比同龄人都要高呢！”

小男孩也笑着回答说：“是啊，我在班里是长得最高的呢！”说完还看看妈妈，脸上尽是骄傲的神色。

母亲尴尬地笑笑，孩子的父亲在边上说：“算了，快买吧，看儿子已经跃跃欲试了！”

于是三口之家顺利地购买了门票，入园游玩了。

黄金周售票面临更多难题

在大型游乐型景区内都有电瓶车、老爷车、环园小火车或小型电动车供游客方便快捷地游玩观光，乘坐这些交通工具均需另外购票。然而在黄金周，景区人潮涌动，为了游客的安全，游览车只好缓慢前进。

游客Z先生是带着父母、儿子祖孙三代一大家子趁着五一黄金周来某游乐景点玩儿，景点里到处都是人，每个项目都要排很长的队，半天玩下来已经筋疲力尽了。所以他们商量后决定乘坐电瓶车到下一个项目。Z先生在电瓶车售票处排了很长时间的队，才终于买到了5张票。大家长吐一口气，终于可以轻松一下了。

等了十几分钟，小孙子开始叫唤了："怎么还没有车呀？"爷爷和爸爸都劝他："再等等，再等等。"

半个小时过去了，还是没有车来。爷爷和奶奶已经站不住了，坐的地方也没有，到处都挤满了人，他们只能靠在墙上。

超出平常两倍的时间过去了，在站台等待的游客越来越多，大家都焦急地等待和盼望着电瓶车快点来。

终于，有一辆车驶了过来，可已有满满一车人，再没有一个空的座位，游客Z先生一家和其他所有等待的游客一样失望。可票已经买了，只好继续等待下一辆车。Z太太懊悔地说："如果刚才没买票，现在走都走到下一站了。"

又过了同样长的等待时间，当下一辆车来时，Z先生远远看到有空座位，很高兴，当全家人欢呼雀跃准备上车时，却发现只有四个位置，一家人要分开坐，不能让人满意。服务员又很着急地说："快点上车，快点上车，马上就开了，别耽误了大家。"

于是，游客Z先生一家积蓄已久的情绪终于爆发了。"究竟是我们耽误了你，还是你耽误了我们？我们都等了一个小时！你们还要让我们等多久？我要退票！"

1. 售票过程中怎样辨别伪钞？服务员需要具备哪些服务素质与技巧？
2. 优惠票的售票服务中有哪些容易存在的问题？要怎样解决这些争端？
3. 旅游旺季和黄金时段的景点售票可以采取哪些针对性的措施？

售票工作是景区实现收入的直接环节，虽然工作相对比较单调，但职责重大，一旦出现差错，对景区、对员工个人都不利。因此，要求售票人员工作责任心强、认真仔细，有良好的职业道德，并具有一定的会计、出纳知识和相应的服务技巧。

一、售票服务流程

（一）准备工作

（1）参加班前会，按规定着装，佩戴工作牌，仪容整齐，化妆得体，不佩戴手镯、饰环、戒指等首饰，不吃生葱、大蒜等异味食品。

（2）查看票房门窗、保险柜、验钞机、话筒等设备是否正常。

（3）搞好票房内及售票窗外的清洁卫生工作。

（4）若当日由于特殊原因票价有变，应及时挂出价格牌并解释变动原因。

（5）根据前日票房门票的结余数量及当日游客的预测量填写门票申领表，到财务部票库领取当日所需的各种门票，票种、数量点清无误后领出门票。

（6）根据需要到财务部兑换钱币，保证每日所需的零钞。

（二）售票

（1）客人走近窗口，售票员向客人礼貌地问候“欢迎光临”，并向客人询问需要购买的票种、票数。

（2）售票员根据《门票价格及优惠办法》向客人出售门票，主动向客人解释优惠票价的享受条件，售票过程做到热情礼貌、唱收唱付。如：“您好，收您100元，每张门票30元，2张门票共60元，找您40元，请收好。”“您好，门票50元一张，您买两张，100元正好，请收好门票；景区里还有两个景点需要验票。”

（3）售票结束时，售票员向客人说“谢谢”或“欢迎下次光临”。

（4）向闭园前一小时内购票的游客提醒景区的闭园时间及景区内仍有的主要活动。

（5）游客购错票或多购票，在售票处办理退票手续，售票员根据实际情况办理，并填写退票通知单，以便清点时核对。

（6）根据游客需要，实事求是地为客人开具售票发票。

（7）交接班认真核对票、款数量，核对门票编号。

（8）售票过程中，票、款出现差错的，及时向上一级领导反映，多出的钱款应上交，缺少的钱款应自补。

（9）热情待客，耐心回答客人的提问，游客出现冲动或失礼时，应保持克制态度，不能恶语相向。

（10）耐心听取游客批评，注意收集游客的建议，及时向上一级领导反映。

（11）发现窗口有炒卖门票的现象要及时制止，并报告安保部门。

（三）交款及统计

（1）做好每日每月盘点工作，保证账、票、款相符，做到准确无误，并认真填写相应的售票日报表。

（2）结束营业后，将当日售票日报表及钱款交景区财务部门。

（3）做好工作日记，搞好卫生，关闭门窗、保险箱等，切断电源，下班。

二、售票服务难点

（一）假钞辨别

售票工作中很容易收到假钞。假钞和其他假货一样，在现实生活中依然存在，售票员一旦收到假钞，按规定需由当班人员进行赔偿；有时售票员在找补过程中也会因钞票的真伪与游客发生争执。所以，售票员应具备一定的鉴别货币真伪的知识，以避免收到假钞。景区如有条件，应为每一个售票岗位购置功能齐全、准确的验钞机，应有计划地请专业人员来进行防伪钞培训活动。

一般来说，可以用“一看、二摸、三听”的方法辨认假钞。

一看。看颜色、变色油墨、水印。真钞印刷精良，颜色协调，水印具有立体感；假钞颜色模糊，色彩不协调，水印只有一边或无立体感，纸张较差，防伪金属线或纤维线容易抽出。

二摸。摸水印、盲文。真钞手感较好，水印、盲文立体感强；假钞较绵软或很光滑，盲文不明显。

三听。听声音，假钞抖动发出的声响太清脆或无声响。

（二）优惠票容易引发争端

一般的景区都会对不同人群实行差别定价，如小孩身高在 1.2~1.5 米的只需买半票，而在 1.2 米以下的则可享受免票。虽然在售票窗口和验票处都会有测量身高的刻度，但每个售票员可能都有与游客争论高矮的经历。有部分工作人员因不愿与游客发生争论，便选择听之任之的方法，把球踢给了验票口。殊不知，这样做至少会带来三种后果：一是给验票人员的工作增加难度，影响景区闸口的畅通与效率；二是使其他游客产生心理不平衡的感觉，甚至也会提出享受同等待遇的要求，导致其他游客对景区产生不良的印象；三是如果这些游客再回来补票，不仅增加售票的工作量，也会延长其他游客的购票等候时间。

因此，遇到类似的情况，景区售票员应掌握以下原则：

（1）不要与游客发生争执，应热情、礼貌地向游客说明门票价格优惠制度，争取游客的理解。

（2）向游客解释时，应注意说话的方式，尽量站在游客的立场上进行表达，比如适当赞美游客的小孩，并善意提醒家长孩子知道他（她）有多高，不要在孩子心里留下阴影。

（3）遇到个别特别固执的游客也可以灵活处理，比如干脆请他（她）做一次质量监督员，对景区服务的各个方面提意见，作为回报，他（她）可以免票入园。这样做皆大欢喜，游客心里得到了极大的满足，景区也得到了关于服务质量的第一手资料。

除了上述案例中讲到的儿童优惠票以外，景区还有团体票、假日票甚至导游票等。售票人员应灵活机动，具体问题具体分析。

相关链接　搜索

武陵源核心景区大门票介绍及优惠政策

武陵源地处湖南省西北部武陵山脉腹地，湖南四大水系之一澧水的中上游。这里地质构造复杂，地貌景观奇特，素有“奇峰三千、秀水八百”之美誉。造型之巧，神韵之妙，意境之美，堪称大自然的“大手笔”。武陵源是美国电影《阿凡达》、中国古典名著《红楼梦》及《西游记》等电影、电视部分实景拍摄地。武陵源于1982年经国务院批准在张家界建设中国第一个国家森林公园——张家界国家森林公园；1992年被联合国列为世界自然遗产；2003年被联合国列入世界地质公园；2006年被国家旅游局评为首批国家5A级旅游景区。

武陵源核心景区又称张家界国家森林公园，共分为4个景区：张家界国家森林公园、索溪峪景区、天子山景区、杨家界景区。

一、门票信息

根据湖南省发改委发布的《关于武陵源核心景区门票价格相关事项的通知》（湘发改价费规〔2020〕722号）文件，从2020年11月1日期实施，有效期5年。

1. 张家界国家森林公园（单门票，不包括景区内环保车以及索道、电梯等交通工具）门票价格

旺季普通门票价格（每年3月至11月）：165元/张，3元保险自愿购买；旺季网络提前10天（不含10天）以上预订购买价格：134/张，3元保险自愿购买；

淡季普通门票价格（每年12月至次年2月）：84元/张，3元保险自愿购买；淡季网络提前10天（不含10天）以上预订购买价格：67元/张，3元保险自愿购买；

旺季优惠票价格83元/张，3元保险自愿购买；

淡季优惠票价格42元/张，3元保险自愿购买。

2. 张家界国家森林公园（含景区内环保车，不包括索道、电梯等交通工具）联票价格

旺季景车全价联票价格（每年3月至11月）：224元/张，3元保险自愿购买；旺季网络提前10天（不含10天）以上预订购买价格：182/张，3元保险自愿购买；

淡季景车全价联票价格（每年12月至次年2月）：144元/张，3元保险自愿购买；淡季网络提前10天（不含10天）以上预订购买价格：115元/张，3元保险自愿购买；

旺季景车优惠联票价格113元/张，3元保险自愿购买；

淡季景车优惠联票价格72元/张，3元保险自愿购买。

年票298元/年，3元保险自愿购买，年票包括环保车。

（1）大门票4天有效。

（2）大门票可以从5个门票站进入游览（张家界武陵源景区东门“吴家峪门票站”、南门“森林公园门票站”、西门“杨家界门票站”、北门“天子山门票站”、中门“梓木岗门票站”），网络提前10天（不含10天）以上预订门票的游客请咨询张管局门票管理中心：0744-5718833。

（3）张家界景区官方电子商务平台“张家界一机游”，微信扫描下方二维码，进行景区门票、索道、电梯等交通、住宿、餐饮预订。

微信扫描上方二维码，进入"张家界一机游"官方小程序购票

二、门票优惠政策

根据张家界市发改委（张发改价服〔2019〕31号）文件，自2019年4月10日起开始执行以下优惠政策：根据张家界市发展和改革委员会下发的《关于我市实行政府管价的景区对特殊群体优惠政策的通知》，政府管价景区武陵源核心景区单门票对14周岁（不含14周岁）以下的儿童、65周岁（含65周岁）以上老年人、残疾人、现役军人、军队离退休干部凭有效证件实行单门票免票优惠（景区保险费3元/人自愿购买，不包括景区环保车、索道、电梯等交通工具）；对14周岁（含14周岁）~18周岁（不含18周岁）未成年人、60周岁（含60周岁）~65周岁（不含65周岁）的老年人、全日制大学本科及以下学历在校学生凭有效证件实行单门票半价优惠。景区内环保车、索道、电梯等其他交通工具的优免票群体范围按物价部门其他规定执行。

温馨提示：以上门票价格为2018年省发改委物价部门核准价格，门票优惠政策为2019年张家界市发改核定政策，仅供参考，具体以省、市发改部门价格政策以及各售票窗口公布和公示的最新价格为准。

［资料来源］张家界·武陵源旅游官方网站（http://www.hnzjj.com/index.php/Ticket/show/2.html）

（三）交接清楚，以防意外

在售票工作中，必须保管好自己的钱箱，交接时一定要当面点清。但在实际工作过程中，特别是旅游旺季、游客众多的时候，难免会发生顶替上岗或请人代换零钞等现象，这个时候有些工作人员可能会因为怕麻烦或面子问题（担心当面点钱是对对方的不尊重和不信任）而省略了当面交接这一程序，事后一旦出现差错往往会懊悔莫及、有口难辩。所以，每一位售票工作人员都应树立这样的观念，即钱在人在，交接清楚。这不仅是保护自身利益、减少事后麻烦，同时也是尊重对方、保护对方利益的表现。

第三节　景区验票服务

案　例

人工验票的“人情”难关

某景点检票口，景区服务人员甲将两位游客带至检票处服务人员乙处，说：“这是我的两位亲戚，今天来看看我，顺道到景区里去逛逛，你通融一下，让我带他们进去吧。”乙面露难色，但又碍于情面，不好拒绝，所以还是让甲把两位游客免票带入景区。

庐山景区实行景点打卡验票运行工作

2010年5月4日，五一小黄金周结束第一天，庐山含鄱口、花径、仙人洞等18个景点开始实行景点打卡验票试运行工作，以后游客进山购买门票后，如要进入景点旅游还需再行验票，此举主要是为了增加旅游收入，杜绝逃票漏票，加强对无证导游的监管。景点打卡验票工作开展几天以来，很多来庐山旅游的游客把进山门票遗落在了车上或宾馆饭店。为此，当地旅游部门提醒各位进山游客要保管好各自门票，到庐山各景点旅游要随身携带门票，以备查验。

1. 验票服务中，出现游客情况与规定不符时，服务人员该怎样合理解决？
2. 人工验票与机器验票有哪些差异？各自具备什么优点和缺点？

验票工作关系着景区经济效益能否真正实现，同时，它也担负着维持景区良好秩序的重要职责。随着现代科技的发展，越来越多景区使用电子检票系统，但仍需要工作人员提供服务。

一、验票服务流程

验票服务的工作流程也与售票服务一样，有工作前、工作中、工作后三个阶段，下面择其要点加以说明。

（一）准备工作

（1）参加班前会，按规定着装，佩戴工作牌，仪容整齐，化妆得体。

（2）查看验票口验票机器、话筒等设备是否正常。

（3）开园前做好入园闸口周围的卫生，保持闸口顺利通畅。

（4）备好导游图，准备好景区相关宣传资料，做好开园准备。

（二）验票过程

（1）开园后工作人员站在检票位，精神饱满，面带微笑，用标准普通话热情礼貌地回答游客询问，掌握票价、景区名称、礼貌用语等简单的英语对话。

（2）游客入闸时，验票员要求客人人手一票，并认真查验，设有自动检票机的景区，验票员应监督、帮助游客通过电子检票系统检票，当自动检票机出现故障时，进行人工检票，不得出现漏票、逃票、无票放人的现象，并向游客致“欢迎光临”等礼貌用语。如：“您好，欢迎光临！”“请拿好票，往这边走，祝您玩得愉快！”

（3）控制人流量，维持出入口秩序，避免出现混乱现象，对持无效门票入园的游客，说明无效原因，要求客人重新购票。

（4）熟悉《门票价格及优惠办法》，并按要求查验。

（5）熟悉旅行团导游、领队带团入园的查验方法及相应的免票入园规定，团队入园参观时，需登记游客人数、来自国家（地区）、旅行社名称等信息。

（6）残障人或老人入园时应予以协助。

（7）始终保持闸口的有序和卫生。

（8）如遇闹事滋事者，应及时礼貌制止、耐心说服，如无法制止，应立即报告安保主管，切忌在众多游客面前争执，应引到一边进行处理。

（三）统计工作

（1）结束营业后，将当日经主管部门审批的无票或优惠票入园表单统计并交景区财务部门。

（2）下班前填写工作日记。

（3）搞好卫生，切断电源，下班。

二、验票服务难点

（一）无票入园

无票入园几乎是每位检票人员都会遇到的问题。在传统的人工检票情况下更容易出现。这给景区带来的不仅仅是经济利益的损失，同时也使目睹此过程的游客对景区规范管理质疑，有损景区形象，所以，无票入园不是小事。

作为景区检票处的服务人员，务必坚持公私分明的原则。首先要以身作则，坚决杜绝自己的亲朋好友或其他社会关系无票入园，当发现其他同事有此情况时，应以景区规章制度做劝说工作，并礼貌地向游客做解释工作，以维护景区形象。

作为检票服务的管理人员，应从制度上根本解决隐患。景区员工引领朋友来到景区旅游，是员工热爱景区、以景区为傲的一种正常表现，是一种特殊的表现形式，可以考虑到其特殊性，找到既能满足员工心理需求，又不影响景区利益的合理解决途径。例如，定期给员工分发赠票，邀请员工的亲友来景区游玩并担任质量监督员。

相关链接　搜索

杭州适老服务弥“鸿沟”　便民惠民提效能

科技在改变生活的同时，也在塑造旅游的未来。作为“全国数字经济第一城”，浙江省杭州市在全国率先建设推出“20秒入园”应用场景，重塑游客的入园流程。数字赋能提升游客体验，但老年人却成为文旅场所的“受困人群”。受疫情影响，文化馆、旅游景区实行预约、扫健康码等进场方式，因运用智能技术困难，老年人面临出行难的问题。为此，杭州市以老年人需求为导向，改服务流程、改服务模式、改服务理念，着力解决老年人的出行问题，让广大老年人更好地适应并融入数字旅游。

1. 丰富“健康码”应用

疫情期间，西湖等杭州重点景区在全国率先推出景点（场馆）预约健康码应用，实现游客预约、购票、检票入园“一码通行”。在适配景区老年人服务上，推出线上服务与线下渠道相结合的举措。线上，老年人在预约或购票等需要添加健康码信息时，可以将健康码信息绑定在随行子女手机上，由子女代为办理；线下，设置景点场馆老年人服务点，提供代办健康码绑定服务。此外，还设置“无健康码通道”，做好服务引导和健康核验，优化多功能核验机具，老年人出示身份证即可自动读取关联信息入场。截至 2021 年 10 月，杭州市 A 级以上旅游景区门票预约健康码接口打通实现 100% 覆盖。

2. 保留人工售检票服务窗口

同时，景区保留线下预约和购票等服务，为老年人保留人工售检票服务窗口，支持现金等多渠道支付方式。70 岁以上老年人，直接凭身份证在检票闸机上刷卡就能进入，一个步骤实现实名验证和刷卡通行双服务。截至 2021 年 10 月，包括西湖、西溪湿地等在内的 20 多家核心景点已经实现了 70 岁以上游客便捷入园。此外，针对 60 岁以上 70 岁以下享受半价优惠的老年游客，杭州主要景区设置了“老年人服务专属窗口”，通过身份证读取，实现预约和实名入园双服务，同时可通过现金、网络支付等多种手段付款，取票后直接刷票入园。

3. 全面开展讲解服务、志愿服务

在开展线上语音讲解服务的同时，景区加强线下讲解服务团队建设，布设线下讲解专门梯队，通过“你帮我带”的形式，培养一批景区优秀讲解员，在景点、场馆、微笑亭、党群服务驿站等场所，为老年人景区游玩活动提供便捷服务。

此外，景区在售检票场所、微笑亭、驿站等场所设立志愿者服务点，对老年群体主动提供服务。在停车场、各检票口前增设预约码的引导牌等，增加专属引导员、志愿者服务，全程协助老年人群预约、购票或刷身份证件，减少在检票口滞留可能，提高有序入园能力。

4. 公园卡办理线上线下结合，取消线上预约和人工换票程序

2019 年西湖景区推出数字公园卡，变“有卡”为“无卡”，便民惠民理念实现飞跃，现已实现市民“一分钟办卡、一秒钟入园”。针对购买持杭州“公园卡”（电子二维码）的老年人，取消线上预约和人工换票程序，通过闸机刷码即实现预约、核销、实名认证全过程。

数字化只是手段，满足人民对美好生活的需求才是目的。下一步，杭州将围绕老年人在景区游览、出行入住等方面高频事项和服务场景，进一步推动落实文化和旅游部关于提供更多适老化智能产品和服务的要求，切实保障老年人群体的旅游权益，实现公共服务“一个都不能少”。一是推进纸质健康证明购票系统建设，最大限度地为老年人参观游览提供便利；二是开展“一码通”建设，实现各类入园码、交通码、预约码的整合，真正做到“一码通行”，提供更加便捷的数字服务；三是对引导和发布屏进行适老化改造，如通过放大字体、简化操作等方式方便老年人使用，为老年人提供更加便捷的出行引导服务；四是落实智慧公厕服务提升，加大适老化产品铺设和无障碍厕所的推广，如厕所空余坑位的实时显示、厕纸不用扫码一按出纸等，真正将公共服务的便利与温暖惠及包括老年群体在内的每一位来杭游客。

［资料来源］中国旅游新闻网（http://www.ctnews.com.cn/news/content/2021-12/17/content_116588.html）

（二）人工验票与机器验票的差别

景区电子门票是当前景区信息化建设的重要内容。电子门票管理系统并非简单的售票管理系统，而是集智能卡工程、信息安全工程、软件工程、网络工程及机械工程为一体的智能化管理系统，涉及磁卡门票制作、广告与营销、发售票系统、通道验票系统、景点客流监控系统、景点资源开发决策系统及财务管理等诸多环节。其强大的智能化功能克服了人工售检票模式固有的速度慢、财务漏洞多、出错率高、劳动强度大等缺点，为景区的科学管理提供了技术支持。

随着景区电子门票系统应用需求的不断扩大，类型繁多的电子门票的解决方案应运而生，如磁卡电子门票、条码电子门票、光盘电子门票、IC卡电子门票、指纹电子门票等。大型风景名胜区、公园、展览馆等各种类型旅游景点应视其不同情况和要求，因地制宜，合理选择。在做何种电子门票的决策过程中，应考虑的关键因素如下：景区传统门票管理的弊端；景区大小、出入口的复杂程度和管理的难度；景区门票政策的多变性和复杂性；景区实施电子商务提出的需求；出入口人流量特征及对检票速度的需求；系统成本和应用效益；电子门票作为促销载体的作用；旅行社、分销商、游客等利益相关者的意见。

本章小结

本章主要介绍了旅游景区票务服务中的相关知识、具体流程和工作重点。

（1）订票工作是景区实现收入的预先环节，订票范围涉及景区的门票和与之相关的配套服务；订票方式主要通过网上预订、电话预订、代理点预订等方式；预订流程大体相同，需要填写预订信息，待确认后领取相关票类。

（2）售票工作是景区实现收入的直接环节，职责重大，要求售票人员在具体工作流程中，注意培养强烈的工作责任心、认真仔细的工作态度与作风、良好的职业道德，并具有一定的会计、出纳知识和相应的服务技巧，以避免出现失误。

（3）验票工作关系着景区经济效益能否真正实现，同时，它也担负着维持景区良好秩序的重要职责。无论景区使用传统人工验票方式还是电子检票系统，都需要有工作人员提供公正、规范的服务。

复习与思考

一、名词解释

旅游门票　电子门票　票务服务

二、选择题

1. 景区规范的订票方式包括（　）。

A. 网上订票　B. 电话预订　C. 代理点预订　D. 以上都是

2. 电子门票包括（　）。

A. 磁卡门票　B. 条码门票　C. 光盘门票　D. 纸质门票

E. 塑料门票　F. IC 卡门票　G. 指纹门票

三、简答题

1. 售票过程中遇到假钞问题应该怎样合理处理？

2. 售票人员和验票人员该怎样协调处理优惠票的争端？

3. 从工作流程出发，旅游景区售票服务应包括哪些重要内容？

4. 景区售票服务人员需要具备哪些素质、掌握哪些技巧？

5. 景区验票服务中最易出现的问题有哪些？

四、案例分析

1. 广州某高校的研究生小蒋周六和三个同学去陈家祠景点游玩，当他们按照售票处前公示的“大学生可享受半价”的价格标准购买门票时，却被工作人员告知，“大学生不包括研究生，你们不能享受半价优惠”。小蒋和他的同学只好购买了10元的全价票。当被询问研究生能否购买半价门票时，景点工作人员说：“不行！因为很多研究生都是工作了的，都有工资拿，所以不能购买半价票。”在越秀公园、西汉南越王墓博物馆等景区，绝大部分的景区不对研究生销售优惠门票，即使有些景区能买到，也往往需要和售票员打“口水仗”。如果你是售票员，请提出景区优惠票售票服务中的解决办法。

2. 请阅读香港迪士尼乐园主题网站上有关订票的内容，并通过该网站了解和熟悉景点订票的流程和内容。

五、实训项目

1. 选择当地或者外地任一景区，采用多种订票方式，了解订票的途径与流程。

2. 到当地景区的投诉部门了解有关该景区票务服务的投诉有哪些类型，并了解景区对此类投诉的处理措施。

推荐阅读

1. 赵广朝，王军，张伟，等. 北京市A级旅游景区管理实务［M］. 北京：中国旅游出版社，2010.

2. 斯沃布鲁克. 旅游景区开发与管理［M］. 2版. 大连：东北财经大学出版社，2005.

3. 杨桂华. 旅游景区管理［M］. 北京：科学出版社，2008.

4. 葛全胜. 旅游景区设施设计与管理［M］. 北京：中国旅游出版社，2009.

5. 彭萍. 景区（点）服务［M］. 北京：旅游教育出版社，2011.

6. 李建国. 城市轨道交通：票务管理［M］. 北京：人民交通出版社，2011.

7. 携程旅行网（http://www.ctrip.com/）.

8. 驴妈妈旅游网（http://www.lvmama.com/）.

第三章 排队服务与管理

本章重点对景区内容易产生排队现象的地点、产生排队现象的原因、排队过程管理中的服务技巧、队列队形的安排进行了介绍，使学习者在了解景区排队现象产生原因的同时，进一步学习有关排队过程管理的相关内容，并结合案例对排队服务技巧有较深入的了解。

学习目标

知识目标

1. 了解排队过程管理的服务技巧、队列队形的设计。
2. 熟悉景区排队服务中对于服务人员的岗位职能及要求。
3. 熟悉景区排队现象产生的原因及排队过程中游客的等待心理。

技能目标

掌握应用排队过程管理的服务技巧。

排队现象在景区内随时随处可见，原因在于服务现场抵达者的数量或服务需求量超过服务系统的处理能力。景区中最常见的排队现象出现在旅游旺季时的售票处、景点入口处、景区热点旅游娱乐项目游玩等候处、特色景点摄影处、餐饮场所，甚至景区内各旅游活动主要场所和旅游集散地的公共厕所门前都有可能排起长队。这成为景区服务的卡口，在景区排长队的现象使景区的排队系统管理成为景区研究课题。

第一节　排队队形

案　例

充满趣味的主题队列

深圳欢乐谷主题公园的“雪山飞龙”游乐项目，是以中国西北大山深处小红龙与“长麻鬼”殊死搏斗故事为背景的。雪山飞龙项目排队区通过外围老宅、古庙、内部曲折幽暗的通道、怪异的装饰等景致，以及区内循环播放的故事片来营造氛围，使游客在排队的过程中不知不觉地进入故事角色，在不断的环境渲染和情感累积后，最终乘上过山车，体验红龙大战的痛快淋漓。这种排队服务和游玩经历能有效地减少游客排队时产生的焦虑情绪，使游客体会到新奇、刺激和兴奋，身心得到极大的满足。

1. 一般景区排队管理中存在哪些队列队形？
2. 各种队形分别适合景区内的哪种场合？
3. 各种队形分别有怎样的优点和缺点？

景区入口是游客进入景区的第一印象区，是关系到景区形象的大问题。由于旅游季节性较强，经常会出现旅游旺季景区入口堵塞的情况，造成游客长时间排队等候。另外，景区内游客必玩项目也很容易出现排长队的情况。如果分流措施不力，会影响游客的满意度，损害景区的声誉。

排队服务是在不同的地方根据游客流动规律采取不同的队形和接待方式。合理的队列结构要满足以下三个要求：第一，使人感到等待时间长度短于实际时间长度；第二，队列秩序有条不紊，不给插队者以更多机会；第三，队列结构要能灵活调整。

一般队形分为传统单列队形、多列队形、主题队形等多种形式，各有优缺点。

一、单列单人形

单列单人形如图 3–1 所示。

特点：一名服务人员。

优点：成本低。

缺点：等候时间难以确定；游客进入景区的视觉有障碍。

改进措施：设置座位或护栏；标明等候时间。

适用场合：小型景点售票口。

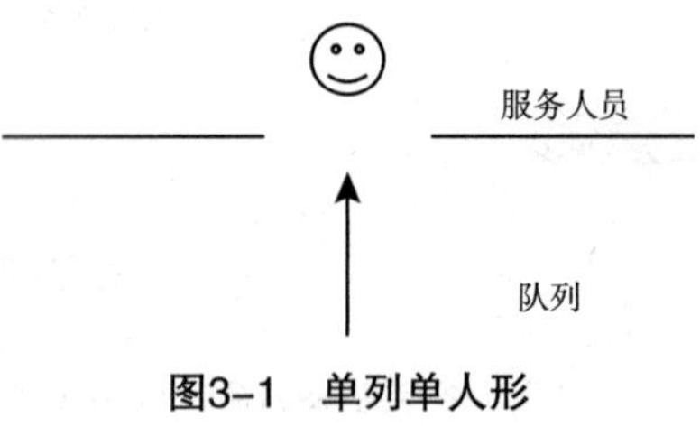

图3–1　单列单人形

二、单列多人形

单列多人形如图 3–2 所示。

特点：多名服务人员。

优点：接待速度较快；较适宜游客集中的场合。

缺点：人工成本增加；队列后面的人仍然感觉视线较差。

改进措施：设置座位或护栏；队列从纵向改为横向。

适用场合：游乐型、参与型项目入口处。

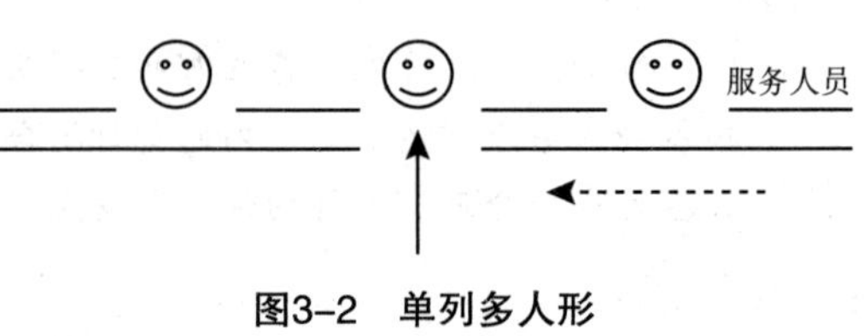

图3–2　单列多人形

三、多列多人形

多列多人形如图 3–3 所示。

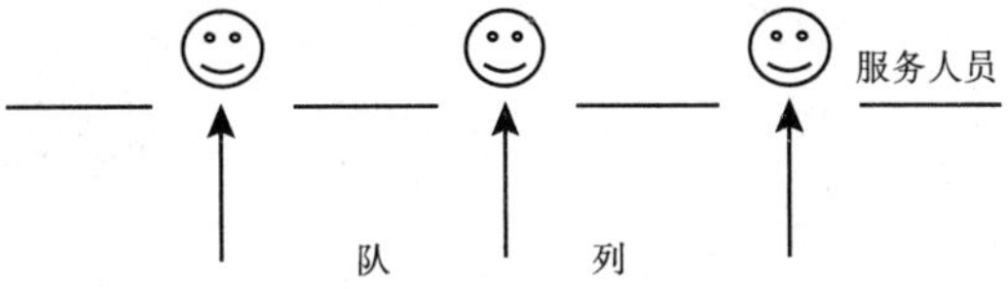

特点：多名服务人员。

优点：接待速度较快；视觉进入感缓和；适用于游客流量较大的场合。

缺点：成本增加；队列速度可能不一。

改进措施：不设栏杆可以改善游客视觉进入感。

适用场合：景点检票口、大型集散地出入口。

服务人员

队　列

图3–3　多列多人形

四、多列单人形

多列单人形如图 3–4 所示。

特点：一名服务人员。

优点：视觉进入感缓和；人工成本低。

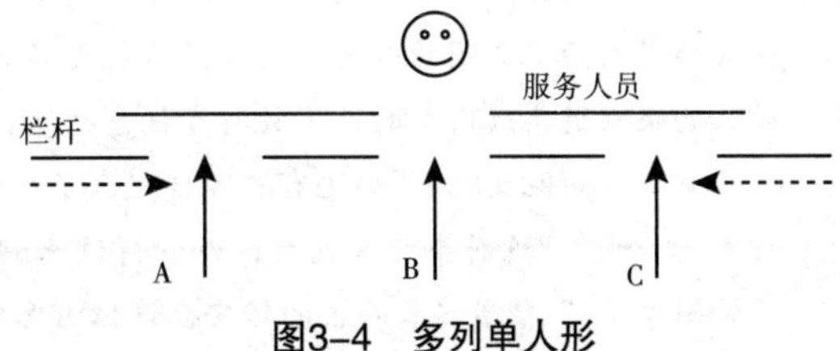

图3–4　多列单人形

缺点：队首是否排好非常关键；栏杆多，成本增加；游客需要选择进入哪一队列排队。

改进措施：外部队列位置从纵向改为横向，可以改善视觉。

适用场合：购物点、游乐项目入口处。

五、主题队形

主题队形如图 3–5 所示。

特点：队列迂回曲折，一般为单列队，超过两名服务人员。

优点：视觉及时间改善；有信息展示；排队硬件舒适。

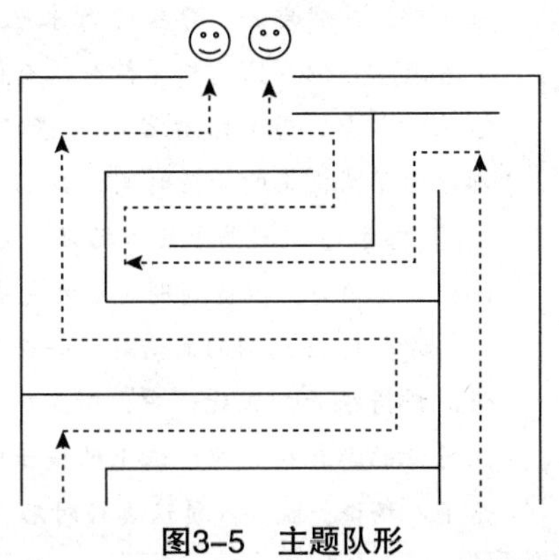

图3–5　主题队形

缺点：增加硬件建设成本。

改进措施：单列变双列。

适用场合：主题类游乐项目入口。

第二节　排队过程管理

案　例

排队过程中的争吵

十一假期前三天，某风景区接待游客量急剧增加，景区秩序一直稳定。但是，也有极少数游客因为不文明的行为，使景区需花更多的精力才得以保持美丽。因为游客很多，在排队购买索道票或门票时，少数游客任意插队，甚至因此发生争吵。恰好此时保安人员经过，有游客向他反映："那边有游客吵起来了，你快去看看！"保安人员看了一眼后，转过头不屑地说："这种事经常发生，哪管得过来啊，算了，他们自己会解决的，你也不要再多管闲事了。"望着扬长而去的保安，这位游客气得说不出话来。

有效解决排队等待问题

2007 年 2 月 2 日至 3 月 4 日的香港"迪士尼迎新春"活动期间，园内游客爆满，已经在园门外等待的游客人山人海。可每位游客似乎并不着急，仿佛安排好了自己的时间与行程一样，泰然自若。游客 Q 原来也不理解，在园中转一圈后，他就明白了为什么游客都并不着急。当他在园门外等待时，有位服务人员按队伍排列逐个对每位游客登记，他请游客 Q 出示门票，然后给游客 Q 一张"宾客入场证"，说："对不起，因为现在是园内的高峰期，为了减少您的等待时间，我们为您准备了这张入场证，请您按照上面所建议的时间返回。"游客 Q 拿起手上的入场证，见上面印有建议宾客返回的时间，是在一个小时后左右。他放心地离开，准备到别的地方先去转转。

游客 Q 在周围的商街转了一会儿后，发现一个小时就快到了。他回到园门口，见队伍仍旧排得很长。正犹豫中，听见园区的广播站播放着即时信息："各位游客，请持有宾客入场证的游客按照入场证上的提示时间，优先进入园区。"游客 Q 忙走上前向服务人员出示了入场证，服务人员认真核对后，礼貌地请他进入。

原来，这是香港迪士尼乐园第一次把预定排队进门的“Fast Pass”系统应用在进园门票上。同时，已经有几项备受欢迎的游乐设施采用了这一方式。游客可以在需要等待时领取宾客入场证，减少等待时间；当园内人流情况许可时，持有宾客入场证的游客可以享受优先入场。游客Q第一次感受到这样便捷高效的等待服务，对此赞不绝口：“原来等待可以变得如此短暂！”

1. 景区中何时、何地容易出现排队现象?
2. 排队过程中容易出现什么争端?
3. 怎样解决排队过程中的等待问题?

游客需求的自然波动，如同时性波动，造成了景区在某些时间服务处于闲置状态，而在某一特定的时间段游客不得不为接受服务而等待——排队现象就出现了。旅游浪潮的兴起，以及双休日及法定节假日的制定，使近年来人们逐渐养成了双休日和节假日出游的习惯，因此在周末和五一、十一、春节等长假期间形成了集中的出游高峰期。高峰期间，景区售票处、验票处、景区内的餐饮场所、娱乐场所都排起了长队。

服务能力具备有限性。服务不像其他的产品那样能够储存在仓库中以待未来消费，一个景区在初期的投资中就确定了其服务能力，如景区接待游客数、景区各景点容量的设计、服务流程，景区经营者每天都要面对动态变化的环境，每天调整供给和游客需求之间的矛盾。

一、游客等待的心理

在经济意义上，对于消费者来说，等待的成本是放弃了在这段时间里可以做的其他事情，另外还有厌烦、焦急和其他心理反应的成本。等待行为对于经营者来说都有着与事实不相称的高度影响，对游客来说能够破坏一次实际上十分完美的服务过程。

第一，游客在等待中感到的是焦虑，不知道是否被遗忘了？不知道什么时候能轮到自己？不知道能否被公平地对待……无论这些担心是否合乎逻辑，都会影响等待者。

第二，游客会感到无聊。在排队期间人们无法做自己喜欢的事，或做有目的的事情，这种空闲或者无所事事让人感觉很难受，通常排队时只能任凭服务者摆布，这也令人感觉不舒服。不公平的待遇会使游客不满。当一位游客看到后来的人比自己更早接受服务，而自己还不知道会等多久时，常常会很恼火，甚至暴跳如雷。在此阶段产生的不必要的恼怒会使游客在游玩时变得十分挑剔。

美国著名营销学专家戴维·梅斯特认为，顾客在等待服务期间有着特殊的心理活动，导致其对时间感知的错觉。人们感觉到的等待时间往往比他们实际等待的时间要长，这种高估表现在以下方面：

- 等待时无事可干比有事可干感觉时间更长；
- 过程前等待的时间比过程中等待的时间更长；
- 焦虑使等待感觉时间更长；
- 不确定的等待比已知的、有限的等待感觉时间更长；
- 没有说明理由的等待比说明了理由的等待感觉时间更长；
- 不公平的等待比公平时的等待感觉时间更长；
- 服务的价值越高，人们愿意等待的时间就越长；
- 单个人等待比许多人一起等待感觉时间更长。

针对以上特殊心理，当排队现象不可避免时，景区管理者和服务者应该设身处地为游客着想，一方面提高服务效率，另一方面要掌握排队服务的技巧，以降低游客的流失率，提高游客满意度。

二、排队管理的原则

游客是一种加入服务过程的潜在资源，即使每天只失去几名游客，日积月累，在不知不觉中景区的营业额就会下滑，经营者注意到这个问题时，已无可挽救。因此制定相应的排队管理战略、缩短游客等待的心理时间、消除游客因等待而形成的负面影响是营运人员的基本职责。

（1）让游客知道服务人员知道他们在等待。派一名员工与等待的游客接触，使游客明白景区知道他们正在等待。如景区可以仿效某些餐饮场所的办法，由领位员发号，按游客到达的顺序排号就餐。

（2）使等候时间变得令人愉快。设置专门的等候区，并将其布置得宁静、素雅，播放舒缓的轻音乐，并将等候区与游乐区隔开，避免直接的刺激。

（3）景区应有效、自然地利用游客的等待时间。游客在等待时无其他事可做，但会仔细反复地熟悉周围的环境，每一件微小的事情都会引起排队游客的注意。

（4）建立清晰的排队规则。排队规则是在队伍中挑选下一位接受服务的游客。给进入景区的游客发一个连续的号码，然后按号码的顺序叫号。

三、排队管理的方法

（一）解决景区排队问题的战术

（1）通过修建新景点、设计新游线、扩建景区等方式，扩大景区容量。

相关链接　搜索

丹霞山申遗成功后游览范围将大幅度扩大

“中国丹霞”申遗成功，丹霞山也因此成为广东首个世界自然遗产。申遗成功后，作为广东四大名山之首的丹霞山如何选择今后的发展道路成为人们所关心的话题。随着游客量的剧增，是否会对景区造成破坏？目前丹霞山292平方公里的范围中只开放了20多平方公里的景区供游客游览。因此丹霞山目前开发的游览范围相对迅速增长的游客量仍显不足，抑制了旅游业的快速发展。如游客们青睐的几个主要游览点在节假日比较拥挤。因此，丹霞山管委会开展资源整合计划，设立了5个保护站，管理范围将由之前的20多平方公里扩展到292平方公里。当管理到位后，丹霞山的游览面积将大大扩大。同时，丹霞山与江门的上下川岛、阳江的闸坡、海陵岛相结合，推出“山海经”线路，还将通过与世界文化遗产开平碉楼连线，推出“神碉霞旅”线路。

［资料来源］广州日报，2010-08-04

（2）实行预订服务。国外著名景点都实行预订服务，来掌控当日游客量。近年国内一些博物馆、名人故居类免费景点为了控制客流量，也积极实行预订服务。

（3）推行价格杠杆，通过黄金周期间景点涨价政策限制客流量。但这种方法需运用适当。

相关链接 搜索

国家公园门票预约将有效提升游览体验

2021 年 10 月，我国第一批 5 个国家公园正式设立。来自国新办举行的首批国家公园建设发展情况新闻发布会上的信息显示，国家公园将建立门票预约制度，原则上公益性的项目可能免费。

《旅游法》规定，景区应当公布最大承载量，景区接待旅游者不得超过最大承载量，旅游者数量可能达到最大承载量时景区要提前公告并及时采取疏导、分流等措施。同时，2019 年年底，国家发展改革委、文化和旅游部等九部门联合发布《关于改善节假日旅游出行环境 促进旅游消费的实施意见》，其中提到要实施景区流量控制和门票预约制度。可见，国家公园对外开放后，将建立门票预约制度，并合理确定访客承载量，符合相关法律法规规定。

实际上，世界上许多国家公园实行游客预约制度，游客去国家公园须提前向公园管理部门提出申请，依照公园每日接待游客的容纳量依次排队，得到批准后才可以前往。从表面来看，这会使游客不能随时进入国家公园，但实际上却改变了游客过度集中的状况。让游客有序分散地进入公园游览，既保护了国家公园的自然生态环境，又保障了游客的参观质量和旅游体验。

故宫 2015 年开始已实行门票预售和限流政策，可以说是“门票预约”制度的有益探索。此前，庞大且持续增长的客流量令故宫在文物保护、古建维护、游客安全等方面承受巨大压力，“预约制”有效破解了这些问题。

国家公园实行门票预约制度具有积极意义。门票预约并非简单的管理手段，当前尚需进一步完善相应的技术和服务，确保这项工作精细、精准。同时，游客也要改变观念，认识到门票预约的重要作用。门票预约作为一种新的景区管理手段，还需旅游行业各细分领域、上中下游主体共同整合旅游资源、完善服务技术和渠道，满足游客多元化需求。

此外，还要发挥价格调节作用，通过节日涨价、平时降价等方式，限制和分流游客量。特别是一些相对较冷的景区，应把主要精力投入营运模式创新，谋划一些游客参与性强的项目。

［资料来源］中国旅游新闻网（http://www.ctnews.com.cn/gdsy/content/2021-11/03/content_114420.html）

(二)解决景区排队问题的技术

服务需求的波动是一件不可避免的事情，排队是绝对的，不排队是相对的，但服务系统可以通过使用主动和被动的方法来调节需求，降低服务需求周期性的变化。

1. 培养服务人员敬业精神

当服务需求大于服务供给时，服务人员的工作态度、敬业精神成为游客更为关注的对象，它不但能提高服务效率，更为重要的是在安慰游客方面起到重要作用。

2. 制定排队规则

对于每一位参加排队的游客来说，公正都是非常重要的，景区必须制定一系列的排队规则并加以严格执行，以维护排队中的公正性。一般排队等待要遵循以下几个优先：

（1）预订者优先。实际上，预订游客已提前确定了服务消费需求，应该实行优先服务。

（2）先到者优先。对先到游客提供优先服务，杜绝强行插队、熟人插队的不良现象。

（3）团队优先。考虑到团队的规模消费、服务所需时间相对较短，更为重要的是，团队是由与景区有长远利益关系的中介机构发送的，因此，只要不与其他原则发生明显冲突，景区可以对团队实行优先服务。如在许多景区餐饮场所实行团队餐的预订，这些都是景区应优先照顾的。

（4）特殊人群优先。对老人、幼儿、残障人、军人等社会特殊人群，在排队优先中都应该有不同程度的体现。

3. 设计合理的队列结构

队列结构在设计时要注意以下问题：

（1）根据排队游客的人数，以及游览、娱乐活动的特殊要求，灵活运用单通道、多通道、混合通道等多种队列通道设计模式。

（2）注意队列的流动性和队列方向的变化，给游客以队伍在不断前进的感觉，并以四周的景色来分散游客等待时的焦急心情。

（3）以必要的隔离设施对队列结构进行固定，避免队列秩序的混乱。

4. 提供“等待服务”

在游客排队等待时，景区应该提供一些必要的“等待服务”。

（1）提供良好的排队环境，以影响游客等待时的心里感觉。良好的排队环境包括舒适的座椅、具有吸引力的可视画面、优美的音乐、丰富的阅读材料、电视录像等，让游客在不知不觉中度过等待时间。

（2）等候区的设置。每天都有排队的餐饮场所常会专设等候区，放置一些舒适、小巧的沙发、椅子，放置几个烟灰缸，再附设一个小酒吧，既便于客人聊天，又可以提供开胃酒、饮料，增加餐厅的收入。景区有其特殊性，大多数景区的等候区设在室外，因此在设置等候区时应充分发挥室外宽敞、自如的优势，用鲜亮的色彩、抒情的音乐，使环境令人心情舒畅；同时还可以展示新项目，提供当天的报纸及企业自办的报纸供游客阅读，设置定期更换的企业宣传栏，公布游客来信，张贴优秀员工的照片和事迹，发布促销活动通知等。

（3）采用关怀服务。冬天送热饮，夏天送冷饮，为老人搬椅子，为小孩提供手偶玩具，使游客知道你知道他们正在等待，并尽其所能安排其顺利游玩。享用了景区提供的免费服务的游客基本没有中途离去的，相反，犹豫中的游客不会享用提供的服务。

（4）提前开始服务。为等候的游客送上景区的宣传册，介绍正在开办的游乐项目或其他服务，待其排号一到，就可以立即选择自己喜欢的游乐项目或其他服务，缩短了游客在其他服务上的等待时间。

（5）及时与游客沟通信息。及时告知游客真实情况，并鼓励游客去游玩其他景点，避开旅游高峰时段，或延长票证的使用时间，让游客改天再来。

（6）适当组织活动。为游客提供等待时的人员服务，组织做一些小游戏，讲一些故事笑话，猜一些谜语，分散游客注意力，消除游客焦虑情绪。

（7）及时提醒等候时间。让游客对等待有充分的思想准备。

（8）维护排队秩序，避免插队现象的发生。

缩短游客等待的时间，提供快速的服务不仅是企业经营的潮流，同时也是一个企业市场竞争的优势。排队管理的这些小技巧，是多数景区很容易做到的或已经做到的。仔细分析游客在景区内的游玩过程会发现，游客等候的时间是从排队等待买票开始的，到排队乘坐车辆离开景区而结束，其中等待的时间和内容各不相同，但都是等待。要努力提高景区服务的速度，缩短游客显性和隐性的等待时间。

本章小结

景区排队现象之所以产生，原因在于服务现场抵达者的数量或服务需求量超过服务系统的处理能力。本章重点对景区内容易产生排队现象的地点、产生排队现象的原因、排队过程管理中服务的技巧、队列队形的安排进行了介绍，使学习者在了解景区排队现象产生原因的同时，进一步学习有关排队过程管理的相关内容，并结合案例对排队服务技巧有较为深入的了解。

（1）景区中最常见的排队现象出现在旅游旺季时的售票处、景点入口处、景区热点旅游娱乐项目游玩等候处、特色景点摄影处、餐饮场所，甚至景区内各旅游活动主要场所和旅游集散地的公共厕所门前。

（2）排队现象的产生，是源自服务的生产和消费的同一性导致需求的波动性；游客需求的自然波动造成了景区在某一特定的时间段游客不得不为接受服务而等待；服务能力的有限性等。

（3）等待中的游客心理首先感到的是焦虑，其次是无聊。在此阶段产生的不必要的恼怒会使消费者在游玩时变得十分挑剔。

（4）排队过程管理中服务的技巧，包括培养服务人员的敬业精神、制定排队规则、设计合理的队列结构，以及提供“等待服务”。

（5）排队服务是在不同的地方根据游客流动规律采取不同的队形和接待方式。合理的队列结构要满足以下三个要求：第一，使人感到等待时间长度短于实际时间长度；第二，队列秩序有条不紊，不给插队者以更多机会；第三，队列结构要能灵活调整。景区队列队形的安排一般分为传统单列单人形、单列多人形、多列多人形、多列单人形和主题队列五种形式。

复习与思考

一、名词解释

景区排队服务　景区排队过程管理

二、简答题

1. 旅游景区排队管理中基本的队列队形有哪些?
2. 旅游景区内容易出现排队现象的时间段有哪些?
3. 旅游景区内容易出现排队现象的空间点有哪些?

三、案例分析

北京欢乐谷和其他游乐园一样，排队现象四处可见，常常出现为了等待一个游乐项目，游客排队等待时间达半个小时以上，甚至达到两个小时。因为常常出现排队现象，插队成了随之而来的最常见的不文明问题，若处理不当极易使矛盾激化。请以北京欢乐谷为例，分析主题乐园类型景区内排队现象产生时游客的心理特征及解决方法。

四、实训项目

请选择当地一家知名景区或景点，请每位同学从作为景区管理服务人员的角度，观察景区在何时何地容易出现排队现象，并提出在景区排队管理上的建议。

推荐阅读

1. 沈绍岭. 旅游景区细微管理［M］. 北京：中国旅游出版社，2009.
2. 杨振之. 景区升级与服务质量管理［M］. 北京：科学出版社，2009.
3. 田乃硕，徐秀丽，马占友. 离散时间排队论［M］. 北京：科学出版社，2008.

第四章 咨询服务与投诉处理

本章重点介绍景区电话咨询服务、当面咨询服务和当面投诉处理服务的工作流程，阐述了在工作过程中遇到的难点问题的解决方法，为学习者提供一定的解决方案。

学习目标

知识目标

1. 了解咨询服务和投诉处理服务的重要性。
2. 理解咨询服务与投诉处理服务的工作重点和难点。

技能目标

1. 掌握日常服务中的礼仪形象，咨询服务和投诉处理的工作流程以及工作技巧。
2. 应用各项服务到工作岗位中来，学会处理咨询服务中难以解决的问题。
3. 学会运用当面处理服务的七个步骤，掌握并能够解决处理工作中的难点。

第一节　电话咨询服务

案　例

不愉快的电话

王女士一家打算周末自驾车去最近刚开发的一个集休闲、度假、娱乐为一体的乡村旅游区去游玩，但是下了高速公路以后没有发现开往该旅游区的标志，只有另外一个旅游区的指示标志。询问路人并在被告知不知道的情况下，她打通了网上找来的该旅游区的咨询服务电话，电话铃响五六声后，终于有人接线，是一个急促而又低沉的声音。下面是他们的对话：

王女士：您好！是 ××× 旅游区吗？

接线员：是的，有什么事吗？

王女士：我们今天打算去你们旅游区游玩，可是现在在 ×× 高速 ×× 出口处，现在有三个方向的道路，我们不知道该往哪条路走？

接线员：……这个我也不知道啊！

王女士（不悦）：能否帮我问一下？

接线员：等一下！

过了很久……

接线员：喂？他们也不清楚啊，你们找个路人问问好了。

没等王女士反应过来，接线员的电话已经挂断了。王女士一家对该旅游区的服务极为不满，一致表示不去这个旅游区，改去另一个有指示方向的旅游区。

愉快的电话

国庆假期马上就要来了，忙碌了半年的小张想找个景区放松休闲一下，网友给他提供了几个景区的咨询电话。于是他拨打了其中一个景区的服务电话，铃响三下后传来了服务人员甜美的声音："您好，这里是 ××× 景区，很高兴能为您服务。"小张听到后心里略有些温暖，马上把刚才的问题重新问了一遍。服务人员回答："对不起，我们这里假期期间没有优惠活动。但是假期期间我们景区增添了许多新的活动项目会对游客开放，晚上还有歌舞联谊会，门票的价格不会上涨。”“是吗，那住宿紧不紧张？”“有些紧张，但您是打算几号来？”“什么意思？”小张问。“如果是3号来的话我们的接待住宿中心还有一个标间，如果是2号之前来的话就没有房间了。”“这样的啊，我3号来也没关系的。”小张想了想说。“那我帮您把3号的房间订下来吧？”“好的，谢谢！”“请您把您的联系方式告诉我，如果您改变了主意也请您提前打电话告诉我，好吗？”“好的，没问题。”小张愉快地把联系方式告诉了对方。放下电话，小张看看剩下的几个景区，心想没必要再打电话了，因为他相信这个景区的服务肯定是好的，因为他想要的就是一个良好的服务环境，可以尽情地让自己放松的环境。

事实上经过亲身体验也正是如此。

1. 对比以上愉快电话和不愉快电话的案例，请分析不同的电话咨询服务为景区带来的效益有何差别？

2. 假设你是景区的电话服务员，在接听游客电话时你应该怎样做？

在电话服务过程中，一个人的态度、语言、内容以及时间的把握都会给对方留下直观的印象，这一印象被称为“电话形象”。电话形象可以说是个人文明修养及企业良好形象的组成部分。因此，负责接待游客的电话咨询和投诉的工作人员应当重视电话使用艺术。

一、电话咨询服务流程

（一）接电话流程

（1）尽快接听电话。电话铃响后，应该放下手中的工作做好接电话的准备，电话铃响三下之后立即接听。不要铃响的第一下就接听，对方可能还没有做好准备；不要故意拖延，若一时腾不出空，铃响超过三下后再接，拿起电话后就应先向对方致歉：“对不起，让您久等了。”

（2）拿起电话先问候。接听电话后第一句话应该是先向对方问好，然后自报单位名称及所属部门：“您好！这里是×××景区，请问有什么需要帮忙吗？”或

“您好！这里是 ××× 景区，很高兴为您服务。”而不是拿起电话就直接问：“找谁？”

（3）接听电话过程。电话接听的过程中，应当注意力集中、耐心倾听对方的讲话，并及时做出反馈，比如可以偶尔插上“嗯”“好的”等肯定的话语。

（4）咨询服务电话。作为景区的服务电话，电话旁边应该备好记录用的办公用品，如咨询服务记录表（见表 4–1）和笔，确保在工作区域内能够随时记录咨询内容、需要转达、通知等的通话内容。如果在服务过程中遇到需要查询的情况，切忌让对方拿着听筒干等，需要较长时间时，应不时用电话和对方说“请您稍等片刻”，或“请挂了电话，我过会儿再打给您”。另外，在通话过程中，应当边听、边询问、边记录。

表4–1　景区电话咨询服务记录

日　期________	时　间________
咨询者姓名________	咨询者职业________
咨询者居住地________	
咨询内容________ ________ ________ ________	
解决情况________ ________ ________ 是否需要回复________ 回复电话________ 填表人________	

（5）转接电话。如果接电话的工作人员不是受话者时，若要找的人在附近，请对方稍等后，把话筒轻轻放下，走到受话人身边通知对方。不能话筒尚未放下，就大声喊：“×××，你的电话！”这样是很不礼貌的，应当礼貌地说：“请您稍等。”如果受话者不在，不能把电话一挂了事，应耐心地询问对方，是否需要回电或转告，

若需要则记录下来，以便转告。电话留言单的设计可参照表 4–2。

表4–2　留言单

致________________ 日期______________ 你不在时， 来自______________________ 的电话____________________ 留言______________________ ______________________ ______________________ ______________________ ______________________ ______________________	时间______________ 来过电话__________________ 来看过你__________________ 回过你的电话______________ 请打电话__________________ 想来看你__________________ 会再来电__________________ 填表人____________________

（6）打错电话时。当接到打错电话的情况时，服务人员不能对其呵斥或者不礼貌地就挂掉。应当有礼貌地回答："对不起，您打错了，这里是 ××× 景区。"这样既为景区做了宣传，还给对方留下了好的印象。

（7）通话结束时。通话即将结束时，服务人员向对方说"很高兴为您服务"或"祝您玩得愉快"等祝福语后，等对方先挂电话后再轻轻放下话筒，切忌"啪"的一声扔下电话。

（二）打电话流程

景区服务人员接到的咨询电话如果不能当即回答的，应当在问清以后第一时间回复咨询者，此时也应做好相应的礼仪规范。

（1）确认电话号码。拨打电话前核对一下电话号码，确认无误以后再拨打。

（2）电话接通。电话接通以后，先问候对方，再确认是否是受话者。"您好，是杭州的张小姐吗？"如果是受话者，则先做自我介绍。自我介绍需要包括单位的全称或者规范的简称以及打电话者的姓名。自我介绍完毕后转向正题。如："您好，张小姐。我是 ××× 景区的 ×××，针对您刚才提的问题，我经过进一步咨询以后……”如果不是受话者，感谢对方请受话者来接一下电话。

（3）注意通话的长度。通话时间是宜短不宜长，电话礼仪中有一个规则，叫作“电话三分钟原则”，主要是指在工作当中，要注意把握好打电话的时间，工作时间大家都比较忙，打电话时把要交代的事情讲明白、说清楚就好了。当然，生活中的电话可以另当别论。

（4）愉快地结束通话。问题解决以后挂断电话前，要感谢对方对本景区的关心，希望对方能对本景区多提宝贵意见，然后说“再见”，等到对方挂掉电话后再放下话筒。

（5）受话者不在。如果打电话要找的人不在，留言请对方转达：××× 景区的 ××× 已经来过电话，然后问询对方回来的时间再打过去，致谢以后挂掉电话。这样可以体现一个景区的服务水平，又可以体现景区对前来咨询的游客的重视。

（6）拨错号码。如果拨错电话号码，也不要急于挂断，应先向对方道歉后，再轻轻挂断电话。

二、电话咨询服务的难点

（一）同事未及时给人回电话，对方再次来电话催问

当转接同事的电话，对方要求同事回电话，但是由于种种原因同事没有及时回电话，对方又来电话催促时，再次接到电话时应该实事求是、态度诚恳地答复对方。如：“十分抱歉，一些原因，他没能按原定的时间赶回来，等他回来以后，我让他马上给您回电话好吗？”或“十分抱歉，我已经将您的留言转交给他，但他回来以后被领导叫去谈话，现在还没回来，等他回来我再提醒他一下好吗？”如果是同事忘记回电话了，可以婉转地讲些理由，以免对方不愉快和同事难堪，可以说：“十分抱歉，他刚刚回来，正要给您回电话呢。”

（二）对方未及时打电话

如果电话打给对方，对方不方便接听，说再回复过来，可是等了好久没有回电话，此时可以打电话过去再询问一下是不是还是不方便，如果是不方便，那可以约定另一个时间再打过来。

（三）没时间接对方的电话

在工作中可能会有客人来访或者忙于其他紧急的事情而不能接听来电，如果是熟人来电则可以巧妙地告诉对方，自己现在不适合接听电话，等会儿再给他打过去。如："小李，您好，昨天我还惦记着你呢，正想今天给你打电话，没想到你先打过来了。可是我现在正有位重要的客人来访，等下我再给你打过去好吗？"这样既提醒来电者现在不便于谈话，同时又可以让客人感觉到自己被重视。如果是有客人来电话咨询，这时候如果分不开身可以让周围的同事代接一下。可以告诉来电者："针对您的问题，我想请一位更有经验的工作人员来回答您，好吗？"尽量不要让电话铃声响个不停，而不去接听，也不要把话筒拿起，让对方打不进来，这会让咨询者对该景区或者该岗位产生不好的印象。

（四）对方发脾气

在服务的过程中，总会有些客人对一些服务不满意，反反复复后可能会发起脾气来，这时候服务人员要学会适当地安抚客人，首先，要耐心聆听对方的倾诉，在他们倾诉的同时要说些表示同情的话，让他们知道你还在听，比如说"我理解您的心情""对，是这样的吗"，同时分析导致其生气或失望的缘由，尽量做到理解他们生气的缘由。其次，提出解决方法。在听明白客人的抱怨以后，双方一起寻找解决问题的合理方法，如果他们提出某些可行的建议，可以马上协商解决。

（五）对方注意力不集中或离题

在打电话时，会遇到对方注意力不集中或者离题的情况，如果感觉出对方好像注意力不太集中，可能他那边正好有别的事情，就可以说："刘女士，刚才我说得不是很清楚，我再重复一遍吧。"或者提醒一下对方："您现在是不是很忙？如果不方便，我先挂掉等会儿再打，好吗？"同样在谈话过程中对方可能会离题，这个时候要学会使用过渡技巧将话题拉回来，如"是吗？那刚才我们谈的那个问题，您怎么看？"

（六）对方喋喋不休，没有挂断电话的意思

在电话服务过程中可能会碰到来电者喋喋不休，毫无挂断电话的意思，服务人员为了不影响个人和单位的形象，可以采用以下三种方法委婉地挂断对方的

电话。

（1）金蝉脱壳法。如果你已经给了对方一个明确的答复，就可以见机说："很高兴今天能为您服务，对不起，领导正在叫我呢，我们能否以后再聊？"或者"感谢您的来电，另一部电话在响，我们以后再聊好吗？祝您玩得愉快！"

（2）总结法。如果打电话的人得到了相应的服务以后，还想继续聊，那你可以说："李女士，我们来总结一下刚才为您服务的内容，看看还有什么需要补充吗？"

（3）幽默法。如果是老朋友在上班时间打电话给你，为了不影响正常工作，事情讲完后你可以这样说："好了，老朋友，您的三分钟已过，挂断电话吧！否则你就会多付电话费了。"

第二节　当面咨询服务

案　例

热情的服务态度，灵活的服务技巧

一日上午某景区游客接待中心出现了几位印度人的身影，其中一位与景区前台接待人员似乎在争执什么，其他几位则在大厅另一边翻阅接待大厅的英文杂志，一位接待员在给他们沏茶。

而前台这里，双方的交谈仅仅只有少数几句英语，其余都是各自说着自己的语言，这几位印度人脸上的表情非常焦急，在一遍一遍地给自己的同伴打电话。同时，景区的工作人员也非常着急，给航空公司打电话。很明显，出现了某个问题，但是由于语言不通，信息沟通出现了障碍。景区懂英语的接待员恰好今天生病不在岗位，而景区的接待员也是新来不久的员工。

此时，旁边来了几位中国游客，也想询问景区的情况，接待员立即反应过来："各位游客，能不能麻烦一下，帮我们一个忙，我们是新来不久的员工，我们部门懂英语的人恰好今天生病不在岗，我们都不怎么懂英语，请问您几位中，能跟他用英语交流的人能不能帮我们个忙？非常感谢！"

见此情景，游客中一位女士走了过来，"我也许可以，试试看吧。不过，你们得告诉我大概是什么事情。"

"好的，非常感谢您的帮助！是这样的，这几位游客住在我们景区酒店，他们后天要坐飞机去石家庄，通过我们预订了机票，但是因为天气的原因，原先的航班取消了，所以航空公司出的票跟他们朋友告诉他们的那个航班不一样，两个航班之间的差别在于起飞时间推后了一个小时，这个是昨天的接待员根据他们的离店时间订的，我们也是才知道的。但是现在，他们看着机票上的航班号与他们朋友原先告诉他们的不一样，很着急，对这张机票持怀疑态度，也好像不怎么信任我们，一直在给他们的朋友打电话，我们因为不怎么懂英语也不知道他在跟他们的朋友们说什么。麻烦您，告诉他航班改变的原因，以及我们考虑到他们的离店时间，所以才给他们订的这个航班，我们打电话给航空公司确认过了，两个航班区别在于起飞时间推后了一个小时，其他方面都是一样的，也麻烦您转告他们的朋友，还有因为我们而给他们造成的不便，我们深感歉意。给您添麻烦了，谢谢您！"

"哦，是这样的，好的。"

此时，另一位接待员将其他几位中国游客引导到了接待大厅的另一侧，并为几位游客沏上了热茶。

这位女士马上将接待员的话翻译给了几位印度客人，接待员紧张地观察着印度游客脸上的表情，看着客人脸上的表情慢慢舒展开来，并渐渐露出笑容，接待员紧张的神情也才跟着慢慢地缓和下来，不安和担心的情绪也渐渐散去。

印度客人放心地离去了。

"非常感谢您的帮助！我能为您做些什么吗？"在仔细地询问了游客的需求后，接待员为其设计了一条非常周密的景区游览线路，与同伴商量后，大家都觉得非常满意。

"还有，我想告诉您的是，我的同事刚刚将此事向上级进行了汇报，并向领导申请将您和您的朋友作为景区今天的幸运游客，所以在您几位出园时将会得到我们景区的神秘礼物。"

听后，几位游客觉得非常意外，满心欢喜地游览了该景区。

"竭尽所能，方便游客"是宗旨

一位失望的游客来到景区接待服务中心，服务人员微笑着接待了他。

服务人员说："您好，我能为您做些什么？"

游客："服务员，我们来两天了，结果都是阴雨连天，你们这里的景点都在室外，我们只能待在客房里睡觉。你们附近还有没有别的景区，我们要换地方了，不想在这里浪费时间了。"

服务人员听了游客的回答后说："先生，实在抱歉，天气原因给您带来的不愉快，我们也实在遗憾。如果您想换个游玩的景区，我也可以给你推荐，离我们景区30分钟路程的地方新开发了一个乡村旅游的风景区，距我们景区一个小时路程的地方，还有个地下溶洞。”

游客："那个地下溶洞怎么过去呢？”游客显然有些想法了。

服务人员："如果您对这个景区感兴趣，我们可以派车专门送您过去……不过我们还是真诚地希望您能留下来，因为据天气预报显示，今天下午天气会由雨转多云，到时您就可以欣赏到我们这里雨后的飞瀑和云雾缭绕的山景，如果幸运的话，您还可以看到美丽的彩虹呢。”

游客："那……”此时游客开始犹豫不定。

服务人员："现在还下着小雨，我建议您可以去溶洞玩一下，您可以乘我们的车前去，下午玩好后如果想回来，也可以乘我们的车回来。”

游客："是免费的吗？”游客已经把刚开始的抱怨忘记了，口气也有所缓和。

服务人员："来回乘车是可以免费的，门票是60元一张，除了这些如果不买东西的话，您在那里就不需要什么花费了。”

游客："那在哪里坐车呢？”

服务人员："您把您的电话号码告诉我，等我联系到车辆再告诉您好吗？”

游客被景区咨询服务人员的真诚所感动，本来他就是想来抱怨一下，没想到服务人员有如此细致的工作，他在溶洞玩好后立刻返回来，正好欣赏到美丽的风景，并且在景区内多逗留了一天，同时还把他的游玩经历告诉了朋友。

1. 景区咨询服务人员在当面咨询服务工作中应当注意哪些问题？

2. 假设你是一名景区工作人员，有游客向你问起其他景区的情况时你应当怎么回答？

品质景区都会设有专门的旅游咨询服务中心供游客前来咨询，这个服务中心一般设置在景区入口处的接待服务中心内部，为刚进景区的游客提供咨询。

一、当面咨询服务人员的要求

景区内所有的工作人员在上班期间必须注意以下要求：

（1）统一着装。一个规范的景区从入门的闸口到景区内部的每一个景点、营销点及卫生间，其员工都应该穿着统一的制服，这既是景区的形象，也便于景区的管理。

（2）学会微笑。“没有面带微笑，就不能说有完整的工作着装。”一个微笑的表情，传达给顾客的含义是：你们来对了地方，并处在友好的环境里。因此，所有的工作人员在面对顾客的时候应始终牢记要保持微笑。

（3）保持良好的礼仪形象。工作人员在岗位上应该保持良好的礼仪形象，因为一个人的外在形象是人的思想感情和文化修养的外在表现，同时反映着其对工作的态度。因此，工作人员保持良好形象首先就是穿着要得体。其次，除了微笑以外，一定要有正确的坐姿和站姿，坐姿端正，以坐满座位的1/3至2/3为好，上身要挺直；站着为客人服务时，身体正对着客人，腰身挺直，双腿不可抖动，最好与客人保持1.5~3米的交际距离。最后，在服务时配上适当的手势指引。

（4）工作态度认真。要本着“游客就是上帝”的原则，认真地对待每一位顾客，准确、仔细地回答每一位顾客提出的问题。工作时不要与其他工作人员闲聊或大声说话，私人电话不应聊得时间太长。

（5）运用有技巧的语言。无论电话咨询服务、当面咨询服务，还是投诉处理服务，都需要与游客进行沟通和交流，这一过程中语言得体、应对大方可以给游客留下良好的印象，也可以缓解矛盾冲突，提高服务质量，因此合理地运用语言艺术是沟通和交流成功的重要保障。其中最重要的是礼貌用语的广泛使用，如“请”“您”“谢谢”“对不起”等敬语，“您过奖了，这是我应该做的”等谦语以及雅语的使用。

（6）熟记景区内及了解景区周围的情况。游客的问题肯定是五花八门，从问厕所在哪里到该景区附近还有哪些好玩的景点、好吃的地方等一系列问题。因此，景区内部应当定期对工作人员进行培训，让其了解景区的现状和景区周围的情况，以便能流利地解答所有的咨询。

（7）学会记录和总结。景区管理人员应该积极引导工作人员对游客提出的问题进行认真记录和总结。游客提出的问题可能是由于景区内部规划或者管理不完善，做得不到位，因此可以根据工作人员的记录了解景区内现有的不足并及时予以整改，以便达到完善景区建议的作用。

二、当面咨询服务的流程

（1）主动问候。在岗的工作人员遇到满脸疑问、迷茫或正准备走向自己的游客时，应该主动迎上前去问询，“您好，请问有什么需要我帮助吗？”或“您好，我可以为您做些什么？”这样会给处在困难中的游客温暖的感觉，并留下亲切、热情的好印象。

（2）专心倾听。对于游客提出的问题应该认真倾听，首先，应双目平视对方，全神贯注，集中精力，以示尊重与诚意；对于提出的问题应该以点头或“嗯”等形式有所反馈，让对方知道你听明白了他的阐述。其次，要有优雅的姿态。在游客提问的时候不可以三心二意，不可以左顾右盼、手指挠来挠去。要始终保持典雅的站姿、正确的坐姿和优美的步态，以及适当的手势。

（3）有问必答。对于游客的问询，要做到有问必答，用词得当，简洁明了，不能说“也许”“大概”之类没有把握、含糊不清的话，自己能回答的问题要随问随答，绝不推诿；对自己不清楚的事情，不要不懂装懂，随意回答，更不能轻率地说“我不知道”。经过努力确实无法回答，要向游客表示歉意，说：“对不起，这个问题我现在无法回答，让我先了解一下好吗？”此时应该通过电话或向旁边的工作人员咨询的形式来解决游客提出的问题。若离开现场去别的地方问询，问清楚以后应马上回来作答，不能一去不复返。

（4）愉快地道别。对待游客的咨询服务，应当直到其满意为止。当游客满意地准备离开时应主动地向游客道别，并祝其玩得愉快，可以说：“再见，祝您玩得愉快！”

三、当面咨询服务的难点

（1）多人询问。如果多人同时问询，应先问先答，急问急答，注意游客的情绪，避免怠慢，使不同问询的游客都能得到适当的接待和满意的答复。如当回答前面游客的问题时，可以对后面问询的游客点头致意，并说“请稍候”；当碰到有的游客非常着急插队到前面来问询时，需要征得下一位游客的同意，如果不同意，而当下这位游客又非常着急，则可再同下一位游客协商。可以说：“出门在外不容易，大家需要互相照顾，看来这位同志的确很着急，您看？”也不要和一位游客谈话太久，而忽略了其他需要服务的游客。

（2）了解最新的本景区动态信息。景区内的工作人员除了要对本景区内所有的景点布置、游览线路以及景区内的基础设施都详细掌握外，还应该了解、掌握当天或者定期在景区内开展活动的内容、时间和参加办法等，及时向游客提供游览景点的线路、购物和休息等有关信息，为游客在本景区旅游做好参谋，并尊重游客的风俗习惯。

（3）回答对本地及周边区域景区情况的询问。游客在本景区游览尽兴的同时，可能意犹未尽，还想到附近其他地方进行游玩。此时工作人员应该尽量多地掌握景区周围好的景点、住宿、购物以及通往各大旅游城市的交通等情况，为需要的游客提供相应的信息。如有可能，可以备好本地及周围地区的旅游交通图。

（4）对方固执己见。在为游客服务时经常会碰到一些固执己见的游客，认为自己的是对的、合理的，就得按照他的想法来解决，此时服务人员应该尽量说服，如果客人提出的要求不违反岗位原则和部门规定，则应尽量满足客人，但如果是在部门规定之外的，那就应该坚持原则不退让。其实，大部分客人是通情达理的，但需要得到景区的理解，因此服务人员应认真开导和解释，如果提出的要求是违反规定的，经过开导和解释，客人也一定会理解并接受。

第三节　投诉处理

案　例

妥善处理让游客满意而归

为了使景区廊道内的休息长凳焕然一新，某景区刚刚重新用油漆将其涂刷过，不料天公不作美，一直在下着小雨，所以长凳上的油漆还没有干。景区在一个废纸箱子的一面纸板上，用很浅的白色粉笔写着“油漆未干”，且此纸板放在一个消防栓柱前面。从另一个方向走到这里的一对游客赵先生夫妇，没有看到放在消防栓前面的纸板，两人觉得累了，就直接坐下去了，结果油漆沾了一身。

游客赵先生夫妇非常生气，当即投诉到景区办公室。办公室的工作人员见游客来势汹汹，马上招呼两位游客坐下，并立刻端来热茶，轻声询问是什么事情。经过耐心询问，得知事情发生的整个经过后，当即对赵先生夫妇的遭遇表示同情，并声明景区的确负有一定责任。此刻赵先生夫妇的情绪已经比较平静了。经过一番沟通，赵先生夫妇表示，解决的方法应该是景区进行相应的赔偿，因为自己是外省来的团队的游客，因此，对工作人员提出的快速清洗衣服的提议予以否定，提出了自己的想法，基于两人的上衣与裤子都沾上了油漆，要求景区为二人赔偿现金 800 元。

工作人员很清楚，油漆是可以洗掉的，且尽管赵先生夫妇两人的上衣与裤子都沾上了油漆，但是面积并不大，如果送干洗店 100 元就完全可以解决，且这 800 元的赔偿金额也超出了他们的权限。他们委婉地跟游客商量，赔偿金额是否可以再商量一下，因为 800 元超过了他们的最高权限，他们必须跟景区管理者请示，这个过程比较长，考虑到他们是团队的游客，下面还有行程安排，且工作人员询问过了，这样质地的四件衣服，如果送干洗店干洗的话，油漆是可以洗掉的，且价钱在 100 元以内。并当面让赵先生随意找了家杭州的和苏州的（赵先生夫妇是苏州游客）品牌干洗店，让赵先生用电话询问干洗店能否清洗、清洗时间以及清洗价格。电话打完了之后，赵先生表示可以考虑一下，这时景区工作人员也表示，景区能够为游客提供的最高赔偿金额是 500 元，这也是最高权限，同时打通了景区管理者的电话，当着赵先生夫妇的面予以证实。

此时同团队的游客在外面已经等得有些不耐烦了，有人开始过来观望，赵先生夫妇二人此时也已经有些不好意思，随即很快答应了景区 500 元赔偿金的提议。工作人员迅速将赔偿金拿给游客，并再次对游客表示歉意，同时声明，马上重新竖立醒目的告示牌，进一步完善景区的相关服务设施。

跟踪服务打动游客

游客张先生带着父母和妻儿去某一著名的乡村旅游景区采杨梅。在游玩过程中，张先生的母亲开始头晕呕吐。张先生要求景区服务中心派车和医生过来，但只需 10 分钟的车程却足足等了半小时，车到了但没有医生，只有司机拿上来了一支藿香正气水。正准备乘车下山时，张先生的父亲因着急心脏病突然发作。张先生赶紧拨打了 120 急救电话并于十分钟后将父亲送上救护车。直到入院时，景区主管才赶到医院看望张先生的父亲。

张先生终于忍耐不住对着景区主管开始了愤怒的控诉，对景区的服务表示了极大的不满，并准备投诉到上一级的旅游管理部门。

景区主管认真地聆听了张先生怒气冲天的抱怨，对发生的一切做了充分的道歉，并愿意对所发生的不幸承担相应的责任。

最后，景区承担张先生父亲在医院的相应费用，并免去他们一家来景区的费用。同时，派专车送他们一家人回家，并着手调查张先生母亲中暑后车一直迟迟不来的原因。张先生看到景区方面态度比较积极，又做出了相应的补偿，老人也都脱离了危险，所以没有再投诉到有关部门。

张先生回家的第二天，景区主管又打来电话问询张先生父母亲的情况，并让员工送来慰问品看望张先生及其父母，他们解释说："我们的服务存在严重问题，希望能用跟踪服务弥补我们的过失。"张先生一家深为感动，对景区的抱怨也没有了，张先生说："是跟踪服务打动了我们！"

1. 以上两则案例中，什么原因引发游客投诉？
2. 如何快速而有效地处理景区投诉事件？
3. 跟踪服务的作用及其工作技巧有哪些？

当面处理服务，是指景区内的管理人员或者服务人员对游客的投诉进行当面处理的服务。游客在游玩、接受服务的过程中可能会产生这样或那样的不满和抱怨，正是这些不满和抱怨是景区前进过程中的钥匙。因为它能让景区认识到现存的不足，然后找出解决的办法，从而促进景区管理的优化。一些游客有了不满或意见，不是找到景区来投诉，反而告诉周围的朋友或者在景区内没找到合适的投诉环境而到当地的消费者协会、文化和旅游等监管部门上诉或反映，这样便对景区产生消极影响。因此要正视游客投诉，积极为游客投诉提供机会和环境，如在景区内的不同地点设置专门受理投诉的服务台、设置投诉电话、设置意见箱或者意见簿等。但是在这些受理投诉的方法中最好的是当面投诉当面处理，让游客乘兴而来，满意而归，因为这样游客能充分感到被重视，同时意见和不满也不会外泄。

一、投诉的原因

游客投诉的原因比较多，投诉的内容也千奇百怪，大致可以分为以下几种：

（一）对景区服务人员的投诉

这一类投诉是由于景区服务人员素质不高、服务水平低下、服务观念存在问题而产生的，它占景区投诉量的绝大多数。

1. 服务态度太差

（1）不回答游客的询问，或回答时不耐烦、敷衍了事、出言不逊。

（2）服务动作粗鲁，反应迟钝。

（3）不注重个人卫生，手放入杯中或盘中，点完钞票的手又去拿食品。

（4）冷落游客的意见，游客吩咐后久久不来。

（5）服务语言使用不当。

2. 服务技能欠缺

（1）工作程序混乱，效率低下。

（2）账单金额错误，账单记错。

（3）上菜、上酒与所点菜单不一致。

（4）寄放物品遗失或调错。

（5）不征求游客的同意，强迫游客与不相识的人坐不愿意坐的位子，住不愿意住的房间，乘不愿意乘的车。

（6）漏点或错点游客人数。

（二）对景区服务产品产生的投诉

（1）价格投诉，如景区门票太高，特别是园中园，重复购门票，商品或服务项目收费过高，随意宰客。

（2）饭菜质量太差，口味、卫生不能令游客满意。

（3）样品和游客所要商品、酒水不一致。

（4）最佳观景点被承包经营者占据，拍照得付额外费用。

（5）寄存物品、租车、乘船等不方便，结账方式落后。

（三）对景区硬件及环境产生的投诉

（1）没有或缺乏卫生设施，或卫生设施条件太差，如厕所有异味等。

（2）住宿条件简陋，桌面、椅子、毛巾、地毯、窗帘、碗筷破损，不干净。

（3）没有与景区配套的娱乐项目，没有歌舞表演，缺少儿童娱乐或活动项目。

（4）发生安全事故、意外事件，治安状况差，缺乏安全感。

（5）旅游气氛太差，小贩穿梭其间，追客强行兜售。

（6）交通混乱，车辆摆放无指定。

在分析游客投诉的原因后，需要运用正确的原则、适当的方法和技巧来巧妙地解决游客的投诉事件。

二、投诉处理的流程

（一）认真聆听

来投诉的游客大多情绪激动，怨气冲天，往往不先说清真相，就先表达对景区或者服务人员的不满，此时服务人员不要急于解释，应学会耐心聆听。

（1）聆听游客的发泄。面对愤怒的游客，有人可能认为解释最为重要，但恰恰相反。因为有效的聆听可以缓解游客的愤怒情绪，同时可以克服沟通中的障碍，如果服务人员认真地听取游客的发泄缘由，就能避免误解、争论、错误和延误。聆听时，应心平气和，不可有任何反感情绪或不耐烦的态度。

（2）及时记录和回应。在认真听取游客发泄的同时，还应根据游客的叙述，认真做记录，同时做出及时的回应，让游客知道，他的感受与叙述内容一样已经得到了重视。可以配合专注的眼神或间歇的点头来做回应，或者可以加上几句："哦，这样的。""当时是……"或"那接下来呢？"如果没明白游客的意思，可以说："对不起，您可以慢点说吗，我没听清楚。"这样会使游客觉得自己受到重视，可以缓解对方的怨气。游客在发泄时，服务人员绝对不能说："您可能搞错了……""我们不会……我们从没……我们不可能……""您弄错了……""这不可能的……""您别激动……您不要叫……您平静一点……"

（3）不要计较游客的说话方式。愤怒的游客在对景区或者服务人员发泄不满的时候可能言语过激或者表达不准确，这时候不要计较，即使是他对景区或者服务人员产生了误解，也不要打断他的叙述。应当控制好自己的情绪，因为如果打断愤怒的游客，不仅听不清楚问题产生的根源，反而会刺激游客的情绪，不利于问题的解决。

（二）充分道歉

顾客是“上帝”。千错万错，游客没有错，这是景区管理的理念之一。无论是什么样的原因，游客来投诉，必然有自己的理由，或多或少是因景区服务管理工作不到位造成的。游客来景区消费，过得不愉快，过得不开心，产生抱怨，景区服务人员就该向游客表示歉意。

在表示道歉时，在注意用语的同时还要表示出一种诚意，可以说“真的非常抱歉让你遇到这样的麻烦”“对您在游玩过程中产生的不愉快，我们十分抱歉”等。道歉必须是发自内心的才能使客人接受，并平息客人当前的愤怒，来积极配合找出真正的原因。

（三）获得相关信息

游客在听到道歉之后，满腔的愤怒可能会得到暂时的平息，但是他们期望的是解决的办法，因此应当积极引导游客，进一步叙述出相关的信息，可以采用以下方法：

（1）复述游客所遇到的问题。愤怒的游客很难在一个平静的氛围内讲述完他们所经历的事情，此时服务人员可以根据记录用自己的话重复游客所遇到的问题，即根据你自己的理解对游客的话作一个总结，然后反馈给他们，这样可以确认服务人员记录的游客愤怒的原因是否正确和完整，同时可以让游客知道自己的问题和要求已经被了解了。这样做能让游客充分感受到景区服务人员对自己的重视，有利于问题的圆满解决，也有利于事后存档总结。

（2）适当提问。自己在聆听过程中的不明之处，可以通过提问的方式，重新收集足够的信息，以便帮助游客解决问题。提问有以下三点好处：首先，对方有时会省略一些重要的信息，因为他们认为这不重要，或恰恰忘了阐述，所以提问可以帮助景区服务人员更全面地了解问题。其次，很多时候景区服务人员所理解的和游客所表达的未必是一回事，即“所听非所言”，因此你需要通过提问题来确认。最后，当景区服务人员注意到游客话题转变时，可以向对方提一些问题，使跳跃式的对话回到原来的轨道上。但对游客而言，他们可能认为景区服务人员的提问给他们带来了不方便，有些问题没必要问，甚至认为提问题是对他们的非难。所以，一定要使你的问题表达出一种友好的意图，同时告诉游客为什么要问问题。当然不要忘了认真聆听对方的回答。

（3）积极思考。在游客的阐述和服务人员的重新确认和提问的过程中，服务人员应当根据经验积极思考，判断问题的严重程度、事件影响面的大小、确定投诉事件处理者的有限范围，考虑游客希望获得什么样的处理结果。

（四）提出解决问题的方法

在明确了游客的问题之后，很显然，下一步是要解决它。在处理投诉时既要站在景区的角度又要站在游客的角度。在自己的职权范围内，如果当场就能答复或者解决的就不要含糊其词或有意拖延，并可以给游客提供几种解决的办法供其参考。

（1）解释。首先，在提出解决方案之前，服务人员应根据景区对投诉的处理规定和相关政策，向游客解释。无论是游客误解了景区及服务人员，还是景区内部本身存在问题，服务人员都应该按照规定或政策做出相应的解释。

（2）提出方案。根据相关规定和经验，服务人员可以提出几种不同的解决方案供游客参考，和游客协商共同寻求解决方法，不可以把自己的处理意见强加于游客。但是如果直接问游客“这事您看怎么解决”是一个很不明智或是很愚蠢的做法。因为如果游客提出更高的要求，再和客人讨价还价就不好了。一般的方法应先对游客说：“实在对不起，您看这样处理好不好，我让营销部给您重新换一个同样的商品或者退还现金？”

（五）征求游客的意见

（1）问题解决之前的征求意见。如果游客选择你提供的某条建议，那问题会很快解决。但是如果游客不同意你的建议，这时再来征询游客的意见也不晚，这时可以问游客希望问题如何解决：“您希望我们怎么做？”问这样的问题很重要，因为能令游客满意的做法往往和景区想象的不同，甚至会差一大截。如果游客的要求可以接受，那就迅速且愉快地完成。迅速是指不要与游客讨价还价，拖拖沓沓；愉快是指不要一脸很不情愿的样子，这些都会使游客失去对你的好感，使你之前所有的努力都白费。

（2）问题解决之后的，征求意见。大多数人会想如果游客不再提其他要求，又何必再提呢？这不是自己找事吗？但是请设想一下，一种情况是你为他解决了问题后他离开，另一种情况是你不仅解决了问题，而且在他离开之前还询问他是否还有其他要求，以便能够最大限度地帮助他。这两种情况哪种会使你的顾客对你终生难忘呢？

（六）对批评指正表示感谢

游客的投诉实质上是对景区工作的改进，对景区今后的发展，有良好的促进作用。如果是游客不来投诉，而去上诉到上级管理部门，或者向朋友抱怨，这些都会给景区带来负面影响。如果游客是向景区投诉，在对处理结果很满意的情况下，则会产生良好的积极效应。因此景区有理由对投诉的游客表示欢迎和感谢。如可以说“感谢您给我们提出批评和指导意见，我们以后会积极改进的”“××先生，您及时让我们知道服务中的差错，这一点太好了，非常感谢您”“××夫人，感谢您指出我们服务项目的短缺和不足，使我们及时发现并得以纠正”。

（七）跟踪服务

绝大多数的服务人员在第六步就“到此为止”了。虽然这时游客已经满意地走了，但你的服务水准仍然只能称得上“良好”。要想达到“优秀”，还得继续进行第六步——跟踪服务。

跟踪服务可以是对游客表示问候、感谢，也可以是景区新的活动介绍，等等。主要方式如下：

（1）电话问候。如果是对游客身体或者心灵造成伤害的，可以隔一段时间打一个电话去问候一下，问其是否康复，还需要提供何种帮助。

（2）邮寄信件。如果游客的投诉是对景区有益的，那在景区改善之后可以以信件的形式通知游客。信件中可以写道：您的意见我们已经采纳，景区也得到了相应的改善，希望您能继续支持我们景区。另外，还可以通过电子邮件等方式来提供跟踪服务。

通过这些跟踪服务，景区进一步向游客了解解决方案是否有用、是否还有其他问题。如果通过联系发现游客对解决方案不满意，则要回到第一步，继续这个过程以寻求一种更可行的方法。别小看一个短短的电话或信件，它可以体现景区对游客的诚意和工作态度，深深地打动你的游客，并足以让他印象深刻，从而加强游客的忠诚度。景区的服务质量也正是在这样螺旋式反复中得到升华。

相关链接 搜索

宋城景区投诉处理规范操作流程

1. 您好，我是宋城投诉专员，您的投诉由我来全权处理。
2. 请到导游室入座。
3. 礼貌敬茶。
4. 耐心倾听投诉。
5. 按处理单规格做好记录。
6. 让投诉者看记录做补充后签名。
7. 情况调查和处理。
8. 告知投诉者处理做法。
9. 请投诉者对处理意见确认签名。
10. 礼貌送客。

[资料来源] 宋城景区培训课程“接待部岗位知识”

三、投诉处理的难点

（一）如何面对愤怒的游客

当服务人员面对愤怒的游客时，如果处理不当会使游客更加愤怒，如果巧妙地处理则可以使愤怒的游客成为忠诚的客人。

（1）情绪的稳定。服务人员应该理解游客的愤怒是合乎情理的，因为每个人愤怒的时候都是情绪异常激动，而且对每个讲道理的人都会产生敌意。如果没有受到进一步的激怒，所有服务人员都认真地倾听其愤怒的诉说，其怨气会慢慢得到缓解，因为他本人也会因为发脾气而感到尴尬。

（2）心灵的安慰。服务人员可以讲一些肯定性、支持性的话语。比如可以说“您承受了如此巨大的压力，这种事情的发生对您来说肯定不太好受”，或者说“我明白这对您来说是一件令人不愉快的事情”。同时服务人员可以配上一些身体语言，比如一个关切的眼神、一个轻轻的点头等，这也可以让对方意识到你理解了他的感受。

（3）问题的解决。游客在得到你的支持性话语以后，会慢慢地平息愤怒的情绪，并积极主动地帮你找出他愤怒的原因。

（二）如何提供补偿性服务

景区补偿性服务有以下几种常见的形式：

（1）打折优惠。如游客可能会对所住的接待酒店的服务不满，则可以在住宿价格上给予打折优惠。

（2）赠送。赠送品可以包括礼物、商品或服务，如果景区的员工与游客发生争吵，则可以给游客赠票或者赠送景区纪念品。

（3）个人交往。当给游客造成不便时，景区主管可以打电话给他表示歉意，使其感受到景区对他的重视和诚挚的关心，这种私人交往会重建景区的形象和信誉。通过个人诚意的交往，可以化解所遇到的不愉快，改善景区或管理者的形象。

（三）如何回答过分要求

在与游客的接触过程中，难免会碰到一些故意刁难服务人员的游客，他们可能会提出一些过分要求。此时工作人员应该沉着、大方地应对，如可以用幽默的方式避开话题或回绝游客，或者说：“我觉得这样的问题不像是您这样有品位的人所提出来的。”如果游客还是一再要求，那就可以义正词严地回绝。

（四）如何应对顽固的游客

在受理投诉服务的时候，总会碰到一些自以为是、比较顽固的游客，他们觉得总是别人的错，自己没有任何错，一口气不停地说个没完，总是以“他们总是……”“他们应该……”“他们绝对不可以……”来投诉别人。这样的游客是有的，但不是很多。如果碰到这样的游客可以尝试以下办法：

认真倾听顽固的游客的诉说，从他们的话语中找到原因所在，并用自己的话语叙述投诉原因所在。可以说："对不起，您是觉得服务人员工作速度太慢，让您排队等的时间太久了，所以您才这样生气，对吗？"

确定事实。这样可以避免对方过于夸大事实。如果对方说："我已经排了一上午的队，队伍怎么还这么长啊？"这时你可以确定对方排队等候的具体时间。

向对方解释缘由，有必要时应作充分的道歉。如上面的例子，你可以说："这个项目想要玩的人特别多，而且大家都在等，实在没办法。我建议您也可以去玩一些别的项目。"

如果对方仍不听你的意见，你可以告诉他："10分钟以后，有位客人要过来，我希望在此之前我们能解决问题。"这样做可以督促他迅速解决问题，避免纠缠。

相关链接　搜索

应对顾客投诉的一些常用句式

1."像您这样有地位的人……"这暗示了对方的社会地位很高，所从事的工作很重要。别害怕在对方脸上贴金，因为大家都喜欢听到好话和美言。

2."如果您可以……我会很感激的。"此话意在征得顾客许可，暗示顾客有很大的权利表示接受或者拒绝。

3."您真的在……方面帮我一个忙。"此话暗示：顾客不仅在整个处理投诉的过程中的地位重要，而且可以让顾客感受到扮演一种"父母兄长般"的长者角色。

4."也许您可以在……方面给我一些建议。"这样可以让顾客感到他充满思想和机智。

5."请您……因为您在这方面有专业知识／因为您是这方面的专家。"这话暗示了一种很高的专业技术水准。把对方看成富有智慧的人，这样的话对方爱听。

6."像您这样有成就的人……"这句话暗示顾客的事业很成功。

7."当然您肯定知道（了解）……"暗示对方知识面广、信息灵通。当你知道对方不了解（或无法了解到）这方面信息的时候，讲这句话特别管用。因为谁都不愿意承认自己无知（尽管有些事情他们完全没有理由／完全不可能知道）。

8."您说的……（内容）完全正确。"这会起到一种很有效的停顿作用，也可以借此认同顾客提出的观点。这样，顾客在大的问题上也就愿意做出让步。

9."像您这样的大忙人……"这话可以暗示顾客作为"生活要员"的地位，同时也说明顾客投诉的问题会很快得到解决。

10. “如果……我会感激不尽。”这话可以轻轻松松地让人感到愉快，这也是人的天性。

值得注意的是，上述说法中，有些话语以“我”开头。在面对顾客时，应尽可能避免使用这一辞令。但如果对话不带有任何挑战意味时，是完全可以使用的；如果情形出现了某种对立，或准备采取某种“挑战性”态度时，你的话语最好以“你”来开头。

［资料来源］TIMM PR. 对客服务艺术［M］. 肖洪根，译. 北京：旅游教育出版社，2002

在服务人员接受投诉处理以及跟踪服务时应记录全部过程，将整个过程写成报告并存档，并在此基础上进行投诉统计和分析，并及时反馈给部门经理或负责人。所有的服务人员，尤其是管理人员应对投诉产生原因及后果进行反思和总结，部门负责人也要根据总结尽快采取相应措施，不断改进服务并提高服务水平。

相关链接 搜索

云南省旅游质量投诉等级划分及处理制度（试行）

第一条　为维护我省旅游市场正常秩序，提高旅游质量监督管理工作水平，促进我省旅游行业提高服务质量，根据国家旅游局的有关法规和规章制度，结合我省实际情况，制定本制度。

第二条　本制度适用于我省旅行社（公司）、星级旅游饭店、A 级旅游景区（点）等旅游经营单位及所属从业人员。

第三条　旅游质量投诉，是指旅游者为维护自身的旅游合法权益，对损害其合法权益的旅游经营者和所属从业人员，以书面或口头形式向旅游行政主管部门提出投诉，请求处理的行为（旅游安全投诉不在此列）。

第四条　旅游质量投诉等级的确定因素。因旅游企业和从业人员过错，以一宗旅游质量投诉人数、理赔（含退款）金额、社会影响程度三大要素确定旅游质量投诉等级。

第五条　旅游质量投诉等级的确定。分为一般旅游质量投诉、较大旅游质量投诉、重大旅游质量投诉和特别重大旅游质量投诉四个等级，具体标准如下：

（一）一般旅游质量投诉

投诉人数不足 30 人，理赔金额不超过 2 万元人民币。

（二）较大旅游质量投诉

投诉人数在30人以上不足60人，理赔金额2万元以上不超过6万元人民币，或新闻媒体报道，在社会上造成不良影响。

（三）重大旅游质量投诉

投诉人数在60人以上不足150人，理赔金额6万元以上不超过15万元人民币，或新闻媒体作为焦点专题报道，对云南旅游形象造成较大负面影响。

（四）特别重大旅游质量投诉

投诉人数在150人以上，理赔金额在15万元人民币以上，或被国家旅游局在全国通报批评，新闻媒体作为焦点专题跟踪报道，对云南旅游形象造成重大损害。

第六条　对引起不同等级旅游质量投诉的旅游企业和责任人的处理。处理的依据为：《导游人员管理条例》《旅行社管理条例实施细则》《云南省旅游业管理条例》《中华人民共和国评定旅游涉外饭店星级的规定》《旅游区（点）质量等级评定办法》。

（一）全省国际十强和国内二十强旅行社一年内引起五次以上的一般旅游质量投诉，其他旅游企业和从业人员在一年内引起三次以上的一般旅游质量投诉，要向当地地、州、市一级旅游局和省旅游局写出书面检查，并由旅游行政主管部门给予“黄牌警告”处理。

（二）对引起较大旅游质量投诉的旅游企业及所属从业人员，给予全行业通报批评的处理，并在新闻媒体上曝光。

（三）对引起重大级旅游质量投诉的旅游企业及所属从业人员，给予暂缓通过年检。如是省内百强旅游企业或有出境组团资格旅行社，取消其百强资格或暂停出境业务三个月，如是星级旅游饭店或是A级旅游景区（点），给予降星（A）处分，并在全行业通报批评，组织新闻媒体曝光，给予公示。

（四）对引起特别重大旅游质量投诉的，对旅游企业及所属（雇）从业人员，作出以下处理：

1. 对国际旅行社，向国家旅游局申请取消经营许可证；对国内旅行社，直接取消经营许可证，并给予公示。

2. 对导游，给予吊销导游证处理；对其他从业人员，取消其旅游从业资格，并给予公示。

3. 对五星级饭店，向国家旅游局申请摘取星牌；对四星级（含）以下饭店，直接摘取星牌，并给予公示。

4. 对3A级以上旅游景区（点），向国家旅游局申请取消A级资格；对2A级（含）以下旅游景区（点），直接取消A级资格，并给予公示。

第七条　由省旅游局查处的重大行政处罚案件，确属旅游企业和所属（雇）从业人员过错造成的，同样适用本制度。

第八条　各地、州、市旅游质监所按管辖权限和程序处理辖区内各类旅游质量投诉案件，跨区或辖区不明或有争议或特别重大的旅游质量投诉案件，由省质监所裁定。

第九条　各地、州、市旅游质监所在工作中要本着实事求是、公正裁量的原则处理好各类旅游质量投诉，对较大等级旅游质量投诉一周内，重大等级旅游质量投诉三天内，特别重大旅游质量投诉 24 小时内，向本级旅游局及省旅游局质监所报告，重大等级以上的旅游质量投诉处理完毕应作结案报告，并在五天内上报本级旅游局和省旅游局质监所。

第十条　本制度由云南省旅游局负责解释。

第十一条　本规定自二〇〇二年六月一日起执行。

云南省旅游局

［资料来源］法律教育网（http://www.chinalawedu.com）

本章小结

咨询服务和投诉处理服务是景区工作的一个重点和难点，因为服务质量的好坏直接影响到一个景区的形象和未来的客源市场。本章主要对景区的咨询服务和投诉处理服务作了介绍，重点介绍了景区电话咨询服务、当面咨询服务和当面投诉处理服务的工作流程，同时讲述了在工作过程中遇到的难点问题的解决。

（1）在电话咨询服务中，电话形象四要素对接打电话的工作人员提出了基本要求，介绍了接听电话的工作流程、回答电话的工作流程，以及电话咨询服务中经常遇到的问题的解决方法。

（2）当面咨询服务中，讲述了当面咨询服务人员要注意工作时的要求，当面咨询服务的主动问候、专心倾听、有问必答和愉快地道别的工作流程，同时介绍了当面咨询服务过程中经常遇到的难点问题。

（3）在投诉处理中介绍了投诉的原因，重点阐述了投诉处理的七步骤：认真聆听、充分道歉、获得相关信息、提出解决问题的方法、征求游客的意见、对批评指正表示感谢和跟踪服务。不要小看每一步，每一步都很重要，同时介绍了投诉处理难点问题的解决方法。

复习与思考

一、名词解释

咨询服务　投诉处理服务　电话服务的工作流程

当面咨询服务的工作流程　投诉处理的工作流程

二、选择题

1. 电话咨询服务时，一般电话铃响（　）后接听较合适。

A. 一声　B. 三声　C. 五声　D. 随便

2. 电话咨询服务时，拿起话筒第一句话应该说（　）。

A. 您好！哪位　　B. 您好，这里是 ××× 旅游景区

C. 您好，找谁　　D. 什么事

3. 在接受游客的投诉处理时首先做到的是（　）。

A. 认真聆听　B. 充分道歉　C. 问出相关的信息　D. 提出解决方案

三、简答题

1. 当面咨询服务的工作流程是什么？

2. 当游客向你问询本景区外的其他景区的情况时你怎么回答？

四、案例分析

五一假期，某景区餐馆内，午饭时分，团队非常多，餐厅服务员都非常忙碌，往往一桌客人还没吃完，另一桌客人就已经到了，很多人在等待。这时，进来一位中年男性，非常疲惫地坐在还没有收拾干净的餐桌上，等了一会儿，还是没有人来收拾他眼前的餐桌，他非常愤怒地敲起了桌子，大声嚷嚷要投诉。他的行为引起了旁边等候的游客的共鸣，一群人高声喊着要投诉，其中一人打了景区的投诉电话。

根据以上案例回答如下问题：

景区餐馆服务员在服务时犯了哪些错误？应该怎么做？景区餐馆管理者应该怎样处理投诉事件？

五、实践项目

1. 在某景区，一位游客慌忙跑向一位工作人员，咨询最近的洗手间在哪边。请同学两人一组，模拟工作人员的当面咨询服务。

2. 杭州西溪湿地景区的游客接待中心接到一个政府团队的预订，团队共有30人，五一期间前来，组团的旅行社是与西溪湿地合作关系密切的旅行社，这批团队的客人是西溪湿地市场拓展地的政府官员。接待中心的工作人员接到这个电话一时犯了难，因为西溪湿地五一期间的游客是非常多的，优秀导游到时候可能会非常缺乏，而且游客等船的过程会因游客量剧增而变得非常漫长，也因此会发生对景区有不良影响的事件，但是这个团队对于景区的未来发展有很大的影响。请问如果你是西溪湿地景区游客接待中心的工作人员，你应该如何来进行相应的安排？

推荐阅读

1. 徐玲玲. 商场超市投诉管理与处置技巧［M］. 北京：化学工业出版社，2009.

2. 王琛磷. 客户投诉心理分析与应对技巧［M］. 深圳：海天出版社，2007.

3. 朱立恩. 遵守承诺和投诉处理（解读ISO 10001:2007质量管理顾客满意组织行为规范指南）［R］. 北京：中国标准出版社，2010.

4. 贺立锋. 餐馆如何处理顾客投诉［M］. 广州：广州出版社，2004.

5. 威廉姆斯. 管理技巧入门必读［M］. 汕头：汕头大学出版社，2008.

6. 余世维. 卓越管理者的辅导与激励技巧［M］. 北京：北京大学出版社，2009.

7. 江广营，乔华. 班组管理技能［M］. 北京：北京大学出版社，2009.

第五章 景区解说

景区解说是景区服务诸要素中的重要组成部分，是景区教育功能、服务功能、实用功能实现的基础和必要手段。本章在介绍景区解说服务的概念、类型和功能的基础上，重点介绍了景区向导式服务的原则、技巧及方法，特别介绍了向导式解说的流程和方法，介绍了自导式解说服务的方式，旨在让学习者熟练运用各种解说手段，并提供基本范式和方法技巧。

学习目标

知识目标

1. 了解景区解说服务的基本概念、发展历程和发展趋势。
2. 熟悉景区解说服务的类型、功能及其包括的内容。

技能目标

1. 掌握景区解说服务的原则和技巧。
2. 熟悉自导式解说服务的传递方法。
3. 熟练运用向导式导游服务（人员导游讲解为主）的流程和方法。

案 例

香港迪士尼乐园的交通设施服务解说

1. 如何前往香港迪士尼乐园

香港迪士尼乐园坐落于大屿山，多种交通工具均可到达。迪士尼公共交通交会处是各类型交通工具的交会点，无论乘坐地铁、巴士、的士、旅游巴士或自行驾车，均十分方便。在巴士总站及的士上客区、落客区均设有轮椅使用人士的候车处。

（1）地铁迪士尼线。地铁迪士尼站邻近乐园，可让您轻松走进这个奇妙王国。

（2）巴士。您可选乘公共巴士或是跨境巴士到香港迪士尼乐园。

（3）自行驾车或乘坐旅游巴士。我们设有私家车及旅游巴士停车场，供驾车宾客使用。

（4）的士。无论乘坐市区的士、新界的士或是大屿山的士，均可接载您往返香港迪士尼乐园。

（5）渡海小轮。渡海小轮即将投入服务！宾客可从迪士尼码头沿迎乐路步行。

以下以地铁迪士尼线为例：您可搭乘快捷方便的地下铁路，在欣澳站转乘迪士尼线到迪士尼站。您由香港国际机场出发只需 23 分钟（由机场站到青衣站再转乘东涌线前往欣澳站），由九龙站出发只需 22 分钟，香港站出发只需 25 分钟，宾客亦可在香港站领取乐园门票。

2. 园内交通

当您到达香港迪士尼乐园，您除了可乘坐园内的巴士前往主题园区、酒店或迪欣湖外，亦可经不同的行人路步行至乐园内不同的景点。

（1）步行。香港迪士尼乐园拥有独特的景观设计，于晚上或秋冬季节时分，与家人或朋友在乐园内漫步是最适合不过的。

（2）巴士。乐园内有两类巴士可为宾客提供园内交通服务：度假区穿梭巴士和 R8A（循环巴士线）。度假区穿梭巴士：度假区穿梭巴士提供免费接驳巴士服务，往来香港迪士尼乐园酒店、迪士尼好莱坞酒店及迪士尼公共运输交会处，酒店宾客亦可经迎乐路步行前往香港迪士尼乐园。R8A（循环巴士线）：来往主题园区及迪欣湖。开幕初期，乘客亦可选临时巴士来往迪欣湖至香港迪士尼乐园。

［资料来源］张立明，胡道华. 旅游景区解说系统规划与设计［M］. 北京：中国旅游出版社，2006

香港迪士尼乐园的交通及基础设施解说包含哪些内容？这样的解说将给游客带来哪些便利？

第一节 景区解说概述

景区解说服务是景区为旅游者提供的获取和体验景区各种资源信息的一种重要途径，是景区对外服务的“窗口”，是提高景区服务水平和管理水平、满足游客旅游体验要求、增强游客满意度的重要手段。

一、景区解说概念

景区解说是指通过人员引导和利用多种媒介传达景区的各种自然或文化信息的教育活动。景区解说系统是由解说设施（游览路径、旅游生活设施布设、景区标识等）、导览导游人员、解说信息、受众人员（游客）四个方面要素构成的系统（张立明、胡道华，2006）。从景区所提供的解说服务要素内容来看，实际上由软件部分和硬件部分构成。软件部分主要包括导游讲解、咨询服务等人员解说服务；硬件部分主要包括游览图、门票、标识（解说）牌、语音解说、多媒体动态展示、资料图片的静态展示等表现形式。

二、景区解说的类型和功能

（一）景区解说类型

根据景区解说系统的内容构成及景区解说系统为游客提供信息服务的方式，我们将景区解说分成向导式解说和自导式解说两种类型。

1. 向导式解说

向导式解说也称导游解说，是指专门的导游员通过导览和导游讲解向游客提供信息传导服务，属于能动式服务。它的最大特点是双向沟通，能够回答游客提出的各种各样的问题，可以因人而异提供个性化服务。同时，由于导游员掌握了较多的专业知识，向导式解说系统的信息量一般非常丰富，但它的可靠性和准确性不确定，这要由导游员的素质决定。导游员可以通过巧妙地运用语言艺术、情感互动、讲解技巧激发游客的参观游览兴趣，从而使游客以愉快的心情和投入的心态去欣赏自然和人文美，获得体验的快乐。此外，现场参观游览的情况是千变万化的，游客的个性化要求也是复杂多样的，发生任何问题、游客提出任何要求都需有人及时处理。所有这些工作，只有活生生的导游员才能胜任。对团体游客而言，向导式的人员解说服务尤为重要。所以，对导游员的严格训练，使他们掌握丰富的专业知识、讲解技巧，建立一支训练有素、解说经验丰富的导游员队伍可以极大地提升景区的服务品质和形象。

2. 自导式解说

自导式解说是通过书面材料、公共信息图形符号、语音等设施、设备向游客提供静态的、被动的、非人员解说的信息服务。它的形式多样，主要包括：

（1）标识牌。不同旅游景区的信息资料通常包括导游全景图、导览图、指示牌、景物介绍牌等。

（2）信息资料。不同旅游景区的信息资料通常包括旅游景区相关内容的研究论著、科普读物、导游图、导游资料、音像制品、录像、解说手册、综合画册等。

（3）现代方式。主要有语音导游、电子导游、景区网站、高科技制作的动态展示、多媒体展示等。

自导式解说的特点是：游客获取自导式解说服务所提供的信息没有时间上的限

制，他们可以根据自己的爱好、兴趣和体力自由决定获取信息的时间长短和进入深度。但自导式解说是静态的信息服务，是一种单向性的信息传播方式，而且信息量有限，不能提供灵活的个性化服务，其设施容易受到自然的和人为的破坏。无论旅游解说系统采用何种形式都必须借助特定的语言，对于外国游客经常到达的景区来说，外语解说尤为重要。

相关链接　搜索

《旅游景区质量等级的划分与评定》对于不同等级旅游景区的解说系统的相关要求

AAAAA 级旅游景区

a）游客中心位置合理，规模适度，设施齐全，功能体现充分。咨询服务人员配备齐全，业务熟练，服务热情。

b）各种引导标识（包括导游全景图、导览图、标识牌、景物介绍牌等）造型特色突出，艺术感和文化气息浓厚，能烘托总体环境。标识牌和景物介绍牌设置合理。

c）公众信息资料（如研究论著、科普读物、综合画册、音像制品、导游图和导游材料等）特色突出，品种齐全，内容丰富，文字优美，制作精美，适时更新。

d）导游员讲解员持证上岗，人数及语种能满足游客需要。普通话达标率 100%。导游员（讲解员）均应具备大专以上文化程度，其中本科以上不少于 30%。

e）导游讲解词科学、准确、有文采。导游服务具有针对性，强调个性化，服务质量达到 GB/T 15971—1995 中 4.5.3 和第 5 章要求。

f）公共信息图形符号的设置合理，设计精美，特色突出，有艺术感和文化气息，符合 GB/T 10001.1—2000 的规定。

AAAA 级旅游景区

a）游客中心位置合理，规模适度，设施齐全，功能完善。咨询服务人员配备齐全，业务熟练，服务热情。

b）各种引导标识（包括导游全景图、导览图、标识牌、景物介绍牌等）造型有特色，与景观环境相协调。标识牌和景物介绍牌设置合理。

c）公众信息资料（如研究论著、科普读物、综合画册、音像制品、导游图和导游材料等）特色突出，品种齐全，内容丰富，制作良好，适时更新。

d）导游员（讲解员）持证上岗，人数及语种能满足游客需要。普通话达标率100%。导游员（讲解员）均应具备高中以上文化程度，其中大专以上不少于40%。

e）导游讲解词科学、准确、生动。导游服务质量达到GB/T 15971—1995中4.5.3和第5章要求。

f）公共信息图形符号的设置合理，设计精美，有特色，有艺术感，符合GB/T 10001.1—2000的规定。

AAA级旅游景区

a）游客中心位置合理，规模适度，设施、功能齐备。游客中心有服务人员，业务熟悉，服务热情。

b）各种引导标识（包括导游全景图、导览图、标识牌、景物介绍牌等）造型有特色，与景观环境相协调。标识牌和景物介绍牌设置合理。

c）公众信息资料（如研究论著、科普读物、综合画册、音像制品、导游图和导游材料等）有特色，品种全，内容丰富，制作良好，适时更新。

d）导游员（讲解员）持证上岗，人数及语种能满足游客需要。普通话达标率100%。导游员（讲解员）均应具备高中以上文化程度，其中大专以上不少于20%。

e）导游讲解词科学、准确、生动、导游服务质量达到GB/T 15971—1995中4.5.3和第5章要求。

f）公共信息图形符号的设置合理，设计有特色，符合GB/T 10001.1—2000的规定。

AA级旅游景区

a）有为游客提供咨询服务的游客中心或相应场所，咨询服务人员业务熟悉，服务热情。

b）各种引导标识（包括导游全景图、导览图、标识牌、景物介绍牌等）清晰美观，与景观环境基本协调。标识牌和景物介绍牌设置合理。

c）公众信息资料（如研究论著、科普读物、综合画册、音像制品、导游图和导游材料等）品种多，内容丰富，制作较好。

d）导游员（讲解员）持证上岗，人数及语种能满足游客需要。普通话达标率100%。导游员（讲解员）均应具备高中以上文化程度。

e）导游讲解词科学、准确、生动。导游服务质量达到GB/T 15971—1995中4.5.3和第5章要求。

f）公共信息图形符号的设置合理，规范醒目，符合GB/T 10001.1—2000的规定。

A 级旅游景区

a）有为游客提供咨询服务的场所，服务人员业务熟悉，服务热情。

b）各种公众信息资料（包括导游全景图、标识牌、景物介绍牌等）与景观环境基本协调。标识牌和景物介绍牌设置基本合理。

c）宣传教育材料（如研究论著、科普读物、综合画册、音像制品、导游图和导游材料等）品种多，内容丰富，制作较好。

d）导游员（讲解员）持证上岗，人数及语种能基本满足游客需要。普通话达标率100%。导游员（讲解员）均应具备高中以上文化程度。

e）导游讲解词科学、准确、生动。导游服务质量达到 GB/T 15971—1995 中 4.5.3 和第 5 章要求。

f）公共信息图形符号的设置基本合理，基本符合 GB/T 10001.1—2000 的规定。

［资料来源］旅游景区质量等级的划分与评定（GB/T 17775—2003）

（二）旅游景区解说的功能

（1）规范景区的游道标识，提高旅游环境和各类景观要素的可识别性。强化景区内的联系与促成景点、游乐设施、公共设施等的网络化，形成合理有序的客流模式，为游客提供明确的参观游览线路。

（2）提供信息传递的途径，提升景区文化品位，增长游客见闻和知识。让游客获得安全、愉悦的旅游感受，收到良好的游览效果。

（3）有助于丰富景区色彩，形成具有特色的景区形象。

（4）有助于游客按游览的时空变化序列进行游览，增强其游览乐趣，加深游客对景区环境和展示物的印象。

（5）引导游客按照旅游地的行为指南开展各项旅游活动，以减少各类破坏性行为。

（6）增强游客、社区居民、旅游经营者等在自然生态保护、野生动物保护、各种文化遗产地保护等方面的自觉保护意识，提高其对自然生态及环境保护的认识。

第二节　向导式解说服务

一、景区导游服务的职责

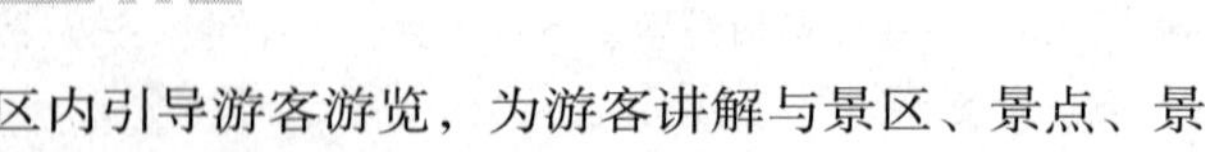

（1）导游讲解。主要是在景区内引导游客游览，为游客讲解与景区、景点、景观有关的知识，并解答游客提出的各种问题。

（2）安全提示。在景区内，在带领游客游览的过程中，除了为游客提供导游讲解服务之外，还要随时提醒游客注意安全，并照顾游客以免发生意外伤害。

（3）宣传教育。讲解员在讲解过程中，要结合景点、景观的内容，向游客宣传环保及生态保护、文物古迹、自然与文化遗产的知识等。

二、景区导游讲解的流程

在景区导游讲解时，导游员应向旅游团（者）介绍所参观游览的景区、景点的概况和主要特色，使旅游者对参观游览点有较为全面的了解，同时要注重对环保知识、生态系统或文物价值的宣传，做到语言准确、清晰、生动、自然，内容翔实、科学。具体地讲，景区、景点导游讲解服务包括服务准备、接待服务、送别等内容。

（一）服务准备

1. 熟悉接待计划

（1）了解所接待旅游团（者）的基本情况，弄清旅游团（者）来自哪一个地区、人数、性质、身份、职业、文化层次和特别要求等。

（2）了解接待方案。

2. 熟悉景区、景点的情况

（1）根据旅游团（者）的情况，掌握相关的知识。

（2）掌握必要的环境保护和文物保护知识及安全知识。

（3）熟悉景区、景点的有关管理条例。

3. 物质准备

（1）准备好导游器材和游览工具（大型景区往往配有游览交通工具）。

（2）携带好导游图、相关资料及纪念品。

（3）佩戴好导游胸卡。

（二）接待服务

景区导游接待服务包括致欢迎词、导游讲解、食宿和购物服务等。

1. 致欢迎词

欢迎词的内容包括：向旅游团（者）自我介绍，表示欢迎，表达工作愿望，希望得到大家的合作和指导。

2. 导游讲解

在进行景区讲解时，导游员要注意以下几方面：

（1）景区、景点的概况介绍。景区、景点的概况内容包括：基本概况，如历史背景、规模、布局等；特征、价值；参观、游览的有关规定和注意事项。

（2）向旅游者讲明参观、游览的线路和主要内容。

（3）积极引导旅游者参观、游览。导游员应根据旅游者的兴趣、爱好进行有针对性的讲解。

（4）宣传与讲解相结合。导游员应根据所参观、游览的景区、景点的具体内容对环境保护、生态知识及文物保护知识等进行宣传，并认真回答旅游者的询问。

（5）留意旅游者的动向，提醒安全注意事项。

3. 食宿和购物服务

有的景区比较大，要一天以上的时间才能参观完，这样的景区一般都配有餐饮和住宿设施。导游员要按照游客和旅行社签订的合同标准安排游客的食宿，如不能达到合同标准的要说明情况。导游员也要如实向游客介绍旅游纪念品和旅游地的特产等，不得强制游客购物或者欺诈游客，并且要制止不法人员尾随兜售。

（三）送别服务

第一，致欢送词。致欢送词是景区、景点导游员重要的工作内容之一，包括对旅游者的合作表示感谢，征询意见和建议，向旅游者表示祝愿，欢迎再次光临。

第二，向旅游者赠送有关宣传资料或小纪念品。

第三，与旅游者道别。

三、景区导游讲解技巧

（一）系统介绍法

系统介绍法就是按照景区导游材料对景区所作的比较全面的解说，是一种最基本的导游解说方法，适合一些内容较单一、规模较小或次要的景点，如杭州六和塔、西安大雁塔、苏州虎丘塔等。它的特点是：有利于游客对景点概况的全面了解。导游员在解说时应简明扼要，突出重点，注意解说语言的技巧，使讲解抑扬顿挫，富于节奏，以达到吸引游客的效果。

（二）分段讲解法

分段讲解法就是将一处大景点分为前后衔接的若干部分来讲解，也就是说，在参观一个大的、重要的景区之前，先概括地介绍该景区的基本情况，包括历史沿革、规模范围、参观游览的主要内容、景观特色或欣赏价值等，使游客对即将游览的景区有个大体印象。然后，导游员再带团顺次参观，边看边讲，将旅游者导入审美对象的意境。如介绍杭州西湖景区时，一般先从其概况、传说、成因开始讲起，继而导入“一山、二堤、三岛”“西湖新旧十景”等具体景点的讲解，旅游者边欣赏沿途美景，边倾听导游员有声有色、层次分明、环环相扣的讲解，一定会心旷神怡，获得美的享受。

（三）突出重点法

突出重点法就是导游讲解时避免面面俱到，而是着重介绍参观游览点的特点和与众不同之处。通常可以采用的此类方法如下：

（1）突出大景区中具有代表性的景观。大的游览景点，导游员必须根据这些景点的特征进行重点讲解。如去花港观鱼游览，主要是参观红鱼池和牡丹园，并对此加以重点介绍，不仅能让旅游者了解景点全貌，还能便于他们领略公园的园林艺术和花卉知识，从中获得美的享受。

（2）突出景点的特征及与众不同之处。旅游者在游览过程中会发现很多同类的东西。俗话说：内行看门道，外行看热闹。即使是同一佛教宗派的寺院，其历史、规模、结构、建筑艺术、供奉的佛像也各有差异。导游员在讲解时必须讲清其特征和与众不同之处，才能使游客避免枯燥乏味的游览，增加知识情趣，提高旅游兴趣。

（3）突出旅游者感兴趣的内容。旅游者来自各个层面，兴趣各不相同，但有一点是相同的，即大家出来旅游都是为了寻找快乐，如导游员能对他们的背景有所了解，认真研究游客的喜好，努力做到投其所好，便能博得大多数游客的青睐。突出旅游者感兴趣的内容就是要提高讲解层次，吸引旅游者注意力。如介绍建筑，仅仅讲其布局、特征往往觉得很抽象，如果能引经据典加以比较，就会显得层次丰富，内容厚实。一幢漂亮的建筑其造型本来就是“凝固的音乐”，导游员只有将其丰富的内涵介绍给游客，才能使游客叹服。

（4）突出“……之最”。对于某一景区，导游员只要根据实际情况，介绍这是世界（中国、某省、某市、某地）最大（最长、最古老、最高甚至可以说最小）的……因为这也是景区的特征，能提高旅游者的兴致。有时在讲解一个景点时也要避轻就重，如杭州飞来峰，洞窟岩壁上分布着五代到宋、元时期的石窟造像338尊，导游员不可能面面俱到进行介绍，只能择其重点，将“最大、最早、雕刻最细腻”的三处佛像细述，其余概述即可。

（四）触景生情法

触景生情法就是见物生情、借题发挥的导游讲解方法。在导游讲解时，导游员不能就事论事地介绍景物，而是要借题发挥，利用所见的景物制造意境，引人入胜，使游客产生联想，从而领略其中之妙趣。

另外，触景生情法还要求导游讲解的内容要与所见景物和谐统一，使其情景交融，让旅游者感到景中有情，情中有景。导游员结合一些电影场景，给游客做生动的描绘，让他们在参观游览的同时，能从影片中的人生感悟生活中的人生，产生联想。

触景生情贵在发挥，要自然、正确、切题地发挥。导游员要通过生动形象的讲解、有趣而感人的语言，赋予没有生命的景物以活力，注入情感，引导旅游者进入审美对象的特定意境，从而使他们获得更多知识和美的享受。

（五）虚实结合法

虚实结合法就是导游在讲解中将典故、传说与景物介绍有机结合，即编织故事情节的导游手法。也就是说，导游讲解要故事化，以求产生艺术感染力，努力避免平淡的、枯燥乏味的、就事论事的讲解方法。

虚实结合法中的“实”是指景观的实体、实物、史实、艺术价值等，而“虚”则是指与景观有关的民间传说、神话故事、趣闻逸事等。“虚”与“实”必须有机结合，但以“实”为主，以“虚”为辅，“虚”为“实”服务，以“虚”烘托情节，以“虚”加深“实”的存在，努力将无情的景物变成有情的导游讲解。如讲解杭州断桥时，结合白娘子和许仙在断桥上“千年等一回”的故事，一定会显得更加风趣生动。再如一座雷峰塔本来很普通，由于民间故事的介入，白娘子、许仙、法海等人物穿插其中，导游员一加渲染，就会激起游客的极大兴趣。当然，导游员在讲解时选择“虚”的内容要“精”、要“活”。所谓“精”，就是所选传说是精华，与讲解的景观密切相关；所谓“活”，就是使用时要活，见景而用，即兴而发。

总之，讲解每一个景点，导游员应编织故事情节，先讲什么，后讲什么，中间穿插什么典故、传说，心中都应有数。加上形象风趣的语言、起伏变化的语调，导游讲解就会产生艺术吸引力。

（六）问答法

问答法就是在讲解时，导游员向游客提问题或启发他们提问题的导游方法。使用问答法的目的是活跃游览气氛，促使游客与导游员之间产生思想交流，使游客获得参与感或自我成就感，也可避免导游员唱独角戏的灌输式讲解。

（1）自问自答法。导游员自己提出问题，并作适当停顿，让游客猜想，但并不期待他们回答，只是为了吸引他们的注意力，促使他们思考，激起兴趣，然后做简洁明了的回答或做生动形象的介绍，还可以借题发挥，给游客留下深刻的印象。如导游员在讲解六和塔时，讲到塔的高度、外观层数时就可以用自问自答法，这样定会大大增强导游效果。

（2）我问客答法。导游员要善于提问题，但要从实际出发，适当运用。希望游客回答的问题要提得恰当，估计他们不会毫无所知，也要估计到会有不同答案。导游员要诱导游客回答，但不要强迫他们回答，以免使其感到尴尬。游客的回答无论是对还是错，导游员都不应打断，更不能取笑，而要给予鼓励。最后由导游员讲解，并引出更多、更广的话题。

（3）客问我答法。导游员要善于调动游客的积极性，欢迎他们提问题。游客提出问题，证明他们对某一景物产生了兴趣，进入了审美角色。他们提出的问题，即使是幼稚可笑的，导游员也绝不能置若罔闻，千万不要取笑他们，更不能表示出不耐烦，而是要善于有选择性地将回答和讲解有机地结合起来。

（七）制造悬念法

导游员在讲解时提出令人感兴趣的话题，但故意引而不发，激起游客急于知道答案的欲望，使其产生悬念的方法即为制造悬念法，俗称“吊胃口”“卖关子”。制造悬念是常用的一种导游手法。通常是导游员先提起话题或提出问题，激起游客的兴趣，但不告知下文或暂不回答，让他们去思考、去琢磨、去判断，最后才讲出结果。这是一种“先藏后露、欲扬先抑、引而不发”的手法，一旦“发（讲）”出来，会给游客留下特别深刻的印象，而且导游员可以始终处于主导地位，成为游客的注意中心。

制造悬念的方法很多，例如引而不发法、引人入胜法等都可能激起旅游者对某一景物的兴趣，激发遐想，使他们急于知道结果，从而制造悬念。

（八）类比法

所谓类比法，就是以熟喻生，达到类比旁通的导游手法。导游员用游客熟悉的事物与眼前景物比较，便于他们理解，使他们感到亲切，从而达到事半功倍的导游效果。类比法分为同类相似类比和同类相异类比两种，不仅可在物与物之间进行比较，还可以作时间上的比较。

（1）同类相似类比。将相似的两物进行比较，便于旅游者理解并使其产生亲切感。如讲到梁山伯和祝英台或《白蛇传》中许仙和白娘子的故事时，可以将其称为中国的罗密欧和朱丽叶等。

（2）同类相异类比。这种类比法可将两种风物比出规模、质量、风格、水平、价值等方面的不同。例如，在价值上将秦始皇陵地宫宝藏同古埃及第十八朝法老图坦卡蒙陵墓的宝藏相比；在宫殿建筑和皇家园林风格与艺术上，将北京故宫和巴黎的凡尔赛宫相比，将颐和园与凡尔赛宫花园相比等。这种类比法不仅使游客对中国悠久的历史文化有较深的了解，而且对东西方文化传统的差异有进一步的认识。

（3）时代之比。在游览故宫时，导游员若说故宫建于明永乐十八年，不会有几名外国游客知道这究竟是哪一年，如果说故宫建成于1420年，就会给人以历史久远的印象。但如果说在哥伦布发现新大陆前72年、莎士比亚诞生前144年，中国人就建成了面前这座宏伟的宫殿建筑群，这不仅便于游客记住中国故宫的修建年代，给他们留下深刻印象，还会使外国游客产生中国人了不起、中华文明历史悠久的感觉。

（九）画龙点睛法

用凝练的词句概括所游览景点的独特之处，给游客留下突出印象的导游手法称之为画龙点睛法。导游员在讲解中可以简练的语言，点出景物精华之所在，帮助游客进一步领略其奥妙，让他们获得更多更高的精神享受。如导游员可用“椰风海韵春常在，请到天涯海角来”来赞美海南风光；可以“黄山归来不看山，九寨归来不看水”来赞赏黄山和九寨沟的山水之美。这种画龙点睛的介绍方法使游客在游览中得到了知识的启迪，获得了美感欣赏。

（十）知识渗透法

导游员在讲解景物或事件时，可以介绍一些对游客理解讲解对象有帮助的相关背景知识和材料。如导游员在苏州带外国游客参观拙政园之前，可以先进行中国园林的分类背景知识介绍：“在中国，园林分为三大类：皇家园林、私家园林和寺庙园林。拙政园属于私家园林。中国园林一般包括水、植物、建筑和假山四个要素。大多数的私家园林在江南是因为江南多水和有适宜造假山的湖石。”

（十一）科学成因介绍法

导游员对景观的成因从地理、环境、气象、水文等科学的角度加以解释，可以满足游客求知的欲望，使游客对景观的认识从现象上升到更高的层次，如从地质角度解释杭州西湖属潟湖，从光学原理解释海市蜃楼因光线折射所致，等等。

（十二）引用法

引用法就是引用客人本国本土的谚语、俗语、俚语、格言等进行讲解。这不仅能增强讲解的生动性，而且能起到言简意赅，以一当十的作用。引用可以分为明引、意引、暗引。

四、不同性质景区的导游讲解要求

（一）自然景观导游

自然景观是旅游者主要的审美对象之一，也是导游员的重要导游内容之一。自然景观是指一切具有美学和科学价值，具有旅游吸引功能和游览观赏价值的自然旅游资源所构成的自然风光。较有代表意义的自然景观包括山地景观、水体景观以及植物景观等。这些内容丰富、变化万千的景观，导游员既要学会欣赏，又要恰如其分地引导游客欣赏。

1. 名山导游

（1）从外观特征讲解其美感，名山主要表现为雄、险、秀、幽、旷、奇的特点及色彩美、动态美、听觉美、嗅觉美等景观特征。

（2）从地质构造讲解其成因，同为山地，山景因山而异。构成山地的地层不同，呈现的景观也不尽相同。如由石灰岩地层构成的山地容易造成形形色色的岩溶风光；由红色沙砾岩构成的山地会形成丹霞地貌；而由黄土层构成的山地则呈现黄土景观等。导游员在向游客介绍景观时，了解地质构造因素十分重要。一般来讲，常见的名山景观的地质构造主要为花岗岩山体、岩溶山水、丹霞山地以及砂岩峰林峡谷地貌和火山地貌景观等。

（3）从人文因素讲解其内涵。在中国的名山中，绝大多数拥有悠久的历史和丰富的文化遗产，如四大佛教名山、五岳等，有的名山经历代诗人的歌咏成为历史文化名山，如庐山。作为导游员，在进行名山的导游讲解时，需要从不同角度加以联系，如历史、宗教、现实、特产等方面，从而让游客深刻领会名山的文化内涵。

2. 水体景观导游

我国主要的水体景观类型有海洋景观、江河景观、湖泊景观、泉水景观和瀑布景观等。这些景观在构景和造景中均具有形态美、倒影美、声音美、色彩美、光像美、水味美、奇特美等特点。因此，做好水体景观的讲解，能增强景观的自身美感，丰富游览情趣。

在进行这一类景观的讲解时，可从景观类型讲解其特色，从造景功能讲解其美感，江河湖海在构景中均有形、影、声、色、光、味、奇等形象生动的特点；从时代变迁讲解其功能作用，可使游客全面地了解有关人文造景因素，诸如政治、经济、军事、交通、文化、宗教、民俗等方面的内容。只有将其实际情况正确运用到讲解中去，才能丰富讲解内容和文化底蕴，体现人与自然的完美结合、和谐统一。

案 例

西湖导游词片段

西湖在一万两千年前还是与钱塘江相通的一个浅海湾，宝石山和吴山是它的两个岬角，后来由于泥沙的冲积导致淤塞，逐渐形成一个半封闭的浅水风景湖泊，地质学上把这种现象称为潟湖。一个自然的湖泊形成当然少不了历代功臣对它的疏浚治理，白居易、苏东坡、钱镠、杨孟瑛、阮元都对西湖建设做出了重大的贡献。中华人民共和国成立后，西湖得到了人民政府的综合治理，从而使西湖的水更净了、环境更美了、群山更翠了、空气更清了。西湖这个使杭州人引以为豪的湖泊，不仅具有游赏功能，而且起到了城市环境的调节作用、人民生活的保障作用和富有时代韵律的美感作用。

3. 植物花卉导游

植物花卉导游重点要从植物分类，植物的形、色、香、声、古、幽、光、影、奇等造景功能、植物品质内涵所蕴含的寓意进行讲解。

（二）人文景观导游

人文景观导游所涵盖的内容比较广泛，它包括城市景观导游、古建筑导游、宗教建筑导游、园林导游、博物馆导游等。本书主要选择园林导游和中国古建筑导游加以概述。

1. 园林导游

中国园林有着巧妙精致的构造和博大精深的内涵，要把中国园林特点和诗情画意有声有色地介绍给游客，并使他们情景交融地领略山水情趣、体验景观美感，导游员要懂得中国园林建筑艺术和技巧，并把握好以下几方面的讲解要求：

（1）从造园法则讲解其构造。中国园林建筑的最高法则是“虽由人作，宛如天开”，它揭示了造园艺术的本质特征就是对大自然的山水加以整治，甚至在清静的市郊或喧嚣的闹市营造出一片模拟山水，以再现一个充满诗情画意的大自然生活环境。

中国园林历来讲究“构园”，从立意、布局、叠山、理水到建筑、水体、花木、廊榭乃至楹联、匾额、水边留矶、山腰设亭、视窗如画，都是为让游客参与审美创造，获得审美享受而设置的。在有限的封闭空间中叠山理水以模拟自然，是一种艺术；而在有限的时间内欣赏并导游园林中人造山水风光和无限景致，也是一种艺术。因此，导游园林风光贵在灵活、传神。

（2）从文化内涵讲解其特色。园林艺术是一种特殊的造型艺术，是“立体的画，无声的诗”。因此，在讲解园林造型艺术时一定要十分注意语言的简洁、生动，讲出其哲理内涵。园林艺术涉及诗、文、书画、雕刻、音乐、哲学等诸多方面的学问，导游员必须有一定的文化底蕴，对这些诗文书画在环境中所起的作用能做深入浅出的解释，如杭州西泠印社涉及的知识有金石书画、诗文楹联，如不深入研究其中的内涵，是很难进行正确介绍的。

（3）要正确表达园林的文化内涵，导游员还要把握美的规律，运用审美眼光和审美修养，向游客传达美的信息，使其获得美的享受。如以“湖光山色”著称的杭州西湖，整个西湖与四周群山俨然是一个大园林，西湖山水的美无处无时不在，从内容到形式，丰富多彩，名人文化、民俗文化、民间文化、诗词文化、佛教文化、道教文化、儒家文化等渗透其间。所以，在讲解园林的文化内涵时，一方面要给游客时间和机会去独自欣赏、品味，感受其审美快感；另一方面要给游客讲解其妙，点出其神，以达到享受自然景观陶冶性情、赏心悦目的美感。

（4）从动观和静观中获得其审美情趣。中国园林是处理空间、布置景观的艺术。要在一个封闭空间中观赏美景，可以漫游动观，也可以端坐静观。一般来说，大园宜动观，小园宜静观。

案例

瞻园导游词片段

瞻园是典型的明代江南园林，以山石著称。一条长廊横贯南北，即使是绵绵的雨季也丝毫阻拦不了你信步漫游瞻园的闲情逸致。园内三座假山风格各异：北假山陡峭雄峙，是明清时期的遗物，其中盘龙、伏虎、三猿三个洞明代就已有名。北假山临水处的两层较大的石矶，忽高忽低，有凸有凹，中有悬洞，形态自然，矶上有块“水镜石”，形似铜盘，中聚雨滴，犹如“水镜”。无论从构图、叠石技巧乃至功能作用与艺术效果来看，南京瞻园的石矶都堪称我国江南古典园林所存石矶之上品。西假山蜿蜒如龙，花木葱茏，上有“岁寒亭”。因四周遍植松、竹、梅岁寒三友，所以又名“三友亭”。

在岁寒亭的南面高坡上还有一亭，因其形同折扇，得名“扇亭”。明代时在扇亭的遗址上曾建有铜亭，独具特色。《儒林外史》第五十三回“国公府雪夜留宾，来宾楼灯花惊梦”中就详细描述了徐达的第十一世孙徐咏，邀请其表兄陈木南来家中雪夜赏梅的情景。那天正是“积雪初霁，园内红梅次第将放，园里高高低低都是太湖石堆的玲珑山子。徐九公子（徐咏）让陈木南沿着栏杆，曲曲折折，来到亭子上。那亭子是园子最高处，望着那园中百树梅花，都微微含有红萼……”表兄弟俩坐在山顶的亭子上，一边饮酒，一边赏梅。陈木南只觉得越坐越暖，不觉连脱两件外衣，并诧异地问道：“尊府虽与外面不同，怎会如此暖和？”徐九公子答道：“四哥，你不见亭子外面一丈之内雪所不到？这亭子是先国公在世时造的，全是白铜铸成，内中烧了炭火，所以这般温暖。”这种利用建筑构件做取暖器的方法，在我国园林建筑中比较罕见。

沿长廊前行，新近开发的“水院区”即在眼前，其间江南园林“小桥、流水、人家”的特色尤为集中。东侧的两层古建筑——“一览阁”是全园最高点，登阁观景，园中美景尽收眼底。“一览阁”三字乃文武双全的张爱萍将军所题。

静妙堂是园中的主体建筑，始建于明代，为三开间附有前廊的依山建筑。明代时，名为“止鉴堂”，是徐达晚年消闲的地方，清乾隆年间改为“绿野堂”。清江宁布政使李宗羲重建瞻园后，将此厅更名为“静妙堂”。静妙堂是南方常见的两面临池的鸳鸯厅建筑，南部的建筑格调清新淡雅，小巧玲珑，主要用于接待女客；北部的建筑格调粗犷豪放，古色古香，主要用于接待男宾。相传在静妙堂的楹柱上曾有一副气势恢宏的长联，为中山王徐达晚年所撰，在清代曾广为流传。

徐达，曾随朱元璋南征北战，削平群雄，屡建战功，是明朝赫赫有名的开国元勋。明太祖朱元璋登基后，为表彰其战功，曾亲赐徐达对联一副：“破虏平蛮，功贯古今人第一；出将入相，才兼文武世无双”。本来徐达是可以颐养天年了，但朱元璋称王后，便大兴文字狱，并开始诛杀功臣。传说有一天，军师刘伯温提出告老还乡，临走前，特到徐达府上告别。他说，皇上新近在鼓平岗为功臣们建好了一座功臣楼，即将竣工，很快就将宴请各位老臣，到时你一定要紧随皇上，寸步不离。徐达追问缘故，刘伯温叹而不答，别过离去。事过不久，庆贺功臣楼落成的请帖果然送到了徐府，徐达万般无奈前去赴宴，轿至功臣楼，只见功臣楼窗户又小又高，墙壁全为夹墙，徐达不免心中一惊。宴上，朱元璋满面红光，对功臣们大加褒扬，频频举杯，功臣们也个个兴高采烈。酒过三巡，朱元璋起身离席，徐达急忙快步跟上，朱元璋问：“丞相为何离席？”徐达连忙答道：“臣特来保驾。”朱元璋回道：“不必，不必，丞相请回吧。”徐达迫不得已，问道：“皇上果真一个也不留吗？如果真是这样，臣一家老小就拜托陛下关照了，臣虽死无怨。”朱元璋见天机识破，又回想到徐达往日的忠心耿耿，不觉动了恻隐之心，说：“丞相随朕来吧。”他们刚走出不远，“轰隆”一声巨响，功臣楼爆炸了，一时间火光冲天，砖石飞崩，除徐达外，往日赫赫有名屡建战功的文臣武将们全部葬身火海。见此情景，徐达不免心悸不已，回府后一直闷闷不乐，郁郁寡欢。他常常在花前月下徘徊漫步，时而又沉思良久，为了抒发自己壮志未酬的情怀，徐达写了一副楹联：“大江东去浪淘尽千古英雄，问楼外青山山外白云何处是唐宫汉阙？”上联书成，却左思右想凑不成好的下联。于是徐达命人就在今瞻园的门口张贴了一张告示，千金征取下联。时过不久，一位书生路经此地，见告示后，欣然揭榜入园，欣赏了瞻园一番美景后，挥就下联：“小苑春回莺唤起一庭佳丽，看池边绿树树边红雨此间有舜日尧天。”这句下联气势恢宏，对仗工整，徐达见后大加赞赏，命人取千金赠予书生，书生笑而不纳。徐达更为敬重，便设宴款待书生，开怀畅饮，尽醉而散。后来徐达便把这副楹联镌刻在楹柱上。今天我们看到的这副长联，是由张爱萍将军题写的。

置身“静妙堂”的南厅平台，但见南假山花木葱茏，瀑布飞泻；池水碧波粼粼，红鱼遨游。这是中华人民共和国成立后，由我国著名的造园大师刘敦桢设计并主建的，也是刘老生前的一部力作。假山由绝壁、危崖、山谷、水洞、瀑布、洞龛、步石等组成，共用了1800多吨太湖石堆砌而成。由于在堆砌的过程中非常注意纹理和层次的变化，从正面看宛若天成一般。尽管南假山高不及10米，离静妙堂也不过22米远，但是巧夺天工的设计使南假山和水池形成了“一卷代山，一勺代水”的艺术效果，让人有高山仰止，山谷深远，水源不尽的感觉，实为园林艺术的一大杰作。

瞻园在明代时，就以“相传以石胜”著称。据史料记载，瞻园明清时为“金陵园亭之冠”，尤以湖石闻名遐迩。今天我们看到的坐落在静妙堂东侧的这块奇石名为“雪浪石”，相传石上三字为北宋文学家苏轼手书。苏轼，字子瞻，号东坡居士，今四川省眉山市人。苏轼生前酷爱收藏奇石，宋元祐八年，苏轼在河北定县时，曾“于中山后圃，得黑白石脉”，他“用大盆盛之，激水其上，并名其室曰‘雪浪斋’”。他还专门作了一首《雪浪斋铭引》，诗曰：“画师争摹雪浪势，天工不见雪斧痕”。我们今天看到的这块雪浪石很可能寓意于宋代同名石，但是哪位文人骚客附庸风雅就不得而知了。然而这块石头确是难得的太湖石。《扬州画舫录》中说：“太湖石乃太湖中石骨，浪激波涤，年久孔穴自生。”这块湖石就像一团击在石上的浪花，又像一团积雪，随着太阳自东至西的照射，正在渐渐融化。石头正面有无数大小不同的涡洞，背面是条条形同雪浪的斜纹，这块石头上的涡洞与斜纹有着极强的透视感和动态感，每面都迥然不同，在不同的光线照射下有各种虚实变化，令人百看不厌，回味无穷。

拾级而上，循廊往北，过半亭，“依云峰”映入眼帘。它宛若天际飘落的一朵云彩，与四周的桂花树相对，更出落得挺拔清秀。每当中秋，满树飘香，令游人驻足忘返。与桂花院一墙之隔的便是“致爽轩”，顾名思义，这是园中最凉爽的去处。在“致爽轩”与边门门厅之间有一略呈方形的小院，便是“海棠院”。海棠树下耸立着一座玲珑剔透的“仙人峰”，这便是园中的镇园之石。据史料记载，北宋皇帝宋徽宗赵佶爱石成癖，北宋末年，他在东京（今河南开封）建御花园“寿山艮岳”，特派宠臣朱勔主持苏杭应奉局，在江浙两省采办湖石。凡发现民间一石一木中用的，即直入其家，破墙拆屋，劫往东京。当时这种运送花石的船队，每十船为一纲，号称“花石纲”。由于对百姓的巧取豪夺，引得天怒人怨，方腊率领的农民起义便在这样的背景下爆发了。运送“仙人峰”的这批花石纲在运送途中正遇上江南地区的梅雨季节，道路泥泞，无法成行，注定要延误运送了。按当时规定误期就要斩首，同样是死，民工们索性揭竿而起，加入了方腊率领的农民起义军的队伍，这批湖石也因此散落在江南各地。明万历年间，徐达的第九世孙嗣国公徐维志开始在瞻园大兴土木，引流为沼，挖池叠山，建堂造亭，并“收购四方奇石”，仙人峰便是在那个时候落户瞻园的。这块石头包容了太湖石的“瘦、皱、漏、透、秀”五大特点。“瘦”是指湖石整体苗条俊秀，具有临风玉立之势；“皱”是指湖石上皱褶纵横自然，形态各异，奇特无比；“漏”是指石洞相套，百窍通达；“透”是指湖石玲珑剔透，浑然天成；“秀”是指湖石姿态奇巧，峻峭挺拔，堪称一块奇石。

沿长廊西行，一组封闭式庭院呈现眼前，院内以花阶铺地，使人们在欣赏周围景致时，还可以注意到脚下路面也在变化，观景情趣油然而生，这便是明代瞻园著名的十八景中的“梅花坞”所在地。据史料记载，明代时瞻园曾是植梅胜地，入清鼎革，瞻园更以梅花取胜。清代文学家吴敬梓在《儒林外史》中就描绘了瞻园种植几百株梅花的胜景：“天气昏暗了，那几百株梅花上都悬了半角灯，磊磊落落，点将起来，就如千点明珠，高下照耀，越掩映着那梅花枝干横斜可爱”。清代诗人袁枚也写下了吟诵梅花坞佳作：“一轮明月照，满树白云空，春到孤亭上，香闻大雪中”。我们现在看到的这座建筑名为“籁爽风清”堂。堂前两副对联：“每当孤云招野鹤，频携樽酒对名花”“案无俗事心常静，庭有梅花梦亦清”，就是往昔梅花坞的真实写照。在庭院南端耸立一组形似苍龙飞舞的假山群，它由100多吨体态多变的太湖石堆砌而成，体大中空，有石洞穿行其间，水流回旋，石桥连贯。这组假山群是1998年城市道路拓宽时，由邻近的太平天国信王府整体搬迁而来，它为幽静典雅的瞻园再添新景。

瞻园虽小，山水卓著，园制之精，驰誉中外，其间装点的花卉更是集天地之灵，将美丽的瞻园装扮得犹如仙境梦幻一般，这正应了乾隆皇帝取苏东坡名言定名“瞻园”的那一句话——“瞻望玉堂，如在天上”。

［资料来源］江苏省旅游局．走遍江苏：江苏景点景区导游词精选［M］．北京：中国旅游出版社，2000

2. 中国古建筑导游

中国古建筑是人文景观的主体。包括皇家宫殿建筑、寺庙建筑、园林建筑、陵寝建筑、古代水利工程建筑等。进行古建筑导游讲解时主要把握以下几方面。

（1）从时代性和民族性讲解其特点。一个时代、一个民族都有其各自的建筑风格和建筑特色。导游员在导游讲解古建筑时，应着重突出中国古建筑的民族特色，同时又要注意时代特征。如唐朝建筑，其色调简洁明快，屋顶舒展平远，门窗朴实无华，给人以庄重、大方的印象；而明清建筑色调华丽浓重，屋顶高耸，屋脊华丽，挑檐飞腾，雕梁画栋，给人以严谨稳重而又富丽华贵的印象。

（2）从实用性和艺术性讲解其功能。导游员在讲解古建筑时，既要说清建筑物的功能，又要讲解其建筑艺术和装饰特色，以及由此创造的气氛和意境。两者尽管有主次之分，但又相辅相成，功能决定艺术处理和装饰赋彩的规格和等级，而艺术特色和装饰特色又反过来陪衬、烘托建筑物的功能和气势。皇家宫殿建筑是以朝仪庆典、起居游乐、礼神拜佛三种功能设计建造的，因此，采用“前朝后寝”“左祖右社”的礼制，中轴对称、居中面南的布局，以及高台广厦、重檐庑廊、斗拱飞檐、雕梁画栋、黄瓦红墙等方面的高规格、高等级的建制，以突出君权神授、皇权至上、皇帝至尊的意图。寺庙建筑则是为苦度修行、礼神供佛之功能设计建造的，因此，山门肃穆、晨钟暮鼓、法殿庄严、佛阁森森、僧舍寂寂；在布局上也多中轴对称、层进闭合、步步登高；佛像供桌、七珍八宝、木鱼袈裟、香烟卧莲、古柏劲松、银杏菩提。

（3）从虚拟性和实体性讲解其风格。“实”是指建筑物的历史沿革、功能用处、建筑布局、结构风格等；“虚”是指与古建筑有关的民间传说、名人逸事、神话故事等。“实”是导游员讲解的前提和基础，是导游内容的主体；“虚”是“实”的引申和扩展，是导游内容的“赋彩”部分。导游员应把两者有机结合起来，穿插讲解、搭配有序，以“虚”烘托“实”的实际，以“虚”增添“实”的情趣，使古建筑，特别是名胜古迹古建筑物导游讲解既富于知识性，又富于趣味性，从而满足旅游者求知、求解、求乐等不同层次的需求，增加其对古建筑的审美乐趣。

五、景区导游词的创作

无论是导游员解说，还是便携式语音解说，都需要科学的导游词。导游词创作质量的高低，不仅影响到景区旅游信息的传播，而且对一个地区旅游形象的树立以及游客满意度的提升至关重要。导游词是导游员讲解的文字依据，但导游员并不必一字一句拘泥于导游词，而要根据实际情况做必要的变通。一方面，要考虑到导游词的可实施性，即适合实际讲解；另一方面，又要与具体实施讲解有所区别，力求全面、精练准确，优美、幽默地反映、展示陈列的全部价值内涵。从文体特点而言，导游词属于说明性文体，但又不同于一般说明文。讲解的过程实际上是导游员与观众交流情感、传递知识的过程。

（一）突出主题

每一个景点都有主题。导游讲解的内容要始终围绕主题来展开。主题的核心思想可以一开始就点明，也可以在结尾时点明。如在讲解古代宫殿建筑时，导游词就要突出建筑形制、风格、布局和功能，游客可以认识到封建时代的政治体制、等级观念、建筑文化等。同时，导游词不仅是对景点的客观反映，而且它也带有导游员主观的认识，要通过讲解向游客传达一种思想、一种认识，并激发游客对景点景观或某一知识有深刻的了解，达到传达信息、教育、娱乐的目的。

（二）突出景点内容特色

旅游景区能吸引游客最主要的原因就是景区的知名度和景区的资源特性。为了让游客满意，满足他们求新、求奇的目的，导游词就一定要突出景点景观的个性和独特性。个性越鲜明，旅游资源的价值越高。在创作导游词时，一定要深度挖掘景观的个性，而不能仅仅只是表面特征的描述。以杭州“虎跑梦泉”景点为例，在创作导游词时，就应该重点强调它是砂岩裂隙水，讲述虎跑泉水的物理和化学特征，而不是简单地描述这里的泉水如何甘甜。

（三）强调知识性，讲求生动性

导游词内容要丰富，不能仅仅是一般知识的介绍，要旁征博引、由点及面、融会贯通，满足游客的求知欲。同时，导游语言要生动形象，富有表达力，要浅显易懂、活泼幽默，要注重口语化，要多用短句，尽量穿插些谚语、顺口溜，增强导游词的艺术感染力。

（四）重视整体性和独特性

任何一个具有很强吸引力的景观，无论是自然风光还是名胜古迹，都不是孤立存在的，都与周围的事物产生着联系。它们都有着广阔的政治、经济、历史背景和深厚的文化底蕴。因此，在创作导游词时，景点导游词不能“就事论事”“就景写景”，要将景点知识与有关历史、文化、政治、社会、经济、科学等知识有机结合。以中国古代园林导游词的写作为例，不仅讲清建筑景观和园林空间的本身，而且讲透园林的艺术文化特征，以及与之相联系的历史背景、社会背景、历史人物等。当然导游词还必须突出重点，突出景点的独特性，挖掘其亮点和核心吸引内容，以加深游客的印象。

（五）学会借题发挥

导游在对景点进行讲解时，一般都是按照游客所看到的景观的先后顺序进行讲解，也就是按照旅游线路的安排讲解内容。所创作的导游词在介绍景观时，不仅仅限于景观的外部特征，在内容上也会有所扩充和展开，在时间上可以谈古论今，在思想上可以旁征博引，以方便游客更深刻地理解。

案　例

灵隐寺导游词片段

各位朋友，游完整个灵隐寺后，您会发现灵隐寺的造园艺术，归结为一个“隐”字。一般的寺院，前面往往比较开阔，以炫耀法门的气派。而灵隐寺却处在群山环抱的峡谷中，雄伟的北高峰作为大寺的靠山，嶙峋的飞来峰成了秀美的前屏，一泓清泉流贯寺前，使得“灵山、灵峰、灵水、灵鹫、灵隐”浑然天成，使得人恍如置身于仙灵所隐之地。难怪平生酷爱山水的宋朝诗人苏东坡游灵隐之后，吟咏出“最爱灵隐飞来孤”之句。各位朋友，你觉得如何呢？

祈年殿导游词片段

祈年殿参观完了，历史上的封建帝王已经不复存在了，“祭天”“祈谷”的典礼早已成为历史的过去，但是古代工匠大师们创作的肃穆而庄严的天坛和宏伟而壮丽的祈年殿却依然耸立在我们面前，它是古代文化的载体，是古人智慧的结晶，更是世界人类的文化遗产。

［资料来源］国家旅游局．走遍中国：中国优秀导游词精选［M］．北京：中国旅游出版社，1999

一篇完整的景点导游词应包括哪些内容？

第三节　自导式解说服务

自导式解说主要包括游客中心、标志牌解说、信息资料解说、视听解说、便携式语音解说等方式。

一、游客中心

游客中心，就是接待游客，为游客提供景区游览所必需的信息和相关服务的场所，一般设在景区的入口，是展示景区形象的窗口。

游客中心服务功能包括旅游接待、导游解说、旅游咨询、旅游商品销售、失物招领、物品寄存、医疗服务、邮政服务、残障人设施提供、餐饮住宿等。其中，大型导游图、各种宣传资料、电子触摸屏、沙盘模型、影像资料等可以为游客提供多样化的解说服务。

案　例

九寨沟游客中心

九寨沟游客中心设立在风景区入口处的漳扎镇，是进入九寨沟的起点。游客中心分上、下两层楼。一楼开设风景和民族、民俗文化两个展区，向游人展现九寨沟内景区看点，介绍九寨沟内藏民族的饮食起居习惯和日常用品。二楼分为成果展区、地质展区和动植物展区。在地质展区，介绍了九寨沟的地质、地形、地貌、水系、风景概况等；在动植物展区，以实物标本的形式介绍了九寨沟的动植物概况，还特设了景区内的景点特色——“水中有树，树长水中”的水景奇观实物标本。整个游客中心极富藏式建筑色彩，显出九寨沟的文化品位。中心内设 9 台多媒体查询电脑，随时供游客使用，并有多名工作人员向游客提供咨询。

［资料来源］彭淑清．景区服务与管理［M］．北京：电子工业出版社，2010

如何更好地发挥游客中心的解说功能？

二、标识牌解说

标识牌解说是通过旅游标识牌来实现解说功能。标识牌是一种载有图案、标记符号、文字说明等内容的功能牌，具有直观简洁、实用简便、易于识记等特征。标识牌具有解说功能、指示引导功能、警示提醒功能、宣传功能。如景区介绍牌、景观标识牌、道路标识牌、游园须知牌、风光展示牌、宣传提示牌、安全提醒牌、友情提示牌、防火警示牌等。

标识牌的内容通常由图标、符号、文字语言三部分组成。图标和符号一般采用通用规范的方法制作，如交通、厕所、电话、医院、防火等标志，均要求依据国家标准《标志用公共信息图形符号》来制作。而文字语言内容则显示出文化修养、文明用语，反映出景区的文化内涵，要求简洁明快、富有特色；尽量使用敬语和幽默用语，杜绝训诫、威胁、命令式用语；要体现以人为本的人性化服务宗旨。

案 例

景区标识牌上人性化的提示语

1. 草地禁入提示语

“小草有生命，脚下请留情。”

“少一个脚印，多一份绿茵。”

“小草微微笑，请您绕一绕。”

“萋萋芳草，踏之何忍？”

“别踩我，我怕疼。”

2. 交通、危险地带提示语

"这里是危险路段，且离医院很远！"

"此处已死亡十七人，谁将是第十八个？！"

"如果不想变成刺猬，请走大道。"

3. 垃圾箱用语

"请喂饱我，我很饿！"

"没有人愿意看到垃圾，请多走几步。"

"请您近距离准确投篮！"

4. 景区提示语

"除了脚印什么也别留下，除了照片什么也别带走。"

"只留下脚印，只带走照片。"

"请勿喧哗，以免打扰金丝猴的正常活动。"

[资料来源] 彭淑清. 景区服务与管理 [M]. 北京：电子工业出版社，2010

上述提示语中哪些更容易被游客所接受？

三、信息资料解说

信息资料解说是指利用旅游地图、旅游指南、风光图片、书籍画册等书面宣传资料来达到传递旅游信息的解说形式，包括导览图、导游手册、景区旅游指南、风光图片、书籍、画报，以及专项旅游活动的广告宣传品等。信息资料最主要的功能是向游客传递食、住、行、游、购、娱等各方面的旅游信息。

四、视听解说

视听解说是通过影视片、光盘、幻灯片、广播等影像、音像资料来实现宣传景区、传递旅游信息的目的。其形式多样，内容直观，携带方便，具有较高的旅游参考和宣传价值。

景区可以将景区有代表性的自然风光、标志性的景观、人物传记、民俗风情、风物特产、歌曲、乐曲等录制成视听资料，来对景区进行宣传和解说，还起到解说、引导、宣传、教育的作用。

五、便携式语音解说

便携式语音解说包括录音播放、无线接收、手机接收、MP3/MP4 播放、数码播放等方式，是景区产品高科技化的主要表现，具有较强智能化的特点，是景区解说服务的重要组成部分。

（一）录音解说方式

录音解说方式，是将景区的解说内容采用数码录音的方式存放到一个存储量比较大的解说器上。解说器上面有显示屏、数字键以及插放、停止键，形式就像 MP4 一样。这一服务方式的实现，首先要将与景区相关的解说词以不同的语种全部储存到解说器，并且将景点分割成不同的文件，即将每个景观的解说词分别归入景点内，景点名显示在显示屏上。

游客拿到解说器后，首先选择所需要的语种，然后进入景点解说中。游客想听哪个景点的解说就按下相应的键，解说器就会自动播放景点的基本介绍。这种解说最大的优点是游客可以随意听到自己所需的内容，解说不受游览线路、游览进度的限制。这种解说器体积小便于携带，而且使用也方便，收听质量也可以得到很好的保证，成本也比较低。若景区中要增加或修改某些解说内容，处理起来也非常方便。这种解说方式对于景点景观多、解说内容大的景区非常适用。

（二）感应式电子导游解说方式

感应式电子导游解说方式也是多语种可供选择的解说方式。它由两部分组成，一部分是具有解说内容的芯片，另一部分是游客手中的解说器。景区经营者先将解说内容通过语音压缩技术压缩在芯片中，然后将它置于需要解说的景点上面。当游客携带解说器到达某一景点时，解说器会与之产生感应，就会启动信号，然后自动解说。

这种解说也不受时间、地点和游览线路的限制，操作起来相当简便，游客除了选择自己所需要的语言、开关机以及调节音量外，基本上不需要其他操作。但是由于技术上的要求，它的成本相对来说比较高。这种电子解说器在我国一些景区已经投入使用，这种“电子导游”方式将具备智能引导、自动讲解、语言同步乃至电子地图等多种功能。故宫于2005年5月推出了第6代电子导游即电子讲解器，这种电子讲解器体积很小。“游客每走到一处景点，讲解器上的小红灯接收到感应就会闪烁，这里的景点介绍就会进入游客的耳中，游览结束后，红灯灭就关闭。”

（三）无线接收解说方式

无线接收解说方式是由很多台无线调频发射机和游客接收机构成。它是在景区的各个景点分别放置调频发射机，然后把景点的解说内容用多种语言储存在发射机内。当发射机开始工作时，导游解说信号就被发射出去。游客在景点周围收听到适合自己的解说词。它的功能和收音机的功能相似。这种无线接收方式的导游解说系统服务范围比较广，无论有多大的游客量，只要游客手中有接收机，就可以享受导游解说服务，并且可以避免导游员因个人因素而带来的服务不满意的情况。

（四）手机接收解说方式

手机接收解说方式需划出一个号段给景区，游客到达景区，传一个信息给信息平台后，手机就会变成一个自动讲解器，为游客播放该景区的讲解词。这种解说不仅可以让游客随意游览，而且解决了导游员在解说过程中的一些尴尬问题。这种解说方式非常适合自助游的游客。

本章小结

解说服务是景区为游客获取和体验景区各种资源信息的一种重要途径，是景区对外服务的“窗口”，是提高景区服务水平和管理水平、满足游客旅游体验要求、增强游客满意度的重要手段。本章重点介绍向导式解说服务和自导式解说服务。

（1）向导式解说服务主要介绍了景区导游讲解的流程、导游讲解技巧、不同性质景区讲解要求以及导游词写作的基本要求，并列举了一些典型案例和阅读资料。

（2）自导式解说服务的内容包括标识牌、信息资料、视听及便携式语音解说。重点介绍了现代社会中几种常用的便携式语音解说方式，主要有录音解说方式、感应式电子导游解说方式、无线接收解说方式、手机接收解说方式等。

复习与思考

一、名词解释

景区解说服务　向导式解说　自导式解说

景区解说服务质量与景区整体质量的关系

二、简答题

1. 景区游客中心服务功能包括哪些？
2. 从工作流程出发，景区导游讲解服务应包括哪些重要内容？
3. 景区自导式解说形式包括哪些？
4. 景区便携式语音解说服务主要形式有哪些？

三、能力应用题

试用不同的导游讲解方法撰写一篇你所熟悉的景区的导游词。

四、案例分析

丽江古城解说内容

1. 景区位置和行政归属

丽江古城位于中国云南省丽江市古城区，地处云南省西北部，距省会昆明市580公里。丽江古城坐落在丽江坝子中部，北依象山、金虹山，西枕猴子山，东面和南面与开阔坪坝自然相连，面积约3.8平方公里。

2. 地貌与气候特征

丽江市地势起伏较大，山区、平坝、河谷并存。最高海拔为玉龙雪山主峰扇子陡（5596 米），最低海拔为华坪县石龙坝乡塘坝河口（1015 米），海拔高差 4581 米，立体气候显著。在群山环抱之中，分布着大大小小的断陷盆地，俗称“坝子”，是城镇所在地和主要产粮区。境内有大小河流 91 条，年产水量 83.6 亿立方米。金沙江流经丽江 651 公里，落差高达 890 米；主要有程海、泸沽湖、拉市海、文海、定笔海、九子海、中济海等大小数十个高原湖泊。古城区政府所在地海拔 2400 米，属低纬高原季风气候，年均气温 12.6℃，年均降水量 950 毫米，雨量丰沛，夏无酷暑，冬无严寒，气候宜人。

3. 社会经济概况

丽江市总人口 123.8 万，辖古城区、玉龙纳西族自治县、永胜县、华坪县、宁蒗彝族自治县，其中 10 个街道、24 个镇、32 个乡（含 15 个民族乡）。2003 年 4 月 1 日，丽江市古城区正式设立。古城区面积 1127 平方公里，下辖西安街道、大研街道、祥和街道、束河街道、金山街道、开南街道、文化街道、金安镇、七河镇、大东乡、金江白族乡，总人口 16 多万，有纳西、汉、白、藏、彝、普米等 10 多个民族，其中纳西族人口有 9.4 万。2021 年，古城区的国内生产总值为 197.78 亿元，其中，第一产业为 8.82 亿元，占总产值的 4.5%；第二产业为 46.61 亿元，占总产值的 23.6%；第三产业为 142.35 亿元，占总产值的 71.9%。

4. 历史传承

丽江古城始建于南宋末年，是元代丽江路宣抚司、明代丽江军民府和清代丽江府驻地，具有 800 多年的历史。丽江地处滇、川、藏交通要冲，是汉唐时代通往我国西藏和印度等地的南方丝绸之路和茶马古道上的重要集散地。唐朝开始出现的茶马古道滇藏线，在云南境内的起点就是唐朝时期南诏政权的首府所在地大理，丽江是当时茶马贸易的重要市场。明清时期丽江已发展成为滇西北商贸枢纽，茶马古道上的集散中心。第二次世界大战期间，丽江因处在上通我国西藏、印度，下连大理、昆明的咽喉位置而成为抗战物资转运的要津和驼峰航线上的重要中转站。丽江古城文物古迹众多，文化蕴涵丰厚独特，是我国保存最完整、最具民族风格的古代城镇。1986 年被国务院公布为中国历史文化名城；1997 年 12 月 4 日，被联合国教科文组织正式批准列入《世界遗产名录》清单。

5. 民族风情

丽江自古就是多民族聚居的地方，共有 12 个世居少数民族，包括纳西族、彝族、傈僳族等，其中纳西族是人口最多的少数民族。纳西族的建筑、雕刻和绘画融合纳西族、汉族与藏族三个民族的传统风格，具有浓郁的地方特色。丽江古城从选址到建筑风格均融会了汉、藏、白等多种民族的建筑艺术风格并有所创新。

古城布局上充分利用山川地形及周围自然环境，引水入城，形成了“家家临溪，户户垂柳”的意境，是当地民众利用水资源的典范杰作。城内纳西民居普遍是土木结构的瓦屋楼房，建筑平面结构大多是“三坊一照壁，四合五天井，走马转角楼”的布局。古宅与老树、小桥、流水和谐统一，极具高原水乡意韵，充分体现人与自然的和谐统一。利用城内涌泉修建的多座“三眼井”，上池饮用，中塘洗菜，下流漂衣，是纳西族先民智慧的象征。古城以四方街为中心，居民形成了“日中为市，薄暮涤场，以清水洗街”的独特习俗。

丽江纳西族妇女穿大褂，宽腰大袖，外加坎肩，系百褶围腰，穿长裤，披羊皮披肩，披肩上有刺绣精美的七星，肩两边缀日、月，象征着“披星戴月”，以示勤劳。纳西族男装大体与汉族相同。纳西族普遍信奉东巴教，一部分人信奉藏传佛教。以农历纪年，传统节日有尝新节、朝山节、三月会、火把节等。忌在门槛上坐和用刀斧在门槛上砍东西，忌食狗肉。

6. 文化艺术

纳西先民创造了灿烂神秘的纳西东巴文化。东巴文化以东巴教为载体，以东巴经为主要记录方式，有近千年的历史。东巴教是纳西族原始宗教，且兼收并蓄其他宗教。东巴文是一种兼备表意和表情成分的图画象形文字，是目前世界上唯一“活着的象形文字”。用东巴文撰写的《东巴经》数量达两万多卷，是古代纳西族社会生活的百科全书。纳西族广大劳动人民集体创作的《创世纪》，是一部描写纳西族人民开天辟地、与大自然搏斗、歌颂劳动、反映男女忠贞爱情的著名的长篇史诗。

丽江纳西古乐被称为“音乐活化石”，是古城文化的灵魂与象征。纳西古乐是唐宋以来的一些词牌和曲牌音乐，在中原地区早已成为绝音，1368 年以后陆续传到丽江并保存至今。其中相传为元人选音的大型乐曲《白沙细乐》被誉为最古老的交响乐。纳西族民间文艺具有融诗歌、音乐、舞蹈为一体的特色。

纳西族的绘画、书法、雕塑和工艺美术都受到汉族、藏族和白族的影响。著名的“丽江壁画”在创作时采取了一定的写实手法，突破宗教题材的局限，反映了明代纳西族社会的一些生产和生活状况，是纳西族吸收其他民族文化、发展本族文化的结晶。

7. 动植物

丽江生物资源丰富，全区有 1.3 万多种植物，几乎集中了亚热带、温带、寒带所有品种，有红豆杉、水青树、榧树等数百种珍稀种类。珍稀鸟兽的种类也比较多，属国家一级保护动物的有黑颈鹤、滇金丝猴等；属国家二级保护动物的有南亚虎、云豹、小熊猫、毛冠鹿、红腹角雉、藏马鸡等；属国家三级保护动物的有金猫、大灵猫、小灵猫、苏门羚、石貂、猕猴、穿山甲、血雉、白腹锦鸡等。

8. 土特产

当地特产的药材有虫草、天麻、雪茶、螺旋藻等；特产食品有三川火腿、牦牛肉干、松茸、海棠果等；特色手工艺品有银器、铜器、木刻、东巴蜡染等。

［资料来源］张立明，胡道华．旅游景区解说系统规划与设计［M］．北京：中国旅游出版社，2006

根据以上案例分析丽江古城解说内容的特点。

五、实训项目

1. 考察当地的一个景区，分析其向导式解说服务流程、特点。你认为其解说服务在哪些方面有待改进？
2. 以小组为单位，组织游览当地某4A级或5A级旅游景区，依据《旅游景区质量等级的划分与评定》对于不同质量等级的景区的解说系统的相关要求，找出其自导式解说服务的不足之处，并提出合理可行的建议。

第六章 景区服务质量管理

现今，“质量第一”已成为全社会的共识，景区自然也不例外，质量管理已成为景区管理的核心内容之一。景区往往兼具食、住、行、游、购、娱等多种旅游要素，导致了景区管理的复杂性和高难度。随着旅游者出游经历的丰富，对景区服务质量提出了更高的要求。

提高服务质量是景区提升竞争优势的重要途径，游客满意程度是景区服务质量高低的最终体现。本章介绍了景区服务质量的概念及其特性，分析了目前景区服务质量的现状及产生问题的原因，阐述了景区服务质量管理的理论基础、内容和方法，并介绍了游客行为管理的意义与方法。

学习目标

知识目标

1. 掌握景区服务质量的概念。
2. 了解景区服务质量的特性。
3. 了解景区服务质量的现状及产生问题的主要原因。

技能目标

能灵活运用各种手段来分析景区服务质量存在的问题，提高景区服务质量，促进景区的服务升级。

案　例

迪士尼乐园的员工培训

世界上有6个很大的迪士尼乐园，在美国的佛罗里达州和加利福尼亚州这两个迪士尼乐园的营业都有一段历史了，并创造了很好的业绩。不过全世界经营得最成功的、生意最好的，却是日本东京的迪士尼乐园。美国加利福尼亚州迪士尼乐园营业了25年，有2亿人参观；东京迪士尼乐园的最高纪录一年可以达到1700万人。通过这个案例，可以看出东京迪士尼乐园是如何吸引回头客的。

到东京迪士尼乐园去游玩，人们不大可能碰到迪士尼乐园的经理，门口卖票和检票的也许只会碰到一次，碰到最多的还是扫地的清洁工。所以，东京迪士尼乐园对清洁员工非常重视，将更多的训练和教育大多集中在他们的身上。

东京迪士尼乐园扫地的员工，他们有些是暑假工作的学生，虽然只扫两个月时间，但是培训他们扫地要花3天的时间。

1. 学扫地

第一天上午要培训如何扫地。扫地有3种扫把：一种是用来扒树叶的，一种是用来刮纸屑的，一种是用来掸灰尘的，这三种扫把的形状都不一样。怎样扫树叶才不会让树叶飞起来？怎样刮纸屑才能把纸屑刮得很好？怎样掸灰才不会让灰尘飘起来？这些看似简单的动作都严格培训。而且扫地时间还另有规定：开门时、关门时、中午吃饭时、距离客人15米以内等情况下都不能扫地。这些规范都要认真培训，严格遵守。

2. 学照相

第一天下午学照相。十几台世界最先进的数码相机摆在一起，各种不同的品牌，每台都要学，因为客人会叫员工帮忙照相，客人可能会带世界上最新款式的照相机来这里度蜜月、旅行。如果员工不会照相，不知道这是什么东西，就不能照顾好顾客，所以照相要学一个下午。

3. 学包尿布

第二天上午学怎么给小孩包尿布。孩子的妈妈可能会叫员工帮忙抱一下小孩，但如果员工不会抱小孩，动作不规范，不但不能给客人帮忙，反而增添客人的麻烦。抱小孩的正确动作是：右手要扶住臀部，左手要托住背，左手食指要顶住颈椎，以防闪了小孩的腰，或弄伤颈椎。不但要会抱小孩，还要会替小孩换尿布。给小孩换尿布时要注意方向和姿势，应该把手摆在底下，尿布折成十字形，这些地方都要认真培训，严格规范。

4. 学辨识方向

第二天下午学辨识方向。有人要上洗手间，“右前方，约50米，第三号景点东，那个红色的房子”；有人要喝可乐，“左前方，约150米，第七号景点东，那个灰色的房子”；有人要买邮票，“前方约20米，第十一号景点，那个蓝条相间的房子”……客人会问各种各样的问题，所以每一名员工要把整个迪士尼乐园的地图都熟记在脑子里，对迪士尼乐园的每一个方向和位置都要非常明确。

训练3天后，发给员工3把扫把，开始扫地。如果在迪士尼乐园里面，碰到这种员工，人们会觉得很舒服，下次会再来迪士尼乐园。

［资料来源］http://wenku. baidu. com/view/6c8b611810a6f524ccbf8564. html

东京迪士尼乐园成功的秘诀在哪里？对我国景区管理有哪些启示？

第一节　景区服务质量概述

一、景区服务质量的概念

目前，关于质量和服务概念的理解主要依据国际标准化组织（International Organization for Standardization，ISO）的定义。在ISO 9000：2000《质量管理体系：基础和术语》中提到，质量是产品或服务所具备的满足明确或隐含需求能力的特征和特性的总和。服务通常是无形的，并且是在供方和顾客接触面上至少需要完成一项活动的结果。从服务的定义可以看出以下两层意思：其一，服务的目的就是满足顾客的需要。景区服务的中心是游客，服务是针对游客的需要来说的，这是景区服务的基本内涵。游客的需要是指游客的社会需要，这种需要通常包括在服务的技术标准或服务的规范中，有时也指顾客的具体需要。其二，服务的条件是必须与顾客接触。这种供方和顾客之间的接触可以是人员的，也可以是设施设备的。如景区的售票服务，可以是人员售票，也可以是自动售票系统。

综上所述，景区服务质量是指景区经营者利用设施设备和产品所提供的服务，在使用价值上适合和满足游客需要的物质和心理满足程度，也就是客人在旅游过程中享受到的服务劳动的使用价值，得到某种物质和心理满足的一种感受。

游客满意程度是景区服务质量高低的最终体现。旅游服务是为客人提供的，也是在客人的支配下进行的。因此，提高旅游服务质量必须从客人的消费需求、消费心理出发，有针对性地提供各项服务，重视客人的满意程度，并随时掌握客人的心理变化，不断改进服务工作，才能提高客人的满意程度，取得高水平的服务效果。

游客对景区服务质量的满意程度可以分为两个层次：第一个层次是物质上的满意程度。它通过设施、设备和实物产品表现出来，如设施设备的舒适程度、完好程度、安全程度、档次高低，饮食产品的色、香、味、形，服务用品和客用消耗用品的美观、完美程度等。第二个层次是心理上的满意程度。它主要是通过直接劳动方式所创造的使用价值表现出来，是服务质量最终的满意程度。它一方面取决于设施设备和实物产品的质量，另一方面又表现为服务人员的服务观念、服务态度、服务方式、服务技巧、服务内容、礼节礼貌、语言动作、清洁卫生等。因此，景区服务质量既要重视有形服务质量，又要重视无形服务质量，两者不可偏废。

二、景区服务质量的特性

景区服务质量的特性体现在可靠性、时效性、有形性、关怀性和技术性。

（1）可靠性。服务中的可靠性是指令人信任而且又能准确完成所承诺的服务的能力。这是服务质量属性的最核心内容和关键部分。所有的游客都希望可以通过景区可靠的服务来获得愉悦的旅游体验，而这一点对员工的知识修养以及他们交付信任和自信的能力提出了很高的要求。对于景区来说，服务的可靠性也是树立景区形象、打造景区品牌的重要基础。

（2）时效性。时效性是对游客服务时的时速标准。总的来说，游客希望服务人员的服务要有效率，不要拖沓。景区人员在提供服务时要表现出极高的积极性和主动性，尽量缩短游客的等待时间。

（3）有形性。有形性是指服务的物质方面，包括物资设施设备、员工以及用品的外在形象。因为服务是无形的，游客经常通过这些有形的东西来评判服务的质量。例如，景区环境是否干净？服务人员的衣着是否整洁？一些有形物品通常用来展示已经完成的工作，像大型游乐设施上的检查标签表明游乐设施已经检查过，厕所整洁的环境和摆放整齐、完备的用品表示员工已经打扫过，等等。

（4）关怀性。关怀性，是指服务人员在向顾客提供服务的时候，把每一位客人当成是独特、重要的个人来看待，给予个性化的服务，让他们感受到被尊重。景区员工服务过程中要主动接近游客，对游客的心理变化以及潜在需求有比较好的敏感性，时刻体现出对游客的关怀。

（5）技术性。现代科学技术的发展使得景区搜集顾客的数据变得非常容易。例如，建立景区网站，通过网站的网页点击率来搜集顾客资料，并通过他们点击网页的转换数据掌握游客的需求状况。现代科技可以帮助景区理解游客是怎样看待质量的，以及看重的是质量的哪些方面。成功的景区应知道如何与游客进行信息沟通，并使自己的服务质量成为一种战略优势。

三、景区服务质量现状

随着旅游业的蓬勃发展，我国景区的硬件质量普遍提高，然而由于管理水平、服务人员素质等软件原因，景区的整体服务水平并不高。

（一）景区服务质量存在的主要问题

就目前我国景区经营管理的实际情况来看，服务质量较突出的问题主要表现在以下几个方面：

（1）基础设施设备保养问题。景区设施设备维修保养制度不健全、更新不及时，导致各种设施老化较快，甚至出现故障。

（2）安全问题。游客的安全是景区发展的生命线，目前景区不时有游客受伤等安全事故发生，说明景区的安全防护体系还不健全。

（3）服务规范问题。服务人员态度生硬、表情冷漠，随意降低服务标准，服务水平波动性大。

（4）信息渠道问题。信息的非交互式，目前，主要是游客被动的接收信息；网络平台建设欠缺，信息内容单一，缺乏实时有效的信息和可满足用户多方面、特殊需要的信息；对游客的售后服务信息关注不够，使得信息得不到及时合理的反馈。

（二）景区服务质量问题产生的原因

（1）缺乏对游客需求的及时把握。游客的需求是动态变化的，目前我国大部分景区都不注意收集游客需求的信息，对于游客的特殊需求缺乏数字化信息管理，不能提供个性化的服务。

（2）缺乏严密的质量控制系统。旅游产品生产和消费的同步性决定了其服务质量很难保持一致性和稳定性，因此景区必须建立严密的质量控制系统，不断调整服务质量，使其保持在高水平上。目前我国很多景区没有严密的质量控制系统，服务质量主要取决于服务人员的工作能力和职业道德，服务质量的稳定性很难保证。

（3）对员工的系统培训和管理不足。景区服务人员有很多与游客面对面的接触机会，其服务水平和技能直接影响了游客对景区整体服务质量的评价。由于景区对员工的系统培训普遍不足，导致景区员工的服务态度、技能相对低下，应对突发事件的能力较差。

第二节　景区服务质量管理的内容与方法

一、景区服务质量管理的内容

景区服务质量管理是以提高服务质量为宗旨，综合运用现代管理手段和方法，通过建立完善的服务质量标准和体系，不断提高服务质量的管理活动。

根据景区服务质量的内容和特点，质量管理的内容主要包括五个方面：

（一）确定质量管理目标

服务质量管理是围绕着质量目标展开的。其质量目标主要包括国家旅游服务质量管理目标和企业旅游服务质量管理目标两个层次。

（1）国家旅游服务质量管理目标。规范服务质量管理市场体系，建立服务质量等级标准，增强我国旅游业参与国际市场竞争的能力，维护旅游经营者和消费者的合法权益。现阶段，这一质量管理目标集中表现为旅游服务质量等级管理的建立和贯彻实施。服务质量等级标准一经制定，就成为旅游行业服务质量的基本标准，成为各级各类旅游企业服务质量管理的目标和必须遵循的准则。

（2）企业旅游服务质量管理目标。根据国家旅游服务质量管理目标及服务质量等级标准，确定自己的质量管理方针、政策和措施，贯彻行业质量标准，参加服务质量等级评定，制定具体的操作标准、程序、管理制度，采取切实有力的措施，提高自己的服务质量。

（二）建立服务质量管理体系

围绕服务质量等级标准，建立一整套贯彻实施质量标准的管理体系，包括：服务质量管理的组织机构、人员分工；责任体系的建立，职责权限的划分；服务质量等级标准的贯彻落实，检查评定；企业内部服务质量管理标准化、程序化、规范化的操作体系；质量信息的收集、传递、反馈及其质量改进措施；服务质量投诉处理的方法、措施等。

（三）开展服务质量管理教育

贯彻服务质量等级标准，不断提高服务质量，必须坚持始于教育、反复教育的原则。它只有阶段性的总结而没有终点。服务质量管理教育的内容主要包括基础理论教育、质量意识教育、质量标准教育、服务技能培训、质量管理方法教育、质量投诉处理教育、职业道德教育、语言艺术教育、礼节礼貌教育等。

（四）组织服务质量管理活动

服务质量管理活动贯穿于企业旅游服务的全过程，其具体工作主要包括接待服务活动本身的组织和质量管理活动组织两个方面。前者以贯彻服务质量标准，在服务准备、各项组织、迎接客人、现场服务、后勤保障、接待客人、善后服务等各个方面认真执行标准、遵守操作规程，它是服务质量管理的本质表现和最终日的；后者以开展服务质量管理小组活动、评比活动等为主，目的是动员群众，造成声势，贯彻质量标准，以期提高服务质量。组织服务质量管理活动要以前者为主，围绕前者需要来开展各种管理活动。

（五）评价服务质量管理效果

服务的效果主要表现在各项服务工作是否符合服务质量等级标准的要求及客人的物质和心理满足程度。因此，景区评价服务质量管理效果必须以此为唯一尺度。其评价方法是：检查景区各部门、各环节的各项具体服务操作是否贯彻服务质量等级标准；服务程度、服务方法和操作规程是否符合客人的消费需要；宾客至上、服务第一的宗旨是否深入人心并在服务操作中得到具体贯彻落实；客人的满意程度是否达到了规定的标准，以此作为评价景区服务质量管理效果的客观依据，并针对存在的问题，查明原因，提出改进措施，不断提高服务质量。

二、景区服务质量管理的方法

（一）制定景区服务质量标准体系

1. 制定景区服务质量标准体系的意义

由于景区服务具有低劳动力密度、低客户定制程度的性质，使得在提升景区服务质量过程中必须着重于服务质量标准体系的制定。服务质量的标准化是质量管理的重点。

依据 ISO 9000: 2000 相关要求，景区的服务质量标准体系是一个持续改进的质量管理体系，需要明确管理职责，并与游客、服务人员等相关利益群体进行不断的沟通、分析，才能满足游客的需求，如图 6–1 所示。

景区服务质量标准的制定首先必须根据景区的自身情况确定服务的主要内容，做到全面、系统、合理，同时参照国家相关硬件标准与软件标准，制定出旅游交通、游览设施、环境卫生等硬件标准以及服务态度、服务方式与技巧、服务仪容仪表、服务时效、综合服务等软件标准。

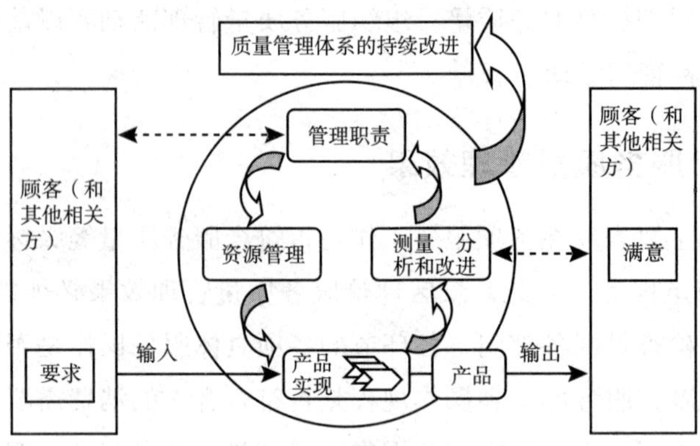

图6-1　ISO 9000：2000模型[①]

任何一个服务项目的标准制定都必须根据该服务项目的实际情况进行，同时依照国际上、国家或地方上已经颁布的相关标准，经过细致推敲与琢磨，并经过一段时间的试行才能最终确定。

2. 制定景区服务质量标准体系应遵循的原则

一个可行、高效的服务质量标准的制定应该反映以下五个方面的需求：

（1）满足游客的需求，这是首位的。质量标准的制定本身就是为游客服务的，若不能反映、满足游客的需求，就没有制定的必要。

（2）符合景区自身的实际情况，能为员工接受，具有可行性。不符合景区实际状况的标准等于海市蜃楼，必然无法实现预期目标。同样，员工是服务项目的直接执行者，只有为员工理解、认可的质量标准才能得以实施。此外，质量标准的执行必须符合经济性的原则，控制质量标准执行的成本耗费，否则会出现效果虽好，但又入不敷出的尴尬局面。

（3）突出重点的原则。在景区服务中，我们可以控制每一个环节，但是肯定没法预料其中的每一个细节。事实证明，要想制定出尽善尽美的质量标准是不可能的。何况，对于那些过于烦琐的质量标准会使员工无法了解管理者的主要意图，容易陷入机械、程序性的操作误区，减弱了员工的主观创造性与个性化服务功能。因此，质量控制应抓住景区服务过程中的关键和重点进行局部和重点的规范，能够反

① 毛雅君．采用ISO 9000标准构建服务质量管理体系案例分析［J］．国家图书馆学刊，2006（1）．

映景区的特色，能激发员工的积极性与工作热情，并使员工感到工作具有挑战性。

（4）时效性原则，能及时修改。服务质量标准确定后，并不是一成不变的，随着景区经营外部条件和内部条件的变化、目标客源市场的变化、消费者总体生活水平的提高等，景区的服务质量标准要及时做出调整。不能一味追求已确立的服务质量标准，要求能迅速发现问题并及时采取纠偏措施，避免时过境迁，使质量标准成为摆设。

（5）灵活性原则。尽管我们争取为每一个游客提供最周全、最优质的服务，但是由于游客自身的差异较大，我们不能凭借固有的质量标准来执行每一次服务。比如在餐饮服务过程中，有些正式场合，可能需要服务员全程服务，包括倒酒水服务。但是，有些非正式场合，游客可能只需自娱自乐即可。

3. 制定服务质量标准重点要注意的问题

制定服务质量标准是一个非常复杂、烦冗的过程，管理者需要对旅游资源、景区环境及员工的实际情况进行客观评估，需要对目标客源市场进行全面、深入的调查与了解。

（1）确定景区的基本服务空间标准。任何一个景区都应该有其适合的容量，只有在这一容量范围内，景区服务的载体——旅游资源或旅游设施才能得到较好的保护、保持较好的可游赏性，景区内的游览环境才符合游客的消费需求与心理承载力，景区的服务质量才能得到认可。在实践中，无论旅游旺季还是旅游淡季，旅游环境容量理论均有其运用价值。在旅游旺季可以运用该理论来控制旅游人数，一方面，可以保证游客在景区内有一个基本的活动、游赏空间，如敦煌莫高窟、杭州雷峰塔等景区均对游客量有一定的限制；另一方面可以保护景区的资源与生态环境，如九寨沟设定了每日最高客流量。但旅游淡季游客进入太少，即旅游活动空间太大时，也会影响到景区的服务质量。服务人员会由于没有服务对象而放松对自己的要求，比如售票服务人员与检票服务人员可能因没有游客来购票而聚集在一起闲聊。此外，景区会为了节约成本取消部分服务项目或减少服务的频率，尤其是节庆表演类服务项目。从游客的角度来分析，过于稀少的游客会让其产生一种落寞感与冷清感，甚至感觉不安全。此外，有些集体性娱乐、节庆活动没有人气就不能烘托出应有的气氛，游客的满意度自然会下降。因此，在旅游淡季，景区同样需要通过各种方法，如价格、特殊活动来吸引一些特殊人群以增加旅游人数，一方面可以提高游客的满意度，另一方面也可以提高景区的资源或设施的利用率，提高景区收益。

（2）提高服务标准的可操作性。旅游服务质量标准的执行，必须配套相应的实施细则，使之具有可操作性。景区管理者应该根据景区的服务质量目标，结合具体岗位实际制定不同的服务规范与要求，尽量加以量化。目前，许多景区对环卫人员的清洁工作有明确的量化要求，一般提倡 5 分钟保洁法，即环卫人员在自己管辖范围内必须在 5 分钟内将地上的垃圾清扫干净；部分景区要求环卫人员每隔 30 分钟（高峰期每隔 15 分钟）清扫一次管辖区域等。由于景区服务产品和服务运作系统的特殊性，实行全面严格的规范化和量化依然存在较大的难度，但是可以在以下几个方面进行大胆的尝试：第一，服务工作的内容实现量化测评。每个岗位根据服务性质，制定出可量化的测评标准。如景区的讲解人员，在游客到来 3 分钟内到位服务率必须达到 95% 以上。第二，服务响应时间的量化限定。每项服务从游客提出服务要求到提供服务都应该有一个限定的时间，以保证服务的时效性。比如游客投诉必须在多长时间内给予答复，检票服务人员必须在几秒钟内完成检票工作，餐厅服务人员必须在游客就座后几分钟内提供点菜服务，等等。第三，服务人员基本素质的量化标准。景区应该对从业人员的基本素质有一个明确的量化标准，如学历、普通话水平、技能水平、动作、姿势、语气等。第四，服务界面的操作流程应规范化、标准化。在景区服务的各个环节中，通常能与游客面对面服务的有停车服务、票务服务、咨询服务、交通服务、游乐项目服务、讲解服务、餐饮住宿服务等，这些服务界面的每一个环节都需要制定规范的操作流程。

（3）注意市场信息的反馈与分析。服务质量标准的制定首先是为了满足市场、游客的需要，因此必须加强对客源市场的调查，取得服务质量标准执行的效果信息。第一，设立专门机构。配备专职人员系统地从事客源市场的调查、分析与研究工作。第二，建立多渠道的信息反馈机制。创建市场信息网络，包括投诉咨询中心、网络（包括即时通信工具与自媒体平台）、电话、信箱，能够让游客轻松自如地将自己的感受反馈给景区。第三，把握市场对服务质量的看法。对收集到的各种信息及时加以筛选、分析，预测需求变化趋势，掌握游客的空间行为规律，及时更新服务质量标准。第四，建立跟踪调查制度。实现动态调整服务标准。对旅游活动项目、服务流程与技术、服务设施、服务人员等都要进行全面跟踪调查，对其中不符合市场需求或不符合景区实际情况的服务标准给予修改或调整。

景区还应该加强特色性、创造性服务标准的研究与策划，而不能拘泥于现有的服务质量标准体系；也可以加强与外地景区或国际知名景区的交流与合作，相互借鉴；邀请游客参与景区服务质量标准的制定，因为游客是产品与服务的最终消费者。

（二）流动管理

游客在景区的活动具有很大的流动性与随机性，还受到其他一些不确定因素的影响，如人流、成员、天气等。因此，要提高服务效率，必然要求加强景区的流动管理。流动管理要求景区管理者或管理部门走出办公室，实行巡视管理制度，一旦发现问题管理者能够及时赶到现场并处理问题，以减少游客的等候时间，提高服务效率。巡视管理制度还有助于景区管理人员了解景区的真实运营情况，掌握第一手资料，便于理论结合实际与管理决策，并有利于及时发现管理规章的漏洞与服务过程中存在的问题，防患于未然。

作为一个景区，流动巡视管理的重点是游客集散中心，如广场、重要景观节点、大型游乐项目、交通要道等一些关键点。景区的环卫、保安、工商管理、游乐设施安全管理与抢修等职能部门与服务部门更应该加强巡视管理，以保证能在第一时间赶到事发现场并解决问题，最大限度地节约时间。如大型游乐中心经常会碰到机械故障，管理人员与抢修人员都应处于待命状态，一有问题能立即进行处理，类似于消防人员。

（三）授权管理

作为一个管理者，需要通过其下属员工的共同努力才能实现组织的发展目标，正像没有一个人能把实现景区发展所必须进行的全部任务担当起来一样，由一个管理者来行使所有的决策权也是不可能的，因为每个人的精力都是相对有限的。一方面，景区的发展与管理必须建立在一定的规章制度基础之上，按规章制度办事，这是制度化管理的基本要求；另一方面，由于景区服务运作系统的高度发散性以及面对面服务的“即时性”特点，使得景区在坚持制度化管理的同时，还要掌握服务管理的灵活性。比如某旅游团队游客刚到景区就突遇暴雨而导致景区的部分游乐设施、观赏项目无法开展，这对远道而来的游客来讲是一种利益损失。对于景区服务部门而言，是根据实际情况给予游客一定的服务补偿，如赠送小礼品、安排室内游乐节目、赠送门票；还是一味地归咎于不良的天气因素，按固有的规章制度办事，或者不停地向上级领导请示该怎么办，不做任何服务补偿呢？对于后者来讲，游客的抱怨与投诉肯定会增加，景区的形象也会受到影响。

作为管理者，最为关键的是要有效地处理好“集权”与“授权”之间的关系。所谓授权，是指上级管理者赋予下级一定的权力和责任，使下属在一定的监督之下，拥有相当的自主权而行动，并为此负责。景区管理者对下属员工的授权，并不代表管理者的放权，其对下属依然拥有指挥、监督的权力，而对于下属员工来讲，他必须对上层授权者负有汇报情况及完成任务之责。

1. 授权对于景区发展的益处

景区管理人员的有效授权，对于景区的发展来说是十分必要的。首先，对于管理者自身来讲，通过授权，可以使高层管理者从日常事务中解脱出来，专心处理景区长远发展与战略决策等重大事务。其次，可以提高下属的工作热情，增强其责任心并提高效率。通过授权，使下属不仅拥有一定的权力和自由，而且分担了相应的责任，从而调动了员工的积极性和创造性，可以依据景区的相关规章制度，针对游览过程中发生的实际情况做出相应的变更，使旅游服务更具灵活性。此外，还可以增强下属员工的能力培养，为景区未来管理人才的培养提供合理、健康的空间。

2. 授权的过程及注意点

如何才能实现有效地授权呢？总体上应该遵循以下几个步骤与要求：

（1）要明确授权的目的。授权可以是具体的也可以是一般的，可以是口头的也可以是书面的，但不管采用何种形式，景区授权者必须向下属被授权者明确所授权事项的任务及权责范围，使其能十分清楚地工作，避免出现越权或渎职的现象。

（2）职、权、责、利相当。为了保证下属受权者能够完成管理者所分派的任务，并承担起相应的责任，管理者必须授予其充分的权力并许以相应的利益。只有职责而没有职权，就会使受权者无法顺利地开展工作并承担起应有的责任；只有职权而无职责，就会造成滥用权力、瞎指挥和官僚主义。不仅如此，授权还要做到责、利相当，即给予受权者的利益必须与其所承担的责任大小相当，有多大的责任就应承诺给予多大的利益。权力太小会使受权者无法尽责（也就是心有余而力不足）；权力过多常常会造成对他人职权范围内事务的干涉；缺乏利益驱动则是一个受权者不愿意过多承担责任的主要原因。

（3）正确地选择受权者。由于景区从业人员素质的个体差异较大，有些专业服务技能较强但是管理能力较弱，有些管理能力较强但专业服务技能较弱。因此，作为景区的管理者，在选择授权对象的时候，首先要考虑的一个问题就是该授权给谁，这个员工是否有能力完成这项任务。如果将任务授权给一个其力所不能及的人的话，最终必然导致服务质量的偏低。在选择受权者时，应遵循"因事择人、视能授权"和"责以能授、爵以功授"的原则，即根据所要分配的任务来选择具备完成任务所需条件的受权者，以避免出现不胜任或不愿受权等情况。比如某景区总经理欲加强景区服务咨询的功能与质量，以提升和改善景区的对外形象，但是其个人因为事务太多，没有那么多的精力来具体负责服务咨询中心的工作，因此他打算从员工A和员工B中挑选一个人。其中员工A虽然工作认真仔细，但是其上进心不够，安于现状；员工B工作认真负责，积极要求上进，但资历较浅。这时候，作为景区管理者来说，只能选择员工B，因为即使授权给员工A的话，因为其本身并不愿意或者没有兴趣从事管理工作，那么将管理权力下放给他的话，导致的结果就是该服务咨询中心的管理真空，并最终影响到服务质量的提升与改善。

（4）加强监督控制。如果受权者在具体操作实施过程中出现纰漏的话，一方面受权者自己必须担负相应的责任，另一方面授权者也必须承担相应的连带责任。很多授权者不愿授权或不信任下级的情况多半是因为怕对下属失去控制。因此，对于授权者来讲，必须加强对受权者的监督与控制，建立信息反馈渠道，及时检查受权者的工作进展情况、完成任务的质量以及权力的使用情况。对于服务咨询工作开展不力或服务质量欠佳乃至影响到景区服务质量，或出现滥用权力导致景区名誉受损、财产外流等现象的，要及时予以制止甚至收回权力；对于有待改进的方面或需要帮助的，就要及时给予指导与帮助。但是，加强监督控制并不代表去干预受权者的日常行动，否则就会使授权失去意义。比如某领导授权给某员工负责景区的餐厅服务质量，如果为了加强控制，经常到餐厅去检查服务人员的工作表现甚至厨房卫生，一方面本身受权者的权力可能被架空，授权者自身时间也有限，另一方面也会给受权者造成一种表象，即上级对我的工作不信任，就会失去工作的动力。同时，监督也不代表不允许下属出任何差错，因为"人非圣贤，孰能无过"，只有允许人们犯错误，才能使下属愿意去尝试、愿意接受授权。

（四）服务质量控制

尽管目前景区服务质量问题较多且日益呈现多元化趋势，部分问题甚至无法回避，但是，大多数问题可以加以控制与疏导，实现景区服务的既定目标。依据管理学原理中的控制职能，结合景区服务的特殊性，对其质量的控制必须强调以下控制方法：

1. 关键点控制

关键点控制即重点控制原则，是重要的控制原则之一，它侧重于服务质量管理系统中最为关键、最为薄弱的环节。这就要求景区管理人员必须明白景区服务质量体系的主次与轻重关系，即抓住与控制目标关系最为密切、最容易出错的要点，对其进行重点控制，并实现以点串线、以线带面，达到全面控制的目的。这类控制方法主要适用于那些规模较大、服务内容繁多、人员流动性较大的景区。在确定景区关键点的时候必须考虑以下几个因素：

（1）服务界面。即景区服务人员与游客的接触点，如售票窗口、检票通道、餐厅、导游讲解等。

（2）危险地段。即景区内相对比较危险、容易出事故的地段，如景区内的水上游乐中心、悬崖登高处等。

（3）薄弱环节。即景区内经常出现服务质量瑕疵的部门或环节，如景区内导游讲解人员经常会开小差，置游客于不顾，此时就应该加强对导游讲解人员的监督。

（4）集散中心。可以是景区的外部集散中心，也可以是景区内部主要景观的交叉节点（对于大型景区）。由于人员流动大且集中，最容易产生各种矛盾与问题。

（5）特色景点。即最能反映或代表景区特色的地段，如黄山的迎客松、莲花峰等。

每个景区可以依据景区经营的目的，分析自身服务质量控制的关键点，如风景名胜区与旅游度假区的服务质量控制重点就有所不同。我国大多数景区的旅游活动受景区自身资源与客源的影响，具有明显的时间指向性，关键点控制可以进一步引申为关键时点的控制，即旅游旺季的质量控制。事实证明，旅游投诉集中发生在旅游旺季。

2. 实时信息控制

实时信息系指事情一发生时的信息。实时信息控制要求管理者能够及时了解即时出现的信息并迅速做出响应，对发展中的事件实施有效控制，提高服务的速度与效率，避免出现游客过长的等候。比如黄山景区中的迎客松就设置了24小时的监控管理，主要监测病虫害情况、冬季冰雪积压情况以及游客对迎客松的影响情况，一旦出现异样，就立即采取措施加以防范；某些景区的水上游乐中心均设置统一的安全监控中心，以防止有游客跌落水中。由于景区服务具有广域性、复杂性的特点，尤其是某些大型自然型景区，使得实时信息控制更具重要意义。

3. 前馈控制

前馈控制又称为指导将来的控制，即通过情况的观察、信息的全方位搜集与分析、规律的掌握、趋势的预测，预计未来可能发生的问题，在其未发生前就采取措施加以防止。比如当黄金周来临之前，景区会对所有旅游服务设施加以检修，提高服务设施的运转效率与安全性，同时加强对员工的动员，以改善服务细节。前馈控制的着眼点是通过预测对被控对象的投入和过程进行控制，以保证获得所期望的产出，并可较好地解决时滞所带来的问题。比如咨询服务部经理根据以往观察发现，员工小王在工作的时候经常会与其他服务人员闲聊，因此在旅游高峰期来临之前，他就专门找小王谈话，告知工作的时候应该专心致志，不能与其他同事闲聊，因为这样不仅会影响工作效率，而且会增加游客的等待时间，影响服务质量并损害景区的形象。小王在谈话后，对自己的缺点有所重视，并尽量去改正。

旅游高峰期出现的诸多服务质量问题大多是与没有很好地实施前馈控制有关，管理者事先缺少信息，无法预测可能出现的各种问题，没有预备纠错方案，碰到问题时无所适从、听之任之，直接导致旅游高峰期时服务质量下降、投诉增多。比如我国在刚开始实行黄金周制度时，部分景区管理部门在思想上重视不够、认识不足，结果在大量游客拥入的时候就不知所措，服务质量大打折扣，服务问题、安全问题、市场问题等接踵而来，投诉率激增。到2005年黄金周的时候，甚至出现了黄金周的“七年之痒”与黄金周遭遇“滑铁卢”等诸多报道，很多人认为黄金周就是“票是一票难求，住是能住就行，吃是凑合着吃，看是满眼脑袋”的戏言，可见不少景区都在黄金周期间遭遇了难题。经过几年的实践，很多景区对假日旅游有了一定的了解，对假日旅游有了充分的前期准备，在前馈控制方面做了大量的工作，使景区的投诉率大大降低。

（五）提高员工满意度

景区主要是通过经营旅游产品来获取利润的。旅游产品的特征之一是生产与消费同步，即游客消费旅游产品的过程也是景区服务人员生产和销售这些产品的过程，因此，员工本身也就成为服务产品的一个重要组成部分。游客对景区服务质量的评价很大一部分取决于其在接受服务时服务员工的态度。因此，要提高服务满意度就要设法提高员工素质，提高员工满意度（见图 6–2）。

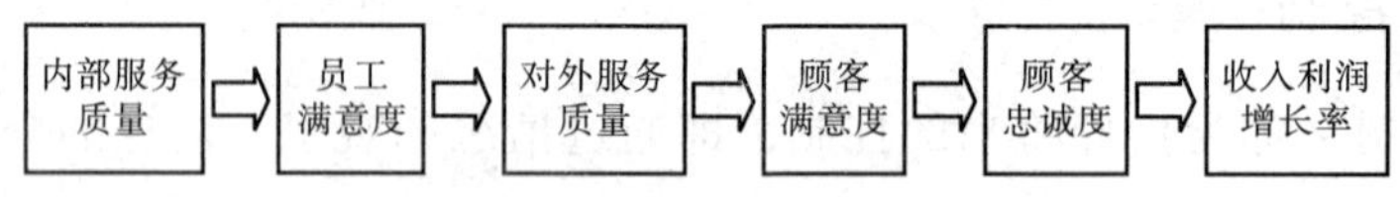

图6–2　员工满意度与顾客满意度关系

图 6–2 说明，通过工作设计、员工奖励等手段进行内部营销，提高员工满意度，使员工能提高对外服务质量。当对外服务质量提高时，顾客的满意度随之提高，顾客因服务满意而提高忠诚度，最后将会是回头客的增加和收入、利润的增长。因此对员工的甄选、提拔、考核、奖惩、培训是十分重要的，它关系到企业最根本的和长远的竞争能力。

具体来讲，景区可以在以下方面多加实践：第一，景区管理层要注重在企业内培养良好的人际关系和亲和的文化氛围。第二，景区要帮助员工进行职业规划管理，通过职业规划，员工不再仅仅是与某个岗位联系，而是在多个工作岗位都能施展能力。第三，旅游企业应建立科学、合理的薪酬制度。

（六）完善监督和激励机制

（1）建立诚信旅游服务机制，加强社会监督。要建立诚信机制，加强社会督促，增强景区的向心力与品牌形象。“诚信是一种道德规范，也是一种道德制度”，建立诚信机制是景区大力倡导诚实守信职业道德的关键，诚信服务一经对外宣传并成为旅游者青睐的对象之一，便使景区的各项服务与承诺、景区服务人员的服务行为接受社会的公开监督，让游客切切实实感受到景区开展诚信服务的诚意和决心。此外，建立诚信服务监督机制，可以增强服务人员对游客诚信服务的自觉性，以高质量的服务赢得游客的信赖。

（2）重视旅游服务人员激励机制的建设。旅游服务人员激励机制主要包含两方面的内容：一方面是景区服务人员的激励机制，即对于工作表现积极、游客评价较高的服务人员予以一定的物质奖励、精神奖励，尤其是合适、合理、到位的精神奖励，会给予服务人员极大的动力与鼓舞；另一方面要激发景区服务人员的服务创新能力。服务人员的服务创新能力与景区的可持续发展息息相关，服务质量标准化能够激发旅游企业员工的服务创新能力。在标准化框架内，景区应扩展适应旅游者需求的主观能动性空间，鼓励员工与旅游者直接交流时及时发现问题、分析问题和解决问题，激发他们在“关键时刻”的服务创新意识，使员工产生强烈的工作责任感和成就感。

相关链接　搜索

乌镇乌村景区的 CCO 服务

• CCO 的含义

首席礼宾官（Chief Concierge Officer，CCO），也可以称为 Chief Cultural Officer（热诚的文化创造者）。

• CCO 的职责

1. 客人的迎送引导，活跃在景区内、与客人互动交流、成为每位景区客人的朋友。

2. 满足客户合理化需求，竭尽所能地为客人解决一切困难，提供陪伴式的贴心服务。

3. 负责所在驻点岗位的技能或活动项目的组织及教授工作，并根据项目内容与客人进行互动。

4. 收集客人的建议和意见，深度分析不断改进服务，从而提升服务品质。

• CCO 的分布

CCO 分布在乌镇景区内各酒店及乌村。

• CCO 的服务内容

CCO 是乌镇景区及乌村热诚的文化创造者，积极主动地与客人互动与交流，从迎接、产品说明、手续办理、引领进房、咨询解疑、活动互动、用餐聊天、欢送等环节持续地与客人互动来感染对方；熟练掌握 VIP 接待流程，能独立策划行程和安排各类考察、体验、游玩项目。

［资料来源］乌镇旅游网（http://www.wuzhen.com.cn）

第三节　景区游客行为管理

旅游产品的生产需要游客的共同参与，旅游服务质量的好坏不仅由景区的服务人员决定，同样也取决于前来景区参观、游览游客的行为特征与素质。因此，在提高景区从业人员服务质量的同时，应该注重对游客类型及其行为特征的了解，通过影响、控制、引导、沟通等多种渠道与方法，加强对游客行为的管理。

一、景区游客行为分析

通过对游客行为的分析，有助于旅游服务人员能够更好地预测、引导游客的消费行为。为了更好地了解游客的人格特征与旅游行为之间的关系，主要从以下几点来分析：

（一）根据游客的性格倾向来划分

在心理学上，性格倾向主要分为内倾和外倾两类，具体衍生到景区游客的分类上，可以分为以自我为中心的游客和以他人为中心的游客。

以自我为中心的游客斤斤计较，凡事以自己为先，一般忧心忡忡，心情有些压抑，不爱冒险；以他人为中心的游客一般喜欢冒险、自信、外向、积极、好奇、急于与外界联系、喜欢在生活中做出新的尝试。

在一项专为调查景区受欢迎的程度为什么出现大幅度波动而设计的研究中，人们分析发现：以自我为中心和以他人为中心的游客在消费行为上存在诸多明显的差异。对于以自我为中心的游客来讲，他们更加趋向于那些相对热门且相对比较成熟的景区或景点，对旅游服务质量的要求也相对较高；对于以他人为中心的游客来讲，他们通常在景区游览过程中有一些意外的发现或惊喜，相对更加喜欢那些比较偏远或安静、不太为人所知的景点，对旅游服务质量的要求相对较低，自助性、自律性较强。

（二）根据游客的出游形式来划分

根据旅游的出游形式，可以将游客分为团队游客与散客式自助游客。

（1）团队游客及其行为特征。团队游客通常由旅行社组织并安排，按照事先安排的固定旅游线路、活动日程与内容，进行一日或数日旅游，通常团队人数较多。团队游客的行为相对受到约束较多，因为其行程安排大多比较紧凑，可变动性差。因此，景区可以事先根据旅行社的安排，按照他们的游览时间要求，制定出一条相对高效、省时、优质的旅游线路；还可以向旅行社咨询服务对象的学历、职业背景，以便安排具备相应技术专长的服务人员提供配套服务。但是，由于是团队游客，所以一方面，要加强与导游或领队的沟通，以更好地了解游客的需求；另一方面，要加强对团队游客个体行为的引导，防止出现“跟风”行为。

（2）散客式自助游客及其行为特征。散客是相对团队游客而言的自行结伴、自助旅游者，通常包括个人、小团体结伴出游的游客和家庭出游游客等。他们根据自己的兴趣与爱好，依照自己的意愿安排线路与行程，完全不受外界因素的影响与制约。散客旅游是人们追求自由与个性张扬、突破传统团体旅游约束的表现，具有自主性、内容随机性和活动分散性、灵活性等特点。散客主要以年轻人为主，且旅游过程存在着巨大的不确定性，无形之中就提高了服务质量的要求。

（三）根据游客的生活偏好来划分

生活偏好是指个人在社会生活形式方面的习惯与偏好，它作为一种综合性的人格特征，与人的日常生活中的各种行为关系密切。按照生活偏好来划分，游客大致可以分为以下几种：

（1）偏爱宁静闲逸生活的游客。此类游客重视家庭，关心孩子，维护传统，爱好整洁，而且对生活环境、生活品位、身体健康异常重视。尽管他们已经比较富裕，有足够的可自由支配收入用于旅游休闲，但他们更愿意将大部分钱投入家具购置、房屋装修等方面，目的就是为了有一个较好的生活环境。因此，他们对于一些幽静、闲逸的度假旅游产品是十分欣赏的。通常情况下，他们选择的景点都是环境宜人的海滨、海岛、山庄等景区，主要是因为该类景区拥有清新的空气、明媚的阳光、宜人的环境，可以与家人一起享受旅游的乐趣。此类游客喜欢平静的生活，不愿意受到太多干扰或侵袭，也不愿意做任何冒险活动，而且对广告从来都是持怀疑或质疑的态度，尤其是报纸和杂志封面上的广告。

（2）偏好社会交际的游客。此类游客思想活跃、积极外向、自信乐观，并且容易接受新生事物，喜欢参加各种社交活动。在他们看来，外出旅游不能仅仅局限于观光、休闲，而应该注重旅游情景的体验，旅游活动是结交新朋友、联络老朋友、扩大社会交往的良好时机与平台。同时，异国风情与地方特色民俗风情体验也是他们向往的。

（3）偏向历史文化的游客。对历史文化感兴趣的游客认为景区应该包含历史文化教育意义，能够让其增长见识，而娱乐只是一个次要的动机。对他们来说，旅游是了解他人、了解地方习俗与特色文化的良机，是了解世界发展史上重要历史人物和重大事件的良机。偏向历史文化的游客之所以对受教育和增长见识如此重视，就是因为他们把自己的家庭和孩子的未来看成生活中最重要的部分，认为帮助、教育孩子是做长辈的主要责任。因此，他们认为假期的闲暇时间应该专门留给孩子，并且认为全家能在一起度假旅游是一件非常幸福的事情。比如暑假是出游高峰期，大量旅行社开辟了专门针对中小学生的高等学府游。同样，对于景区而言，面对此类游客，必然要求服务人员拥有良好的专业素质与专业知识背景，而不能像普通游客一样给他们讲解毫无特色、毫无新鲜感的东西。

二、正确引导游客行为的意义

很多游客存在不文明行为，这些不文明旅游行为从根本性危害上看，可能导致景区环境污染，景观质量下降甚至景区寿命缩短，其最终结果必然是造成景区整体吸引力下降、旅游价值降低。它严重影响和直接威胁着景区的可持续发展。更有甚者，还可能给景区带来灾难性影响，如违章抽烟、燃放爆竹、违章野炊等行为很容易引起火灾，一旦发生，后果不堪设想。

从最直接的影响来看：首先，游客的不文明旅游行为给景区的环境管理、景观管理带来极大的困扰；其次，游客的不文明旅游行为本身往往也成为其他游客游览活动中的视觉污染，影响游兴，破坏环境气氛，进而影响其他游客的游览质量；最后，游客的不文明旅游行为往往会给自己的人身安全带来隐患。如到一些未开放的景点游览、违章露营、随意给动物喂食、袭击动物、不按规定操作游艺器械等行为都可能给游客自身带来意外伤害。近年来，已有不少景区出现类似的安全事故，可惜很多游客意识不到这一点。我国国民素质从整体上说还不算很高，所以正确引导游客行为的责任尤为重要。

三、游客不文明行为产生的原因

了解游客不文明行为产生的原因是正确引导游客行为的必要条件。游客的不文明行为产生的原因比较复杂，具体有如下几种：

（1）游客的环保意识不强、生态道德素质低下。文化素养低、环保意识差的游客很少会考虑自己的行为对环境的影响，因而最容易在不知不觉中产生不文明行为。但值得注意的是，大量游客有着相当高的文化素养，在日常生活中也有明确的环保意识，能约束自己的行为，然而一到景区游览时便会产生种种与其日常行为迥然不同的不文明行为。对这类游客而言，用环保意识差来概括其不文明旅游行为产生的原因显然是不合适的。

（2）人们在旅游过程中有“道德感弱化”的现象。旅游活动是对日常生活的超越和背叛，因而旅游者在旅游过程中不同程度地存在着随意、懒散、放任、无约束的心理倾向。当一个人以旅游者的身份在异地游览时，往往想摆脱日常生活中的“清规戒律”，道德的约束力量远不及在他日常生活圈子中那样强大，所以人性中潜在的恶的东西总是自觉不自觉地流露出来。旅游者摆脱了日常生活圈子中众多熟人的目光的监督，所以对自己的言谈举止便少了许多顾忌与约束。那种解脱的感觉，使人们感到轻松，使旅游者“无姓名 = 无责任”，特别是在缺乏集体主义心理起作用的情况下，这一倾向更有所增强。这一点在我国游客中表现得极为明显。这可能也与我国文化传统中“他律”文化强于“自律”文化的特征有一定的关系。

（3）游客不文明旅游行为与游览活动中人们难以形成保护环境的愿望有极大关系。就理论层面而言，旅游活动应该有利于提高游客的生态意识和环境伦理素质。但事实上，旅游活动本身的某些特性又不利于游客形成保护环境的愿望。就旅游活动而言，游客不文明行为对环境、景观的消极影响往往是潜移默化的，它所造成的严重后果往往是长期累积所形成的，而游客的游览活动是暂时性、动态性、异地性的，所以游客并不能看到自己的不文明旅游行为的严重后果。这就致使游客一方面对景区环境问题的严重性缺乏认知，另一方面对自己的不文明旅游行为造成的环境污染问题的责任归属感缺乏认知，并且由于众多游客的不文明旅游行为的同时存在，也使游客个体对解决环境的有效性缺乏认知，因而自己也不愿付出努力。这种种因素决定了游客在游览活动过程中不易形成保护环境的愿望，因而也不易产生保护环境的行为。

四、游客行为的引导与管理

（一）导游员成为游客的榜样

1. 发挥导游员的积极引导作用

导游员可以对游客的行为起到直接的引导、监督与制约作用。在景区可持续发展战略管理当中，导游员不仅要完成组织协调、解说服务等传统职能，同时要承担起“资源与环境管理”的职能。导游员在带团进入景区之前，要对游客进行文明旅游行为教育，说明景区的风俗习惯、礼仪规范、民族禁忌及行为方式，必要时组织文明旅游考试，签订《文明旅游承诺书》。在旅游活动中，在帮助游客了解、欣赏环境与景观的同时，应鼓励游客表现出对景区环境、旅游资源负责的行为，导游员要及时提醒和制止游客的不文明行为。

旅游管理部门及景区在导游员考评、导游词设计方面可适当增加有关环境特性与资源保护常识、旅游文明行为公约等方面的内容，引导和鼓励导游员能够很好地履行好保护旅游资源的职责。如杭州淳安千岛湖为保护景区生态环境，明确要求导游员要成为千岛湖的“环保大使”，经常为导游员开展环保知识讲座，把《千岛湖环境》作为导游上岗、年审培训的必修课，强化导游员的环保意识，强调每个导游员都有责任向游客宣传千岛湖环境保护，并发起了“保护千岛湖从我做起”的倡议。

2. 以身作则的示范引导方法

景区导游员在履行其正常职责的过程中，可以随时与游客进行互动交流，以便了解游客的反映与需求，尽最大可能将游客的一些不文明行为消除在萌芽阶段。比如看到游客快吃完水果的时候，可以善意地解说道：“各位团友，我们景区的垃圾箱也别具一格，请大家留意！”这样既不会显得唐突，也不会显得无礼。同时，导游员要以自己的实际行动教育游客保护环境，遵守规章。试想，如果作为景区的导游员都无法做到旅游文明的话，我们如何来引导游客的文明消费呢？目前，国内有不少景区曾组织工作人员与青年志愿者一起开展环保活动，这样既可以强化工作人员的环保意识，又能起到对公众的宣传作用。各部门应该共同创造温馨美好的旅游环境，让游客身在其中感受文明的氛围，使文明旅游成为游客的自觉行动和行为规范。

（二）实物设施引导方法

（1）要在景区明显位置悬挂和摆放规范且美观醒目的旅游标志，配合有亲和力的标志性说明文字及提醒文字，达到游人自觉维护景区游览环境的目的。比如“请自觉排队”“请不要吸烟”“清洁的环境需要您的努力”等。

（2）完善景区各类配套服务设施，包括环卫设施、游憩设施等。当游客手中拿着垃圾时，一般不会拿在手中超过 5 分钟，如果 5 分钟内还找不到垃圾箱的话，最有可能的就是现场处理，随地丢弃。因此，景点内各项便民设施如垃圾桶等的设置要合理、科学，可设计成卡通状、景物状，与景区融为一体，增强其观赏性。

（3）可以发放相应的宣传册或导游地图。通过游客的自我学习，了解景区有哪些游览活动项目，有哪些旅游服务设施，以便其各取所需。

（三）宣传教育引导方法

（1）充分利用广播、电视、报刊、网络等大众传媒揭露不良陋习，弘扬文明行为；充分运用文学、摄影、卡通、漫画等艺术形式，特别是加大公益广告的制作和播放力度，生动活泼地鞭挞不文明行为，促进全体公民文明素质的提高。

（2）以活动为载体进行引导教育，定期开展游客问卷调查活动、青年志愿者劝导活动和文明游客评比活动。每年开展评选文明旅游形象大使、文明旅行社、文明导游和文明游客等活动。

（3）在媒体上开辟专栏组织开展“文明旅游大家谈”大讨论；举办旅游不文明行为摄影和短视频大赛；开展“我与文明旅游”征文比赛、演讲等活动。

（四）外界强制引导方法

（1）建立“不文明行为曝光台”，对一些影响大的具有典型代表的不文明行为，可通过电视、广播、报刊、网络等媒体进行曝光。设立不文明旅游举报热线和信箱，鼓励个人或单位对不文明行为进行举报。旅行社和景区也要加强对游客的监督管理。

（2）在旅游景区建立游客文明行为监督岗和纠察巡逻队，随时随地纠正和制止游客的不文明行为。

（3）建立奖惩制度。对旅游行为中做得好的典型要进行宣传和表彰，并给予一定的物质奖励。对出现不文明行为的旅行社或个人要进行通报批评，对有恶劣影响的要取消旅行社的营业资格。

相关链接 搜索

中国公民国内旅游文明行为公约

营造文明、和谐的旅游环境，关系到每位游客的切身利益。做文明游客是我们大家的义务，请遵守以下公约：

维护环境卫生。不随地吐痰和口香糖，不乱扔废弃物，不在禁烟场所吸烟。

遵守公共秩序。不喧哗吵闹，排队遵守秩序，不并行挡道，不在公共场所高声交谈。

保护生态环境。不踩踏绿地，不摘折花木和果实，不追捉、投打、乱喂动物。

保护文物古迹。不在文物古迹上涂刻，不攀爬、触摸文物，拍照、摄像遵守规定。

爱惜公共设施。不污损客房用品，不损坏公用设施，不贪占小便宜，节约用水用电，用餐不浪费。

尊重别人权利。不强行和外宾合影，不对着别人打喷嚏，不长期占用公共设施，尊重服务人员的劳动，尊重各民族宗教习俗。

讲究以礼待人。衣着整洁得体，不在公共场所袒胸赤膊；礼让老幼病残，礼让女士；不讲粗话。

提倡健康娱乐。抵制封建迷信活动，拒绝黄、赌、毒。

［资料来源］https://www.gov.cn/govweb/jrzg/2006-10/02/content_404537.htm

中国公民出国（境）旅游文明行为指南

中国公民，出境旅游，注重礼仪，保持尊严。
讲究卫生，爱护环境；衣着得体，请勿喧哗。
尊老爱幼，助人为乐；女士优先，礼貌谦让。
出行办事，遵守时间；排队有序，不越黄线。
文明住宿，不损用品；安静用餐，请勿浪费。
健康娱乐，有益身心；赌博色情，坚决拒绝。

参观游览，遵守规定；习俗禁忌，切勿冒犯。

遇有疑难，咨询领馆；文明出行，一路平安。

［资料来源］http://www.qinghai.gov.cn/dmqh/system/2014/08/21/010129722.shtml

文化和旅游部公布一批旅游不文明行为记录“黑名单”

2021 年 11 月，国家文化和旅游部发布一批旅游不文明行为记录，3 例在北京八达岭长城刻画城砖行为被列入。据悉，3 月 21 日，张某林、李某荣、苏某芳 3 名游客结伴攀登八达岭长城，途经北三楼至北四楼之间时，使用疑似钥匙、铁丝或其他尖利物品刻画墙体，被网友及媒体曝光。获知消息后，北京市延庆区八达岭特区办事处立即启动执法程序并向有关执法部门报案。根据延庆警方的通报，3 月 22 日凌晨，警方将 3 名违法行为人查获。

根据《中华人民共和国治安管理处罚法》第六十三条规定：以刻画、涂污或者以其他方式故意损坏国家保护的文物、名胜古迹的，处警告或者 200 元以下罚款；情节较重的，处 5 日以上 10 日以下拘留，并处 200 元以上 500 元以下罚款。警方根据《中华人民共和国治安管理处罚法》相关规定，已对 3 人作出行政拘留并处罚款的处罚。

根据《旅游不文明行为记录管理暂行办法》（以下简称《办法》）第二条第四项、第九条第二项之规定，经旅游不文明行为记录评审委员会审定，将张某林、李某荣、苏某芳纳入旅游不文明行为记录，记录期限为 3 年，自 2021 年 7 月 13 日至 2024 年 7 月 12 日。

据了解，自《办法》发布以来，截至目前共有 38 人被纳入旅游不文明行为“黑名单”，《办法》的实施对旅游不文明行为起到了教育和震慑作用，推动社会文明程度不断提升。

［资料来源］澎拜新闻客户端（https://m.thepaper.cn/baijiahao_15363573）

第四节　智慧景区

智慧景区，是指景区能够通过智能网络对景区地理事物、自然资源、旅游者行为、景区工作人员行迹、景区基础设施和服务设施进行全面、透彻、及时的感知，对游客、景区工作人员实现可视化管理，优化再造景区业务流程和智能化运营管理，同旅游产业上下游企业形成战略联盟，实现有效保护旅游资源的真实性和完整性，并提高景区服务质量、实现景区环境、社会和经济的全面、协调和可持续发展。

一、智慧景区的特点

智慧景区的建设是对景区硬实力和软实力的全面提升，其建设路经主要由信息化建设、学习型组织创建、业务流程优化、战略联盟和危机管理构成。信息化建设和业务流程优化能够帮助景区实现更透彻的感知和更广泛的互联互通，提高管理的效率和游客满意度；创建学习型组织和战略联盟有利于提高景区管理团队的创新能力，培养景区企业的核心竞争力。智慧景区智慧化管理具有如下特点：

（1）定量化。定量化表现在智慧化管理是通过应用模型化和定量化的技术来解决问题。

（2）智能化。智慧化管理集成应用了许多高科技的管理手段和工具，从而使得智慧化的管理系统具有分析和模拟人脑信息处理和思维过程的能力，即人工智能。

（3）综合性。综合性表现在智慧化管理强调综合应用多种学科的方法。除了需要管理学、经济学、数学、统计学、信息论、系统论和计算机知识外，随着具体研究对象的不同还需要行为科学、社会学、会计学、物理学、化学、控制论及各种专门的专业技术知识。

（4）集成性。集成是指集大成的意思，其意是指将各种管理方法的好的方面、精华部分集中起来组合在一起，融合创造性的思维等智力因素在其中，以实现管理系统的功能集成和技术集成。

（5）动态性。动态性是指要求管理者在智慧化管理的过程中，要随着内外部的情况变化而不断补充和修改智慧化的信息输入，从而求出新的智慧化的最优信息输出。

（6）系统性。系统性指智慧化管理根据系统观点来研究各种功能的关系。

二、智慧景区建设内容

智慧景区的“智慧”体现在管理智慧化、服务智慧化和营销智慧化三大方面（见图 6–3）。

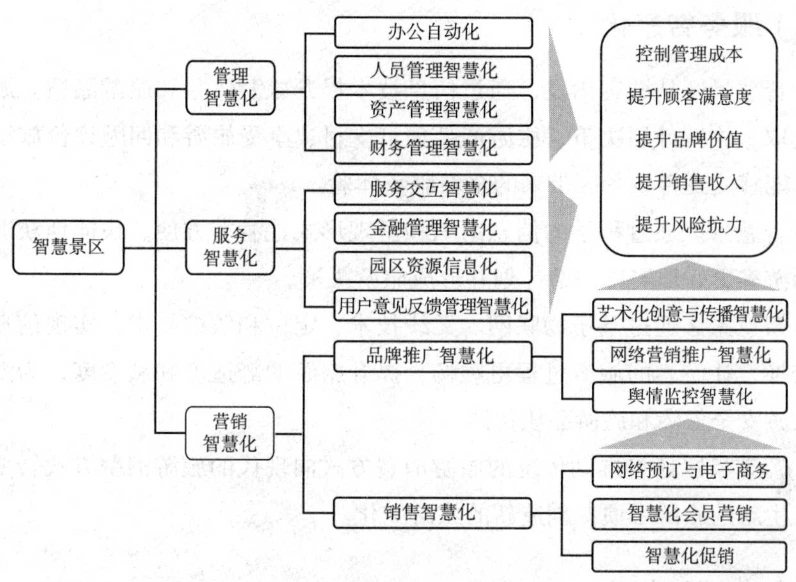

图6-3　智慧景区建设内容

（一）管理智慧化

（1）智慧景区将实现传统旅游管理方式向现代管理方式转变。通过信息技术，可以及时准确地掌握游客的旅游活动信息和旅游企业的经营信息，实现旅游行业监管从传统的被动处理、事后管理向过程管理和实时管理转变。

（2）智慧景区将通过与公安、交通、工商、卫生、质检等部门形成信息共享和协作联动，结合旅游信息数据形成旅游预测预警机制，提高应急管理能力，保障旅游安全。实现对旅游投诉以及旅游质量问题的有效处理，维护旅游市场秩序。

（3）智慧景区依托信息技术，主动获取游客信息，形成游客数据积累和分析体系，全面了解游客的需求变化、意见建议以及旅游企业的相关信息，实现科学决策和科学管理。

（4）智慧景区还鼓励和支持旅游企业广泛运用信息技术，改善经营流程，提高管理水平，提升产品和服务竞争力，增强游客、旅游资源、旅游企业和旅游行业主管部门之间的互动，高效整合旅游资源，推动旅游产业整体发展。

（二）服务智慧化

（1）智慧景区从游客出发，通过信息技术提升旅游体验和旅游品质。游客在旅游信息获取、旅游计划决策、旅游产品预订支付、享受旅游和回顾评价旅游的整个过程中都能感受到智慧景区带来的全新服务体验。

（2）智慧景区通过科学的信息组织和呈现形式让游客方便、快捷地获取旅游信息，帮助游客更好地安排旅游计划并形成旅游决策。

（3）智慧景区通过基于物联网、无线技术、定位和监控技术，实现信息的传递和实时交换，让游客的旅游过程更顺畅，提升旅游的舒适度和满意度，为游客带来更好的旅游安全保障和旅游品质保障。

（4）智慧景区还将推动传统的旅游消费方式向现代的旅游消费方式转变，并引导游客产生新的旅游习惯，创造新的旅游文化。

（三）营销智慧化

（1）智慧景区通过旅游舆情监控和数据分析，挖掘旅游热点和游客兴趣点，引导旅游企业策划对应的旅游产品，制定对应的营销主题，从而推动旅游行业的产品创新和营销创新。

（2）智慧景区通过量化分析和判断营销渠道，筛选效果明显并且可以长期合作的营销渠道。

（3）智慧景区还可充分利用新媒体的传播特性，吸引游客主动参与旅游的传播和营销，并通过积累游客数据和旅游产品消费数据，逐步形成自媒体营销平台。

三、智慧景区体系建设

（一）数据采集和信息呈现

智慧景区对景区基础数据更为重视，因为大量的技术应用高度依赖基础数据的全面准确。例如，基于基础位置服务的景区内导游导览，就对景区地理信息系统数据提出了更高的要求。一般第三方地图数据无法对景区内各个景点的位置做出准确的定位，如果游客跟随这些地图数据的引导，就可能遇到找前山的景点却跑到后山的尴尬。

游客总喜欢了解景点背后的故事，很多新技术的应用也在围绕相关信息做起了文章。例如，新的电子导游设备可以在游客进入某个景点的时候，提示游客游览或收听这个景点的相关传说。技术上容易实现，但这些传说从哪里来，恐怕很少有景区拥有全面的资料。

智慧景区需要建立一个相对独立的数据中心，并形成持续性的信息采集整理机制，完善景区基础资料和相关信息。这些数据可以通过数据接口，应用于景区网站、手机应用、信息屏等各种载体和媒介。

（二）门禁系统和电子门票

很多景区早就建设了景区门禁系统，也有不少景区进行了电子门票的尝试，但很多门禁系统只是发挥了电子闸机的作用，电子门票也仅仅是门票载体发生了变化。智慧景区建设要充分发挥门禁系统和电子门票的作用，包括实现电子门票的感知功能、对接电子商务的功能，以及虚拟化的功能（即用身份证、市民卡等代替门票）。

（三）感知技术和监控系统

传统的景区监控主要通过布置监控摄像头，并实施传输数据到监控室，工作人员必须“盯”着监控显示屏，发现异常再采取行动。随着景区视频监控点的增加，特别是旅游旺季内人头攒动的时候，很多问题工作人员往往难以在第一时间发现。

新的视频监控技术采用了人脸识别技术，可以准确地“数”出某个监控点的游客数量。人脸识别技术和行为识别技术还能准确记住游客的特征，根据不同监控点的数据，分析出游客在景区内的行动线路。监控设备也不仅依赖于分布在景区各处的摄像头，而且引入了手机基站定位、GPS定位和通过感知设备系统来获取游客在景区内的活动信息。

（四）定位系统和导游导览

随着自助游游客的增加，越来越多的游客会自己安排在景区内的游览线路。一些规模较大的景区，随便走走不但会错过很多好的景点或是走了冤枉路，甚至可能会带来不必要的麻烦和危险。因此，如何让游客在景区内的游览更有保障、更加顺利并有更好的体验，是智慧景区建设需要重点解决的问题。

很多景区提供了一定的电子化导览设备，但这些设备往往只是起到了传统导游的作用，游客也只能仅仅按照电子导览图的引导进行游览活动，在某些景点听听语音解说。事实上，很多景区投入了大量的资金建设电子导游系统但使用效率却不高，造成了投入的浪费。

随着智能收集技术的普及，电子导览设备的软件化将会成为一大趋势。景区的工作人员重点放在相关软件应用内的更新和完善上，并通过这类软件的应用与游客展开互动。

（五）环境监测和低碳旅游

景区环境已经成为重要的旅游吸引物之一，从景区的温度湿度、空气质量、植被覆盖率到负氧离子浓度、风效指数、$PM_{2.5}$值等，都将成为游客关注的话题。特别是一些自然资源景区，植物的成长和动物的活动都可能成为吸引游客的主题。美国电影《观鸟大年》中，观鸟爱好者为了拍摄各种鸟类活动的照片，来往于不同的景区和保护区的场景，也会随着国内游客市场的细分变得越来越普遍。

一方面游客开始关心景区环境，另一方面通过游客以及游客的不良行为也会给景区环境造成影响。通过一些监测设备和面向游客展示的实时数据，可以有效地影响游客在景区内的行为。

（六）互动营销和电子商务

景区营销一直是景区工作的重点，从传统的报刊、电视和旅行社推介，到开始建设景区网站，越来越多的景区看到了互联网对游客产生的重大影响，并开始尝试网络营销。但是大多数景区网络营销还处在初级阶段，通常的做法是首先确定一个营销主题，然后选择几家网站进行广告投放，或者开官方的微博、微信，发布一些相关的活动信息，或者在网络组织论坛，就认为是和游客在网上进行互动了。

智慧景区要有更智慧的营销方式，主要体现在对营销效果的评估和对新媒体渠道的及时跟进。

提到景区的电子商务，很多景区认为在景区的官方网站上提供门票的预订，或者再加上一个网上支付，就实现了景区电子商务，需要指出的是，这只是景区电子商务的一个初级阶段。景区电子商务应立足实现以下目标：

（1）实现景区门票在线直销和分销，包括通过景区官方网站面向游客的销售，和通过门票分销系统面向传统旅行社、旅游电商进行销售。

（2）结合电子门票和景区门禁系统，打通在线销售和售检票体系，结合二维码、二代身份证等，实现在线预订游客快速取票、快速验票，最终实现无须取票直接凭借身份证、市民卡、手机等设备进入景区。

（3）对第三方销售渠道特别是旅游预订网站销售价格和销售政策的实时监测和统一管理，维护核心产品价格体系。

（4）通过景区官方网站，开展包括旅游线路、周边酒店、租车包车、旅游纪念品等相关产品的在线销售。

（5）不断优化景区官方网站的用户体验和在线预订的流程，强化在线支付的安全性。

相关链接　搜索

《智慧景区等级划分与评定（DB35/T 1716—2022）》摘录

1. 范围

本文件规定了智慧景区的等级划分与标志、等级划分条件及等级评定与管理。

本文件适用于全省旅游景区智慧化建设等级的划分与评定。

2. 规范性引用文件

本文件没有规范性引用文件。

3. 术语和定义

下列术语和定义适用于本文件。

3.1 旅游景区 tourist attraction

以满足旅游者出游目的为主要功能（包括参观游览、审美体验、休闲度假、康乐健身等），并具备相应旅游服务设施，提供相应旅游服务的独立管理区。该管理区有统一的经营管理机构和明确的地域范围。

[来源：GB/T 26355-2010，3.1，有修改]

3.2 智慧景区 smart tourism destinations

运用云计算、大数据、物联网、移动互联网和人工智能等信息与通讯技术，主动感知旅游环境、资源、游客、设施和服务等方面信息，并及时做出响应，具备服务个性化、消费网络化、体验数字化、理智能化等特征的旅游景区。

3.3 游客聚集区 tourist gathering area

景区出入口、停车场、游客中心、主要休憩场所和主要游览点等。

4. 缩略语

下列缩略语适用于本文件。

AI：人工智能（Artificial Intelligence）

API：应用程序编程接口（Application Programming Interface）

APP：应用程序（Application）

AR：增强现实（Augmented Reality）

GIS：地理信息系统（Geographic Information System）

GPS：全球定位系统（Global Positioning System）

IP：知识产权（Intellectual Property）

OTA: 在线旅行社（Online Travel Agency）

VR: 虚拟现实（Virtual Reality）

4D：四维（4–Dimensional）

4G：第四代移动通信技术（4th Generation Mobile Communication Technology）

5D：五维（5–Dimensional）

5G：第五代移动通信技术（5th Generation Mobile Communication Technology）

5. 等级划分与标志

5.1 等级划分

用钻石的数量表示智慧景区的等级。钻石的数量越多，表示旅游景区的智慧等级越高。智慧景区等级分为五个级别，即一钻级、二钻级、三钻级、四钻级、五钻级。

5.2 等级标志

等级标志由“清新福建”标识与钻石图案及辅助图案构成，用一颗钻石表示一钻级，两颗钻石表示二钻级，二颗钻石表示三钻级，四颗钻石表示四钻级，五颗钻石表示五钻级。

6. 等级划分条件

6.1 必备条件

6.1.1 评价对象为全省旅游景区，且应满足表 1 所有的必备条件。

表1 智慧景区必备条件

序号	必备条件
1	运营规范，服务良好，具有智慧景区建设的资金和人员条件
2	配备能覆盖游客聚集区的4G/5G通信信号或无线通信网络，能够满足信号稳定的通讯服务
3	支持网络购票，支持多种支付方式，配备入园验证服务设施
4	建有在线服务平台，能向游客提供真实可靠、动态更新的景区信息
5	配备电子信息屏，能向游客提供内容丰富、传送及时、接受便捷的景区信息服务
6	景区智慧管理平台（系统）能够和旅游行政主管部门信息平台有效对接
7	运用信息技术提升景区管理能力，提供多种智慧服务应用场景
8	建有完善的信息安全保障措施，近三年来未发生重大网络安全事故

6.1.2 评定检查时，对必备项目逐项确认达标后，方可进入评分程序。

6.2 评分标准

6.2.1 评分标准包括基础设施、管理与运营、数字化营销、游客服务、创新与应用示范五个方面，智慧景区等级划分与评定指标总分设值见表2，具体评分表见附录A。

表2 智慧景区评定指标总分设值

评定指标	分值（分）
基础设施	150
管理与运营	310
数字化营销	240
游客服务	240
创新与应用示范	60
总分	1000

6.2.2 智慧景区等级划分实行评定必备条件和评价要素量化打分制相结合的原则。在评定等级时，除应满足必备条件外，还应满足相应等级的分值要求，分值的计算方法按附录A执行，等级与分值的对应关系见表3。

表3　智慧景区等级与分值对应关系

智慧景区等级	分值
一钻级	400~499 分
二钻级	500~599 分
三钻级	600~749 分
四钻级	750~849 分
五钻级	850 分及以上

7. 等级评定与管理

7.1 评定组织

在省旅游行业行政主管部门指导下，由相关行业协会（以下简称评定协会）组织开展智慧景区评定复查工作，评定及复查结果向省旅游行业行政主管部门报备。

7.2 评定程序

7.2.1 申请

7.2.1.1 省内旅游景区均可自愿申请等级评定，非 A 级旅游景区也可参评智慧景区。

7.2.1.2 申报单位向评定协会提出申请（按附录 B），并提交相关申报材料。

7.2.2 受理

评定协会对申报材料进行审核。

7.2.3 评定

7.2.3.1 对申报材料符合条件的申报单位，评定协会采用资料审查、现场查看、线上和线下相结合查看的方式，组织专家进行评定。

7.2.3.2 评定协会依据申报单位的评分评定相应等级的智慧景区。

7.2.4 复查与处理

7.2.4.1 复查工作每三年一次，由评定协会组织。

7.2.4.2 复查中对未达到标准的景区，给予限期整改、降低等级或取消定级的处理。

7.3 标志管理

7.3.1 标志牌和证书由评定协会统一制作和颁发。

7.3.2 标志牌应置于景区的明显位置。

本章小结

景区是激发游客出游动机的主要因素，是旅游产业中的核心环节。随着旅游业的发展，景区建设的数量和质量迅速增长，景区之间的竞争日益激烈，单凭景区的硬件设施已不能完全吸引游客的目光，服务质量越来越被人们所关注。本章介绍了景区服务质量的概念及其特性，分析了目前景区服务质量的现状及产生问题的原因，阐述了景区服务质量管理的理论基础、内容和方法，并介绍了游客行为管理的意义与方法。阐述了智慧景区的概念及其组成，介绍了智慧景区体系的建设内容与要求。

复习与思考

一、名词解释

景区服务质量　全面质量管理　服务质量差距模型

二、选择题

1.（　）是决定景区产品质量的最重要、最直接的参数。

A. 设计质量　B. 开发质量　C. 使用效果　D. 现场服务

2.（　）是景区质量控制职能有效性的综合性标志。

A. 经济效益　B. 产品质量　C. 工作质量　D. 社会效益

3.（　）主要表现为服务设施和服务场所的装饰布置、环境布局、空间构图、灯光气氛、色调情趣、清洁卫生和外观形象等方面的质量。

A. 服务设施和设备质量　B. 服务环境质量

C. 服务用品质量　　　　D. 实物产品质量

4. 景区根据旅游容量来控制游客的入园数量属于管理控制中的（　）。

A. 前馈控制　B. 事中控制　C. 反馈控制　D. 事后控制

三、简答题

1. 景区服务质量有哪些特性？

2. 为什么只有满意的员工才有满意的顾客？

3. 什么是关键点控制？景区服务质量管理的关键点在哪里？

四、案例分析

迪士尼的经营理念

享誉全球的“迪士尼乐园”（Walt Disney World）每年接待数百万计慕名而来的游客。人们来到这里，仿佛到了童话般的世界，世界建筑荟萃、海底世界珍奇、三维立体电影、地震洪水模拟、高空坠落、探险者之路、民族歌舞、彩车游行、晚间灯火璀璨、礼花绽放，真是人间胜景，美不胜收。游客们惊讶不已，流连忘返。然而，人们更为称赞的是这里的服务质量，环境清新洁净，氛围高雅欢乐，员工热情友好。

事实上，迪士尼乐园的成功之处不仅在于其由高科技所提供的娱乐硬件，更重要的在于其服务质量管理的经验和软件，核心部分是迪士尼的经营理念和质量管理模式，具体包括：给游客以欢乐、营造欢乐氛围、把握游客需求、提高员工素质和完善服务系统等诸要素。该模式不仅适用于娱乐业和度假旅游业，也同样适用于各类服务性企业。

经营理念之一：给游客以欢乐

迪士尼乐园含魔术王国、迪士尼影城和伊波科中心等若干主题公园，整个乐园拥有大量的娱乐设施，32000余名员工，1400多种工作（角色）。如此众多的员工和工种，一年365天，每天要接待成千上万的游客，夏季高峰时，气温常达36℃以上，确保服务质量的确不是一件易事。因此，必须形成全员管理上的共识，即经营理念和服务承诺。

40多年前，迪士尼乐园的奠基人——瓦特·迪士尼先生，首先明确定义了公司的经营理念：通过主题公园的娱乐形式，给游客以欢乐。

许多游客慕名远道而来，在乐园中花费时间和金钱。迪士尼懂得，不能让游客失望，哪怕只有一次。如果游客感到欢乐，他们会再次光顾。能否吸引游客重复游玩，恰是娱乐业经营兴旺的奥秘和魅力所在。其实，游客对欢乐的体验，客观上是对员工们服务质量的一种评价。所以，员工们提供的每一种服务都是迪士尼服务圈整体的各个“关键时刻”。游客们在一系列“关键时刻”中体验着服务质量，并会记住其中最好和最差的经历。因此，公司“给游客以欢乐”的经营理念必须转化落实到每一个员工的具体工作中，成为员工们的工作理念和服务承诺。为了实现服务承诺，迪士尼公司花大力气，对员工工作表现进行评估和奖励。凡员工工作表现欠佳者，将重新培训，或将受到纪律处罚。

此外，迪士尼公司在经营中力求完善，不断改进和提高。任何时候，整个乐园中都有10%~20%的设施正在更新或调整，以期给予游客新的刺激和欢乐。尽管追求完善永无止境，但通过追求完美的努力，可将工作推进到更高境界和标准。

经营理念之二：营造欢乐氛围

由游客和员工共同营造迪士尼乐园的欢乐氛围。这一理念的正向推论为，园区的欢乐氛围是游客和员工的共同产品和体验，也许双方对欢乐的体验角度有所不同，但经协调是可以统一的。逆向推论为，如果形成园区欢乐祥和的氛围是可控的，那么，游客从中能得到的欢乐也是预先可度量的。

在共同营造园区氛围中，员工起着主导作用，主导作用具体表现在对游客的服务行为表示上。这种行为包括微笑、眼神交流、令人愉悦的行为、特定角色的表演，以及与顾客接触的每一个细节上。

引导游客参与是营造欢乐氛围的另一重要方式。游客们能同艺术家同台舞蹈、参与电影配音、制作小型电视片、通过计算机影像合成成为动画片中的主角、亲身参与升空、跳楼、攀登绝壁等各种绝技的拍摄制作，等等。

员工们的主人角色定位。在迪士尼乐园中，员工们得到的不仅是一项工作，而且是一种角色。员工们身着的不是制服而是演出服装。他们仿佛不是为顾客表演，而是在热情招待自己家庭的客人。当他们在游客之中，即在“台上”；在员工们之中，即在“台后”。在“台上”时，他们表现的不是他们本人，而是一具体角色。根据特定角色的要求，员工们要热情、真诚、礼貌、周到，处处为客人的欢乐着想。简而言之，员工们的主体角色定位，是热情待客的家庭主人或主妇。

经营理念之三：把握游客需求

为了准确把握游客需求，迪士尼致力研究“游客学”（Guestology），其目的是了解谁是游客，他们的起初需求是什么。在这一理念指导下，迪士尼站在游客的角度，审视自身的每一项经营决策。在迪士尼公司的组织构架内，准确把握游客需求动态的工作，由公司内调查统计部、信访部、营销部、工程部、财务部和信息中心等部门，分工合作完成。

调查统计部每年要开展200余项市场调查和咨询项目，把研究成果提供给财务部。财务部根据调查中发现的问题和可供选择的方案，找出结论性意见，以确定新的预算和投资。营销部重点研究游客们对未来娱乐项目的期望、游玩热点和兴趣转移。

信息中心储存了大量关于游客需求和偏好的信息。具体有人口统计、当前市场策略评估、乐园引力分析、游客支付偏好、价格敏感分析和宏观经济走势等。其中，最重要的信息是游客离园时进行的“价格／价值”随机调查。正如瓦特·迪士尼先生所强调的，游园时光绝不能虚度，游园必须物有所值。因为，游客只愿为高质量的服务而付钱。

信访部每年要收到数以万计的游客来信。信访部的工作是尽快把有关信件送到责任人手中。此外，信访部还要把游客意见每周汇总，及时报告管理上层，保证顾客投诉得到及时处理。

工程部的责任是设计和开发新的游玩项目，并确保园区的技术服务质量。例如，游客等待游乐节目的排队长度、设施质量状况、维修记录、设备使用率和新型娱乐项目的安装，其核心问题是游客的安全性和效率。

现场走访是了解游客需求最重要的工作。管理上层经常到各娱乐项目点上，直接同游客和员工交谈，以期获取第一手资料，了解游客的真实需求。同时，一旦发现系统运作有误，要及时加以纠正。

研究“游客学”的核心是保持和发挥迪士尼乐园的特色。作为迪士尼公司的董事长，埃尔斯先生时常念叨的话题是：“迪士尼的特色何在，如何创新和保持活力。”把握游客需求动态的积极意义在于：其一，及时掌握游客的满意度、价值评价要素和及时纠偏；其二，支持迪士尼的创新发展。从这一点上说恰是游客的需求偏好的动态变化，促进了迪士尼数十年的创新发展。

经营理念之四：提高员工素质

管理者应具备创新能力和高超的领导艺术。领导对未来发展应规划全新的蓝图，并以此激励员工。迪士尼乐园的管理者努力使员工们懂得，这里所做的一切，都将成为世界娱乐业的主流和里程碑。迪士尼制定5~10年中长期的人力资源规划，并每年更新一次。在经营管理中，每年都拨出足够的经费进行人员培训。

明确岗位职责。迪士尼乐园中的每一个工作岗位都有详尽的书面职务说明。工作要求明白无误，细致具体，环环紧扣，有规律可循。同时强调纪律、认真和努力工作。每隔一个周期，严格进行工作考评。

统一服务处事原则。服务业成功的秘诀在于，每一个员工对待顾客的正确行为和处事。基于迪士尼“使游客欢乐”的经营理念，公司要求32000名员工学会正确与游客沟通和处事。为此，公司提供统一服务处事原则，其要素构成和重要顺序依次为：安全、礼貌、演技、效率。游客安全是第一位的。与安全相比，礼貌则处于次一等的地位。同样，公司以此服务处事原则考察员工们的工作表现。

推进企业文化建设。公司经常对员工开展传统教育和荣誉教育，告诫员工，迪士尼数十年辉煌的历程、商誉和形象都具体体现在员工们每日对游客的服务之中。创誉难，守誉更难。员工们日常的服务工作，都将起到增强或削弱迪士尼商誉的作用。

由游客评判服务质量优劣。迪士尼认为，服务质量应是可触摸、可感受和可体验的，并且游客掌握着服务质量优劣的最终评价权。公司指出，游客们根据事先的期望值和服务后的体验加以比较评价，然后确定服务质量之优劣。因而，迪士尼教育员工，一线员工所提供的服务水平必须努力超过游客的期望值，从而使迪士尼乐园真正成为创造奇迹和梦幻的乐园。

经营理念之五：完善服务系统

必须完善整个服务体系。迪士尼乐园的服务支持系统，小至一部电话、一台电脑，大到电力系统、交通运输系统、园艺保养、售货商场、人力调配、技术维修系统等，这些部门的正常运行均是迪士尼乐园高效运行的重要保障。

岗位交叉互补。管理者对园区的服务质量导向有重大影响。管理者勤奋、正直、积极推进工作，员工们自然争着效仿。在游园旺季，管理人员放下手中的书面文件，到餐饮部门、演出后台、游乐服务点等处加班加点。这样，加强了一线岗位，保证了游客服务质量。与此同时，管理者也得到了一线员工一份新的友谊和尊重。

［资料来源］CTPI 主题公园研究院（https://travel.sohu.com//585496252_121124422）

根据以上案例回答如下问题：

以上案例体现了哪些服务质量管理的具体方法?

五、实训项目

1. 选择当地的旅游景区，进行顾客满意度调查，并充当“神秘顾客”，对其服务质量现状及其问题进行剖析，提出解决问题的办法，完成景区服务质量调研报告。

2. 选择某一景区，对其景观景点以及综合配套服务设施进行全面的调查，就其智慧景区建设现状进行评估，并针对现状以及景区的特点，为其编制智慧景区服务方面的初步框架。

推荐阅读

1. 杨振之. 景区升级与服务质量管理［M］. 北京：科学出版社，2009.

2. 王莹. 旅游区服务质量管理［M］. 北京：中国旅游出版社，2003.

第七章 景区营销管理

如果将景区比作一条船，那么景区营销就是舵，而营销管理则是舵手。面对日益激烈的市场竞争、日益复杂的需求分化，景区无时无刻不面对以下问题：怎样了解、分析、选择并进入目标细分市场？如何开展市场竞争或维持既有的市场占有率？如何最大限度地保持景区营销工作人员的积极性？如何建立并保持与顾客的紧密关系？本章在梳理景区营销管理的基本概念、类型与模式的基础上，重点讲述了景区营销管理的步骤与方法、建立紧密联系顾客的方法与技巧。

学习目标

知识目标

1. 掌握景区市场营销管理的基本概念。
2. 熟悉景区营销管理的五大需求、发展模式与基本类型。

技能目标

1. 重点掌握景区营销管理的步骤与方法。
2. 掌握建立紧密联系顾客的方法与技巧。

案　例

旅游营销要走出“酒香也怕巷子深”的焦虑

网络时代旅游营销不能在流量中迷失，而要把更多精力放在改善旅游环境，推动文旅产品精品化、特色化、差异化的创新发展上

近两年，各地文旅局长们“很忙”：既要高调地“抛头露面”推介地方旅游资源，又要承受着网络带来的压力——有人将其称作“困在流量里的局长”。

近年来，人们对一些地方文化和旅游部门官员的观感是“做不了网红的文旅局长就不是合格的文旅局长”，从中不难看出各地旅游推介营销的“内卷”程度。

不过，客观而言，文化和旅游部门官员当网红与其他类型的网络推介没有本质的区别，唯一不同的是代言者的身份，或许正是这种差异导致的争议性引爆网络，使他们成了网红。说到底，这是一种“意外”的偶然，博取的其实是“现象性”的流量。

毫无疑问，文旅局长出圈与走红，并不具有普遍性意义。事实也证明，文旅局长出圈能够走红的也只是最早“吃螃蟹”的那几位，后来者多流于跟风效仿的窠臼。

旅游需要流量，但没有必要让文旅局长困在流量里，过犹不及也是一种同质化竞争。相反，从网络营销的效果来看，内容与形式创新才是生命。换言之，地方旅游出圈更要注重手段与方式的多元化。

文旅局长出圈，说到底是源于“酒香也怕巷子深”的焦虑。营销的重要性无须质疑，但理性而言，旅游营销更像是钓鱼打饵，需要持续性，网红可以收割一波流量，但不一定会转化成为持久的“留量”。所以，旅游出圈更要注重持久发力。

城市旅游发展是一个厚积薄发的过程，既有赖于城市能够为游客出游提供足够的便利与友好度，也有赖于游客对具体旅游产品和服务的体验感。富于品质、具有吸引力才是一个城市旅游“留量”的密码。

相反，如果城市对游客的承载能力不足，即使通过营销让游客蜂拥而至，最终也会落下“败兴”的体验；如果旅游服务流于同质化，网红营销虽能拉动客流量，但最终还是会归于平淡。

因此，网络时代旅游营销要走出“酒香也怕巷子深”的焦虑，不能在流量中迷失，而要把更多精力放在改善旅游环境，推动文旅产品精品化、特色化、差异化的创新发展上。

[资料来源] 中国旅游报（http://www.ctnews.com.cn/gdsy/content/2023-06/02/content_142931.html）

目前，可以通过哪些网络途径或平台渠道来发布旅游信息？各种途径有何优劣点？景区营销的核心要点是形式还是内容？

第一节　景区营销管理概况

一、景区营销管理的概念

（一）市场营销的理念演变

自市场营销诞生以来，其核心理念或哲学思想已经发生了翻天覆地的变化，即由最初的“以企业为中心的经营理念”转变为当前的“以顾客需求为中心的营销理念”（见图 7–1）。

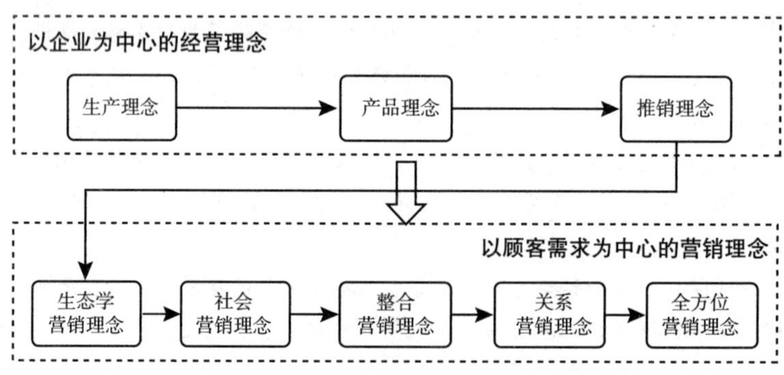

图7–1　市场营销理念的演变过程

1. 以企业为中心的经营理念

早期市场因总体处于“供不应求”的状态，即市场话语权总体属于卖方市场，导致企业经营理念的基本特征是以企业自身为中心，以资源和利润为导向。如中华人民共和国成立至改革开放前期，传统的计划经济体制下的经济运行模式最为典型，“粮票故事”家喻户晓，连安装电话都要支付高额费用并“通过一定的关系”才能实现。以企业为中心的经营理念按其发展顺序来看，主要有以下三种：

（1）生产理念。生产理念是最为陈旧、古老的一种企业经营理念。在生产理念指导下的企业认为，获得产品的基本效用是消费者的主要目的，企业的任务就是生产并向市场提供消费者买得起的产品。提高生产效率、降低生产成本是企业管理者所关心的全部问题，很少关注除此之外的其他市场因素，甚至不注重产品的更新与完善。以生产理念为导向的企业基本上是处于三种市场环境条件之下：一是产品明显供不应求，如我国 20 世纪 80 年代之前即属于凭票购买时代；二是价格竞争是市场竞争的基本形态；三是实行计划经济体制。

改革开放之前，我国景区（各类风景名胜区）的营销理念属于哪个阶段?

（2）产品理念。随着我国逐步由计划经济向市场经济转型，各类产品的供应日益丰富，可替代性产品日渐增多，使得“生产理念”的弊病暴露无遗。产品理念是在生产理念基础上的发展，但仍是一种比较陈旧的经营理念，其特征在于企业经营者不是主要靠降低成本，而是主要靠提高产品的质量来开发和占领市场。而其局限性在于对于产品的设计与开发只是从企业的角度出发，以企业为中心进行的，即企业经营者仍只是把眼光停留在企业内部的生产领域，没有注意研究企业外部的市场需求，即所谓的“营销近视症”。

（3）推销理念。随着市场经济的进一步发展，各种数量充足的产品摆在消费者面前，使得推销理念逐渐为许多企业所接受。持推销理念的企业经营者认为，仅有低廉的成本和优良的产品并不自然而然地吸引消费者，而必须通过企业对顾客的宣传和推销，促使顾客对产品理解和接受。该理念将消费者看成是被动的、迟钝的，认为只有强化刺激才能吸引顾客。与生产理念、产品理念相比，推销理念具有明显的进步，即企业经营者开始将眼光从生产领域转向了流通领域，不仅在产品的设计和开发上，而且在产品的销售上投入了精力和资本。但是推销理念依然是以企业为中心，是以说服和诱导消费者接受企业已经生产出来的产品为目的，仍然没有把消费者放在企业经营的中心地位。

我国设立“黄金周”假期制度的时间及其背景，与我国市场营销理念的转变有何关系？

2. 以顾客需求为中心的营销理念

与推销理念相比，营销理念的基本特征表现为三个方面：一是企业的经营以顾客需求的满足为中心；二是企业注重于长远的发展和战略目标的实现；三是企业必须通过各种营销策略及各部门的整合营销来实现自己的目标。

（1）生态学营销理念。生态学营销理念借鉴了生态学中“适者生存”的原理，是强调市场需求与满足需求的资源相一致的经营指导思想。对于各类企业而言，只要能根据自己的资源和能力去寻找适合自己进入的目标市场，就有可能获得成功。生态学营销理念告诉我们，企业经营者的任务就是要合理地组织自身的资源去满足相适应的市场需求。这里的“相适应”包含两方面的意思：一是企业有能力去满足相应的市场需求；二是企业在这一市场中占有竞争优势或具有相应的抗衡能力。

近年来，杭州市正在积极打造“东方休闲之都，品质生活之城”，结合你对杭州及其所辖各个区、县、市的了解，各地景区应如何利用生态学营销理念，来共同、差异化打造“东方休闲之都”？

（2）社会营销理念。所谓社会营销理念，即企业在其经营活动中必须承担起相应的社会责任，保持企业利益、消费者利益同社会利益的一致性。企业的经营活动不仅要受到经济规律的制约，而且会受到社会规律的制约。随着企业经营活动的发展，企业行为对于社会的影响会变得越来越大。究其原因有三：一是企业的产品服务及其宣传直接影响着社会的生活方式和思想意识；二是企业生产经营行为所产生的一些污染会对社会环境产生影响；三是企业在国民经济中所发挥的作用会对整个社会发展带来影响。因此，企业在其经营活动中必须同时兼顾企业的利益、顾客的利益和社会的利益，谋求企业同社会的共同发展。

课堂思考

2008 年四川汶川大地震，中国房地产巨头万科与广州王老吉的不同捐款举动，即万科建议捐款不要成为企业与员工的负担，每位员工以捐 20 元为宜；而广州王老吉则在第一时间捐款 1 亿元。2021 年 7 月，总部位于河南郑州的茶饮品牌蜜雪冰城捐赠 2200 万元现金，用于抗洪救灾和灾后重建。请问，这些不同的捐款行为，对他们公司的营销产生了巨大的正反效应，为什么？

（3）整合营销理念。20 世纪 90 年代中后期，“整合营销”理念开始成为企业一种新的营销理念。整合营销是指企业必须调动其所有的资源，并有效地协调各部门的努力以提高对顾客的服务水平和满意度。当满足顾客的需要成为企业全部经营活动的中心之后，企业内部资源的协调配置就成为提高企业经营效益的重要问题。整合营销作为市场营销的一种策略思想，是从营销策略组合的思想发展而来的，它主要强调两个方面：一是企业的各部门必须围绕企业总体的营销目标加强彼此的协调与合作；二是各部门（不仅是营销部门）的人员都必须确立为顾客利益考虑的思想理念。

作为一个景区，除了市场营销部门以外，其他部门能为提升游客满意度做出哪些贡献？

（4）关系营销理念。关系营销理念强调企业的营销活动不仅是为了实现与顾客之间的某种交易，而且是为了双方建立起长期稳定的互利关系，其核心是致力于顾客关系管理，即通过发展长期稳定的顾客关系来建立顾客忠诚，提高企业的市场竞争力。因此，此时的市场营销理念已经发展到以竞争为中心的新阶段。因为消费需求的变化对竞争双方的影响是同时存在的，而竞争对手的策略变化则可能改变双方的竞争优势。

（5）全方位营销理念。进入21世纪以来，一个以数字化经济为代表的新经济时代逐步形成，数字、网络、信息、知识经济开始深入社会生产与生活的方方面面，也孕育了“全方位营销”理念。该理念认为在新经济条件下，企业必须把重心由“产品投资组合”转向“客户投资组合”，将“客户价值”“核心能力”“合作网络”作为塑造市场的三大基本要素，营销过程表现为以价值为基础的活动，由“价值探索”“价值创造”“价值传递”等阶段所构成，企业的营销管理也主要由“需求管理”“资源管理”“网络管理”三方面构成，其相互之间的联结与互动构成了“全方位营销”的架构。

（二）景区营销管理的概念

景区营销管理是指为了实现景区的发展目标，建立、保持与目标客源市场之间的互利交换关系，而对景区各类设计项目（活动、产品）的分析、规划、实施与控制，其实质是需求管理，即对各个利益相关者的需求水平、需求时机和需求性质等进行有效的调节。在营销管理实践中，景区通常需要预先设定一个预期的市场需求水平，但实际的旅游市场需求水平可能与预期的市场需求水平并不一致。这就需要景区的营销管理者针对不同的需求情况或环境变化采取不同的营销管理对策，进而有效地满足市场需求，确保景区目标的实现。

影响景区营销管理的因素通常包括宏观层面、微观层面两部分。宏观层面的影响因素主要是指景区外部的社会力量或不可控因素。比如2011年日本“3・11”大地震引起日本旅游市场急转直下、Web 3.0技术的应用使微博成为旅游市场信息的快速传播与互动平台、利比亚局势的急剧恶化和俄乌冲突使各地旅游者望而却步。对于诸如此类可预测或不可预测的政治、经济、灾害变化，景区必须做出相应的应对措施或者解决方案，即为一个营销管理过程。微观层面的影响因素主要是指直接影响景区的、可控性、可预测性较强的因素，包括景区本身、中间商、市场划分、目标细分市场等，通过对这些因素进行控制、管理以达到营销管理的目的。

有哪些宏观因素与微观因素将影响到景区的营销管理决策？作为景区的营销管理人员，应如何来应对？

二、景区营销管理的模式

（一）集中式营销管理模式

与其他企业相似，我国的景区营销管理模式也经历了从集中到分散，再到集中的循环发展过程。当景区处于起步阶段、发展规模较小时，目标细分市场比较集中，景区通常采用高度集权的集中式营销管理模式。景区的营销决策权集中于景区最高管理层，即高层管理人员采用人对人、点对点的方式直接插手营销团队的日常业务管理。此时，景区的营销资源相对集中，对市场变化反应迅速，营销团队执行力较强。进入21世纪以来，大中型景区或旅游综合体逐渐形成，使得景区的目标客源市场不断扩大，使得跨区营销成为景区必不可少的环节或内容。随着市场区域的扩张、管理层级的增加，管理幅度的增大，使景区高层离一线市场的时空距离越来越大，市场信息传递不及时、失真，严重影响营销高层人员的分析决策能力；再加上管理手段和技术的限制，也导致景区高层管理人员无力继续有效履行对营销团队日常业务的管理工作，导致传统集中式营销管理模式陷入了管不好也管不了的尴尬境地。旅游企业被迫对日渐扩散到全国各区域的营销团队实行分权、授权，采用在景区总部的领导下各区域营销团队自主经营、各自为政的远程分散式营销管理模式。

（二）分散式营销管理模式

分散式管理分权、授权的管理方式有利于营销团队成员创造性、积极性的发挥，但也存在很多管理问题，而且这些问题是与生俱来的，具体体现为分散式管理模式对景区的监控能力提出了更高的要求，而分散式管理模式又必然会导致监控乏力的矛盾。

（1）管理分散将导致管理不细致，致使营销团队的管理失控于细节，执行效果下降。集中式营销管理模式的组织团队规模往往比较大，活动缺乏灵活性；结构层次比较多，管理信息容易在中间传输过程中损耗或失真；上下层级鲜明，管理活动不可逆，使得基层管理者或销售人员的自主性、创新性受到较大限制。如某景区的一线销售人员在与其他地区的旅行社进行谈判时，对最终的折扣价格或返利方式无法拍板，必须一层一层地向上报批，导致效率低下。但是，集中式管理也有优势，各层次管理部门的职能范围往往比较小，管理头绪不多，市场、销售、物流等各部门各司其职，有利于实现管理的“精细化”。分散式营销管理的结构层次少，基层组织规模往往比较小，拥有更大的自主权与决策权，理论上讲应该更有条件实现管理“精细化”，但在实践中却往往相反，主要原因是职能划分不当，即过多地把管理职能分解到基层，极易造成基层组织职能范围过大，管理头绪过多，致使基层管理“粗糙化”，使景区总部对各地营销人员的管控十分困难，导致各地分支机构和业务人员的执行力大打折扣，而总部又无法及时获取政策的执行反馈信息，也难以及时检查和纠正。

（2）组织机构的分散不利于组织运作效率的提高。每一个团队要想提高运作效率，其前提是彼此之间要有充分的信任感。但是，分散式营销管理模式往往是各自成单元，彼此之间缺乏足够的联系与信任，导致合作困难。

（3）信息的分散限制了营销决策分析和市场反应能力。分散式营销管理模式的信息反馈与分析管理存在以下几个问题：一是信息汇报不及时，信息本应当时得到的却在事后得到，本应及时反馈的信息没有及时反馈，导致反应滞后，使景区总部无法及时反应；二是信息汇报不全面，即没有本应包含的信息、没有重要的信息，导致决策偏差；三是信息汇报不准确，重要的信息及需要包含的内容都有，但是信息不准确，明明很小说成很大，明明很重要却一笔带过，导致决策偏离；四是有价值的信息太少，即重要的、关键的信息没有，没价值的信息太多，导致景区总部信息甄别工作偏大。

（4）分散式营销管理模式限制了营销团队专业能力的提升。由于该模式导致各个营销人员或团队分属不同地区，缺乏经验交换与讨论，无法经验共享，不利于群体智慧的发挥，不能创造性且高效地解决营销过程中的实际问题，也不能开展集中培训以提升团队成员的综合素质与业务能力。

（三）虚拟化集中营销管理模式

前述问题显而易见是分散式营销管理模式造成的决策者和执行者之间的中间环节过多，不能形成有效的团队专业化运作、垂直化管理所引起的，解决问题的关键在于分散的治理上，分散不等于分权，分散的资源和人员更需要集中的、强有力的管理。互联网的出现与信息技术的使用，使集中式管理成为可能，即虚拟化集中营销管理模式。采用虚拟化的集中式管理，既可以整合整个企业的营销资源，加强对下属各个营销机构或办事处的实时监控指导，又可以降低整个企业的营销成本，提高管理效率，克服分散式营销管理的先天不足。所以，未来营销团队的管理模式向虚拟集中方向发展成为必然趋势。虚拟化集中营销管理借助现代化信息技术手段，在虚拟的网络世界中使管理零距离化，力图避免远程控制。在人员配置上相对集中，管理人员每天可以通过网络对业务员和促销员进行面对面的工作指导、交流，每天可以通过报表、晚汇报、电话跟踪、拜访抽查，及时掌握业务人员的工作动向，以及任务的执行情况，发现偏差，及时纠正。零距离管理也是打造良好团队文化的一种有效途径，它通过虚拟网络社区中共同的学习、生活、工作、交流，形成互助、协调的工作配合，使团体凝聚力大大增强。

三、景区营销管理的类型

不同的景区、景区的不同发展阶段，其营销管理的类型通常包括扭转性营销、刺激性营销、开发性营销、平衡性营销、恢复性营销、维护性营销、限制性营销、抑制性营销八大类型，具体如表 7–1 所示。

表7–1 景区营销管理的类型及其适用情景

类 型	需求状况	营销任务	典型案例
扭转性营销	负需求	扭转需求	深圳东部华侨城的“太空迷航”事故
刺激性营销	无需求或需求不大	激发需求	安徽黄山的“名山”形象实际已涉及温泉养生等产品
开发性营销	潜伏需求	开发需求	浙江安吉天荒坪景区露天滑雪场引领江南户外滑雪旅游
平衡性营销	不规则需求	平衡需求	某漂流型景区开发冬漂、夜漂等产品

续表

类　型	需求状况	营销任务	典型案例
恢复性营销	下降需求	重振需求	宋城集团的《宋城千古情》演艺节目
维护性营销	饱和需求	维护需求	西溪湿地市场销售团队定期拜访旅行社
限制性营销	过剩需求	限制需求	西藏拉萨布达拉宫的限流措施
抑制性营销	有害需求	消除需求	某自然保护区核心区限制游客进入

（一）扭转性营销

扭转性营销，是指景区要根据当前大部分潜在旅游消费者对景区的全部或某种产品或服务没有需求甚至厌恶的状况，采取适当措施，以扭转这种负需求状况，扩大现实旅游消费者。如某景区在日常运营过程中，若发生重大安全性事故，将可能引起区域旅游市场对其产品的抵制，导致其市场需求急剧缩小。此时，作为景区营销管理的决策人士，应重点抓住导致景区负需求的根本原因，重点加强景区对安全保护相关举措方面的宣传，消除人们的顾虑。

（二）刺激性营销

刺激性营销，是指景区要根据其中、高档旅游产品或新产品不为大众市场所理解或接受的状况，采取适当措施，以刺激目标潜力市场的消费需求，实现新产品或中、高档的销售。比如当前传统景区顺应市场发展趋势，纷纷转型升级，不断注入休闲、体验、度假、养生、会议等新的需求元素。如浙江乌镇受传统市场形象的影响，使其很难将新产品、新形象植入目标细分市场。此时，作为景区营销管理的决策者，应加大对新型旅游产品的多维感官宣传，使人们认识到一个全新的乌镇概念。

（三）开发性营销

开发性营销，是指景区根据当前市场上对景区的某种产品或服务的需求不够强烈的状况，采取一系列营销措施，引领消费市场潮流，实现创新型旅游产品或服务的销售。虽然说景区旅游产品的创新设计必须符合市场需求的变化，但假如一味跟着市场需求的变化走，那么该景区将永远步他人后尘，无法树立自己的品牌与知名度。因此，各个景区可依托自身的资源优势，结合区域旅游市场的发展趋势与特征，创新性、引领性地设计旅游产品，以带动区域整个产品市场的发展，如浙江安吉天荒坪景区利用其独特的地理环境，开发了江南室外滑雪场。

（四）平衡性营销

平衡性营销，是指景区针对现实旅游市场对景区产品需求的不规则状况，即旅游消费者对旅游产品的需求存在淡旺季差异，导致景区存在旺季供不应求、淡季供大于求的矛盾，采取一系列营销措施以调节供需矛盾，实现两者的同步协调。受季节性因素、资源性因素等影响，我国大部分景区均存在比较明显的淡旺季现象。此时，作为景区营销管理的决策者，要在景区创新旅游产品的基础上，加大对其淡季旅游产品、夜间旅游产品的宣传与推广。

（五）恢复性营销

恢复性营销，是指景区针对当前旅游消费市场对其产品或服务的需求和兴趣从高潮走向衰退的状况，采取一系列营销措施，使得已衰退的需求重新兴起。值得注意的是，要实行恢复性营销的前提是处于衰退期的产品或服务有出现新的生命周期的可能性，否则将劳而无功。如杭州宋城集团的《宋城千古情》，每隔一段时间即会对其相关的故事情节予以修正或对表现形式进行丰富，而作为景区的营销管理决策者，则应注重产品不同方面或创新方面的宣传促销。

（六）维护性营销

维护性营销，是指景区针对其市场客源处于饱和需求状况时，通过采取一系列营销措施以保持现有的业绩，防止出现下滑趋势。此时，景区的营销管理团队必须及时掌握消费者的偏好和兴趣的改变情况以及同业竞争者的相关信息，及时调整相关策略，以稳定市场需求。

（七）限制性营销

限制性营销，是指景区根据市场需求量已经超过其产品的供应量且已影响可持续发展的状况而采取一系列营销措施，以抑制客源市场的需求。在实际操作过程中，限制需求的措施通常包括提高价格、减少服务项目和供应网点、劝导节约等措施。该营销措施主要用于那些生态环境容量有限或设施容量有限的景区，以确保景区生态资源的可持续发展以及旅游者的游览质量。

（八）抑制性营销

抑制性营销，是指景区根据当前的政策环境对有害于景区、游客的产品或服务采取一系列营销措施，以消除游客对该类产品或服务的需求。近年来，随着低碳旅游与生态旅游的逐渐普及，许多景区开始注重相关方面的宣传，并适当拒绝非低碳、非环保人士进入景区。同时，抑制性营销还与景区的安全管理紧密结合起来，以提示适游人群参与特定的旅游活动项目。

第二节　景区营销管理的步骤

景区营销管理的过程，也就是景区为了实现其发展目标而发现、分析、选择和利用市场机会的管理过程。因此，景区的营销管理通常包括通过市场调研来发现和评价市场机会、市场细分与市场定位、景区营销组合策略的制定等步骤或环节。

一、发现和评价市场机会

潜在旅游市场，就是客观上已经存在或即将形成，而尚未被人们认识或识别的旅游客源市场。要发现潜在旅游市场，必须开展深入细致的调查研究，弄清市场对象，市场容量，消费者的行为习惯、经济承受力，市场的内外部环境等因素；要发现潜在市场，除了充分了解当前的情况外，还应该按照经济发展的规律预测未来发展的趋势。为快速发现并有效评价潜在旅游市场，首要任务是进行市场调研。

市场调研是景区获取市场信息的重要途径，是营销人员认识市场的基本方法，是进行市场研究的有效手段，也是开展市场预测的必要前提，同时也为制定科学营销决策及提高营销效率提供依据。

（一）市场调研的内容

旅游业的交叉性和敏感性决定了景区市场营销信息是复杂而多变的，需要调研的内容非常多。营销管理人员在进行市场调研前，首先要明确的是调查对象和内容。景区市场调研的内容随调查目的的不同有较大的差别，我们可以将其分为以下两个方面：

1. 景区外部调研

景区外部的宏观营销环境和微观营销环境存在大量信息，景区根据自身条件和发展需要在不同时期选择一些对其营销活动影响最大的因素作为调研重点。景区外部信息主要包括：（1）景区营销的宏观环境，包括政治环境、法律环境、经济环境、科技环境、社会文化环境、地理环境；（2）市场需求，主要包括旅游者的需求规模、需求结构、收入水平及购买能力、旅游动机及消费习惯、购买行为、消费心理特征等。只有了解市场需求，景区才有可能提供市场需求的产品；（3）市场竞争，主要包括各种景区的旅游吸引物、旅游设施、可进入性、服务质量、旅游容量及形象口碑等。

2. 景区内部调研

景区在经营管理过程中必然会积累非常丰富的、可靠的信息，这些信息能反映景区经营的实际情况。主要包括：

（1）销售信息。如一定时期内的游客接待量、游客平均消费水平、游客消费偏好等。

（2）市场定位。主要包括景区的形象口碑、社会地位、服务质量、设施水平等。

（3）人力资源状况。包括员工规模、素质、薪酬、工作能力等。

（4）营销组合。包括景区的产品组合、价格、促销、渠道等。

（5）财务状况。主要有资金、成本、利润等方面的信息，这是景区营销必不可少的参考数据。

来自景区外部和内部的信息既有区别又有联系。景区在市场调研时应根据自身条件和实际需要先确定调查的方面及具体内容，之后再实施调研，使市场调研既经济又有效。

（二）市场调研的方法

1. 文案调查法

文案调查法又称间接调查法、文献调查法，是指通过收集景区内、外部各种现有的文献资料和数据信息，进行市场营销分析研究，主要用于不需要特别准确的数据资料，只需了解某方面发展动向的调查。这种调查方法收集信息比较容易，成本低，但时效性差，且受资料全面性、系统性影响较大，多用于景区没有条件进行实际调查的情况。

2. 实地调查法

实地调查法又称直接调查法，是在周密的调查设计和组织下，由调研人员直接向被调查者收集原始资料的一种调查方法。根据调查方式的不同，实地调查法主要有询问法、观察法和实验法三种。询问法是调查人员事先拟定调查提纲，然后以访谈询问的方式向被调查者了解旅游市场情况的一种方法，主要包括面谈、电话调查、邮寄问卷调查、留置问卷调查等几种询问方法。观察法是调研人员在不打扰调研对象活动的情况下，对调研对象进行直接观察或借助仪器设备进行记录以获取相关信息资料的方法。此方法的最大优点是能客观、真实地反映调研对象的实际行为和心理状态，资料比较真实可靠；缺点是无法获取一些定量数据信息。实验法是指将调查对象置于特定控制环境下，通过测量外界因素变化和相应的结果变化来发现两者的因果关系，是因果关系调研中经常使用的一种行之有效的方法。其优点是方法科学、资料真实，但由于营销环境异常复杂而严重影响实验结果的推广。

（三）市场调研的程序

为保证市场调研的系统性和准确性，市场调研应依据一定的科学程序进行。一般来说，需要经过确定调研目的、制订调研方案、实施调研方案、撰写调研报告、后续跟踪调研服务五个步骤（见图 7–2）。

图7-2 景区市场调研步骤

1. 确定调研目的

在市场决策的过程中会存在很多不确定因素，因此需要调研的问题很多，但不可能通过一次调研解决所有问题，应当在其中找出最关键、最核心、最迫切、最重要的问题作为调研的主要内容。市场调研只有目标明确、内容具体、范围合理，才能事半功倍，取得良好的调研效果。那种漫无边际、缺乏目标的调研，必然费时费力，劳而无功。

市场调研目标和内容的实现

一般情况下，确定调研目标和内容可以通过回答以下问题来加以明确：

1. 为什么要进行此次调研？

2. 通过此次调研要收集什么资料？

3. 掌握这些资料有什么用？

同时要注意：

1. 尽量把相关调研问题进行量化处理，提出具体的数量目标。

2. 内容不能太宽，也不宜太窄。内容所涉及的范围太大，会使调研人员在大量信息面前无法判断，迷失方向；而范围太窄，则又不能反映出调查对象的基本情况，使调研起不到应有的作用。

2. 制订调研方案

调研方案是市场调研的行动纲领，一般包括信息来源、调研方法、调研工具、调研对象、调查方式、经费预算、人员培训、作业进度等，如表 7-2 所示。

表7–2　调研方案内容

内　容	设计调研方案
信息来源	二手资料（间接资料），一手资料（直接资料）
调研方法	文案调查法，实地调查法（询问法、观察法、实验法）
调研工具	问卷调查表，抽样调查表，调研设备
调研对象	包括调研的具体对象（含地区、分类型数量等）
调查方式	全面调查、抽样调查、典型调查、重点调查
经费预算	含资料搜集费、差旅费、人工劳务费、礼品费等
人员培训	调研组织者，调研员
作业进度	要求精确到天

3. 实施调研方案

调研方案的实施包括收集数据资料、加工整理分析信息和提出结论三步。

（1）收集数据资料。数据资料可以是一手资料，也可以是二手资料。二手资料可以通过内部的客户订单和销售资料获取，也可以通过外部的统计机构来收集；一手资料可以通过实地调查来获取。

可以通过哪些途径来搜集各类二手数据材料?

（2）加工整理分析信息。调研所获取的大量、庞杂、分散的信息要经过加工和筛选。如分析获取信息的渠道是否可靠，信息内容是否准确，信息间的相互关系及变化规律、信息获取的时间先后等。去粗取精，去伪存真，保证资料的系统完整性和真实可靠性。对于部分量化调研信息，则可利用相关统计软件予以统计分析。

（3）提出结论。在经过加工处理分析后的调研资料中，得出相关的调研结论或总结相关问题。

4. 撰写调研报告

调研人员根据调查情况和分析结论写出调查报告，以供决策者参考。调研报告的编写，要求内容客观、文字简练、重点突出、层次清晰、图文并茂、结论明确。调研报告的内容通常包括前言、调研概况、数据分析与主要结论、相对对策措施等。

5. 后续跟踪调研服务

将调研结论进行实际应用与指导，并对其市场反应进行跟踪检验服务，以便总结经验，修正调研结论，提高决策的准确性。

二、市场细分与市场定位

市场调研和市场细分是寻找“靶子”，目标市场选择是瞄准“靶子”，那么市场定位就是把“箭”射向“靶子”。

（一）市场细分

1. 市场细分的概念和意义

市场细分是指景区根据旅游者特点及其需求的差异，将一个整体市场划分为若干具有类似需求特点的旅游者群体的过程。

由于旅游者所处的地理环境、文化、社会、个人行为和心理特征的不同，决定了旅游者之间的需求存在巨大的差异。因此，景区可以根据旅游者的特点及其需求的差异把一个整体市场加以细分，即可以划分为具有不同需求、不同购买行为的购买者群体，然后从这些群体中选择最适合景区资源特征和经营条件的目标市场，在产品策划、渠道设计、定价以及宣传促销等方面，采取相应的一套市场营销策略，使景区产品更符合各目标市场旅游者的需要，从而在各个细分市场上提高景区竞争力，增加游客数量，获取更大的市场份额。因此，景区营销中非常重视市场细分。

2. 市场细分的方法

根据市场营销的一般原理，可以按照旅游者人口特征、地理区位、心理因素、行为因素四个方面进行市场细分（见表 7–3）。

表7–3　市场细分变量体系

一级变量	二级变量
旅游者人口特征	年龄、性别、收入、民族、职业、家庭结构、受教育程度等
地理区位	世界大区、国家、地区、气候带等
心理因素	生活方式、态度等
行为因素	消费动机、消费期望、消费过程、购买过程及方式、购买时机、消费忠诚度等

在营销实践中，通常还使用产品类型和分销方式两种变量。用产品类型变量进行细分，如滑雪旅游市场、温泉度假市场、避暑旅游市场等。用分销方式变量进行细分，如全包价度假旅游市场、自由行市场等。值得注意的是，这两种新的细分变量必须与基础变量结合使用才会得到有价值的细分市场。

3. 细分市场的评估

如何寻找合适的细分标准对市场进行有效细分，在营销实践中并非易事。一般而言，成功、有效的市场细分应具备以下特点：

（1）可测量性。可测量性是指市场细分的标准和细分后的市场可以衡量。如果某些细分变量的表现很难衡量，那么这个细分市场的大小就很难估计。一些比较客观的细分变量如年龄、收入、受教育程度等，比较易于确定，但是一些带主观性的细分变量，如消费态度、消费诉求等，则较难确定。细分市场的范围、容量、潜力等可以衡量，有利于确定景区的目标市场，这样的细分方法才对景区有营销价值。

（2）可进入性。可进入性是指景区可以利用现有的人力、物力、财力去占领市场并进行有效促销和分销的程度。这些细分市场的顾客须在易于接触和沟通方面十分相似，以便景区能较经济而高效地与这些潜在顾客接触沟通。这些顾客可能在地理位置上比较集中，也可能经常接触相同的媒体，这样景区便可以集中营销资源，经济高效地进行产品推销。

（3）规模性。规模性是指细分市场的大小必须具备一定的规模，达到值得单独营销的程度。它的规模必须使景区能从中获取一定的销售额，不但保证企业的短期利润还要有一定的发展潜力，以保持较长时期的经济效益。

（4）独特性。独特性是指各细分市场内部能在市场需求方面具有一定的共性，这些共性将使细分出来的市场对景区营销组合有独特的反应，而这些独特反应正是景区营销组合策略制定的基础。

（二）目标市场选择

经过对细分市场的评估，景区可能会面对多个有可能成为目标的细分市场，如何从中选择就是目标市场的确定问题。选择目标市场通常包括三种策略，即无差异市场策略、差异性市场策略、密集性市场策略。

1. 无差异市场策略

无差异市场策略是指景区把旅游者需求看成一个无差别的整体市场，认为到景区的旅游者都具有同样的旅游需求，即使只采用比较单一的营销组合也能满足整个市场的旅游需求。

当景区营销人员经过市场分析后发现各个细分市场之间的差异比较小的时候，景区就可以考虑采取这种市场营销策略。其优点在于不必对市场进行细分，可以降低景区的营销和管理成本；不足之处在于忽视了旅游者需求的差异性，不能适应旅游市场发展的需要。

2. 差异性市场策略

差异性市场策略是指景区根据各个细分市场的特点，增加旅游产品的种类，或制订不同的营销计划和办法，以充分适应不同旅游者的不同需求，吸引各种不同的购买者，从而扩大景区产品的销售量。

其优点是在产品设计或宣传促销上能有的放矢，分别满足不同类型旅游者的需求，增加产品的总销售量，同时可使景区在细分市场上占有优势，从而提高市场占有率，在旅游者中树立良好的景区形象，有利于降低景区的经营风险。由于景区同时经营多个细分市场，即使部分细分市场的规模或购买量发生变化，也不会造成太大的损失。其缺点是这种策略将增加景区的各种费用。另外，要同时满足不同细分市场的需求，总会在景区经营过程中出现这样或那样的矛盾，对景区的管理能力将会是一个非常大的考验，因此采用差异性市场策略的景区一般都具有比较强的经济实力和比较丰富的管理经验。

3. 密集性市场策略

密集性市场策略是指景区将一切营销资源集中于一个或少数几个有利的细分市场。这种策略对于经济实力不够强、处于市场开拓期的景区更为实用。

其优点主要在于其占用景区的资金相对较少，资金周转相对较快，有利于提高景区的投资收益率和利润率。由于其市场针对性更强，景区可以更加深入地了解这部分游客的需求，从而在产品设计上能更好地、更有针对性地满足旅游市场的需求，因而能在这些市场上形成比较强劲的竞争力和比较高的市场占有率。其缺点是这种策略由于过分依赖少数几个甚至一个市场，景区将来的经营会比较脆弱，一旦这些市场出现危机，就会对景区造成致命的打击。

（三）市场定位

经过市场细分和目标市场的选择，景区确定了自己的经营空间和营销对象。为了使目标市场旅游者能够非常方便地识别出本景区的产品，以便与竞争对手区别而形成自己独特的经营风格和做法，就需要对产品实行市场定位。

1. 市场定位的概念

市场定位是企业为了适应消费者心目中某一特定的看法，通过为企业、产品、服务创立鲜明的特色或个性而塑造出的独特的市场形象的行为过程。

景区的市场定位就是要确立景区在市场上的位置，其实质是把景区的形象植入旅游者的心中，使景区在市场上确立强有力的竞争地位。

2. 市场定位的方法

景区要想在市场中取得优势，就得在信息传递中把自己的特色突出地展现给广大旅游者，让自己的产品占据一定的市场地位，通过定位提升景区形象，树立景区品牌。在景区中比较常用的定位方法如下：

（1）攀附定位。攀附定位是一种“借光”定位方法。它借用著名景区的市场影响来突出、抬高自己，比如各地不断涌现的“东方夏威夷”“东方威尼斯”“中国地中海”“北方的千岛湖”等。采用这种定位方法的景区并不是去占据攀附对象的市场地位，与其发生正面冲突，而是以近、廉、新的比较优势去争取攀附对象潜在顾客群。采用这种定位方法不可与攀附对象空间距离太近，因为这种定位是吸引攀附对象景区的远途的潜在顾客。另外，对于已出名的景区（点）和具有独特风格的景区（点）不能随便采用此种定位方法，这是景区经营之大忌。出了名的景区，市场已经赋予它特定的位置，仅需要维护和保持这种特色位置不被失去就可以，而不能贸然为一时一地市场的开发而别出心裁地突出另外特色，这样会冲淡自己原有的特色，动摇原来的市场地位。对于新开发的景区，如果能从与其他景区的比较中找出自己突出的、有特点的风格，就不要贸然采用攀附定位。因为攀附定位永远做不到市场第一，并且会掩盖景区本身的特色。

（2）逆向定位。逆向定位是打破消费者一般思维模式，以相反的内容和形式标新立异地塑造市场形象。例如，杭州（富阳）野生动物世界一改传统动物园将动物囚禁在笼中观赏的模式，采取游客与动物对调的方式，人被“囚禁”在车中，而让动物在笼外宽阔的空间自由活动。这种模拟野生动物园的方式，第一次打破我国消费者对动物园的惯性思维，从而赢得了市场的认可。

（3）变换市场定位。变换市场定位是一种不确定的定位方法。它主要针对那些已经变化的旅游市场或者根本就是一个易变的市场而言的。市场发生变化，景区的特色定位就要随之改变。比如深圳在改革开放初期是以“改革开放窗口”为特色，吸引全国各地的游客前来参观学习；改革开放全面铺开，原有特色影响力迅速衰退，于是赶快推出以人造景观为主的大型游乐主题公园，重拾快速发展的道路。对于易变的旅游市场，要不断改变旅游产品的内容和形式，让游客常游常新，以变取胜。

（4）狭缝市场定位。狭缝市场定位是指景区不具有明显的特色优势，而利用被其他景区遗忘的旅游市场角落来塑造自己旅游产品的市场形象。比如河南辉县有名的电影村——郭亮村，本来是一个普普通通的太行山村，自从著名导演谢晋在此拍过一次电影后，山村开始走发展旅游的道路。他们以洁净的山泉水、清新的空气、干净卫生的住宿条件，用比市场价低得多的价格（包食宿每天 10~20 元）去占领附近城市的休闲旅游市场和美术院校校外写生市场。

三、景区营销组合策略的制定

最基本的营销组合策略包括产品策略、价格策略、渠道策略和促销策略。

（一）产品策略

1. 改造老产品

即对原有景区产品不进行重大改革，只对它进行局部形式上的改进。这是景区吸引游客、保持和拓展市场的一种重要手段。例如，“仙境之旅”伴随着蓬莱的旅游一直走到今天，多年的习惯形成的，“仙境之旅”只是游览蓬莱阁，即使是包括在门票价格之内的天横山、博物馆、影院等景点都不参观，造成了景点资源的浪费，削弱了本可以产生的巨大综合效应。同时也形成了蓬莱旅游格局仅局限在海边，不能把旅游引向纵深腹地。因此，不如将“仙境之旅”改为“寻仙足迹游”，把“仙人脚”“九顶会仙山”“蓬莱阁”等所有旅游吸引物引向内地（农村），不仅可以发展“寻仙游”，还有利于带动农村的自然风光游、民俗风情游等，促进蓬莱市整体旅游发展大格局的形成。

2. 换代产品

换代产品指在现有产品基础上进行较大改革后生成的产品。例如，某景区原来经营纯观光旅游产品，这是第一代产品，其特征是“参观式”。现在游客要求增强文化内涵，因而第二代产品将纯观光旅游改成文化观光旅游，参观式和参与式相结合。而第三代产品除了考虑对资源的全面利用外，其重要特征是以“参与式”为主，如特种旅游产品（冒险）、专题旅游产品（如赛马）都必须亲身参与，得到体验。像“美国的荒野体验”融真（动物）、假（人造树林）、虚（电影特技）于一体，创造了“在广阔的户外漫步”的后现代旋律。杭州的“宋城”主题公园，通过对《清明上河图》的再现，真实地演绎宋朝文化，满足了游客“给我一天，还您千年”的体验，因而获得极大成功。

3. 完全创新的产品

完全创新的产品是指景区以前从未生产和销售过的新产品，如新开发的景点。因为投资和风险较大，开发周期长，这些全新产品是不可能经常出现的。但是，在耗费资金改造更新、引进新项目之外，景区更应该致力于实现产品的多元化。因为很多景区开发和管理单位已经认识到，一成不变的产品是不能长久维持市场兴旺的，需要在开业以后再作“二次开发”。但大多数管理单位还没有认识到，同样一个景区，应当对市场提供不同的产品。就像一家饭店不能用同一道菜来招待所有的客人一样，景区也不能用同一个宣传口号、同一个导游词来招徕、接待各阶层的客人。例如，有的景区对于老年人可以宣传本景区的观光疗养，对于年轻人可以宣传本景区的新奇探险，对于中年人可以宣传本景区的度假设施，对于学生宣传本景区的科学知识等。

案　例

连云港发布50余项“中国旅游日”惠民政策及文旅活动

5月18日，2023年“5·19中国旅游日”连云港主题活动暨江苏最美海滨1号公路骑行露营节在连云港凰窝景区举办。

活动现场发布了“5·19中国旅游日”连云港旅游消费惠民政策及文旅活动，包括5月19日海上云台山景区、孔望山景区、桃花涧景区等8景区免票，通过连云港市文化广电和旅游局官方微信持续发放14家4A级以上旅游景区免费电子门票，以及全年通过途牛、同程OTA平台发放总价值500万元的连云港市旅游消费券等。

活动现场，连云港市文化广电和旅游局推出了江苏（连云港）最美海滨1号公路，该线路以田湾跨海大桥为起点，沿126公里的海岸线，一路向北，抵达海州湾旅游度假区。游客通过这条海滨公路，可以登山观海、踏浪戏水、看日出日落、品海鲜美食，充分感受连云港的山海魅力。现场还发布了“智游连云港”连云港旅游线路产品。

连云港市文化广电和旅游局副局长颜金娥表示，2023年，连云港推出了50余项旅游惠民政策及文旅活动，多家旅游景区推出免门票或半价优惠，全市6家“连云港礼物”旅游商品推广中心开展“惠民周”优惠活动，还将举办“中国旅游日·与文明同行”文明旅游宣传志愿服务、连云港·镇江旅游专列互开等丰富多彩的活动。希望通过举办一系列活动，进一步展现连云港美丽的山海风光，推动“文化+旅游+体育”融合发展，提升“大圣故里·西游胜境——神奇浪漫之都连云港”城市形象。

[资料来源] 中国旅游新闻网（http://www.ctnews.com.cn/zt/content/2023-05/19/content_142291.html）

（二）价格策略

景区门票价格是否适当，往往直接关系到产品在市场中的竞争地位。针对景区的目标市场，其价格的制定可以从以下几个方面入手：

1. 景点的资源评定价值

价值是价格的基础，是决定景点门票价格的根本因素，因此，景点门票价格根据价值等级实行分等定价，使价值高的景点门票价格与价值低的景点门票拉开距离，使资源得到优化配置。如北京市将景点价值划分为历史文化价值、审美价值、科研价值、生态价值、舒适满意度价值、市场价值六个方面。

2. 居民的消费水平和心理承受能力

对与居民日常生活关系密切的城市公园、纪念馆、博物馆和展览馆等门票价格应按照充分体现公益性的原则核定。同时，对学生、现役军人、老年人、残障人，要实行优惠票价。针对旅游的季节性特点实行旅游差价策略，平衡供求关系，保证进而增加游客量。如淡季降价，或价格不变而增加产品和服务，丰富内容，以此刺激需求，扩大销售。

3. 有利于可持续发展

主要是对保护性开放的重要文物古迹、重要风景名胜区和自然保护区等，门票价格应按照有利于景点保护和适度开放的原则核定。

4. 合理补偿环境建设价值

我国旅游业开发与发展属于政府主导型的模式，在这一模式下，政府需要进行大量投资来改善旅游交通、电力、通信条件，加强旅游资源和环境保护，因此，景区门票价格构成中可适当包含政府投资回报构成。比如我国一些大景区门票价格中有的含有资源保护费、宣传促销费、机场建设费等。

5. 与景区周边知名景点联合

以制作联票、发放赠票等方式扩大市场份额，同时适度让利，促进销售。只有充分了解市场，对市场做出灵敏反应的价格策略，才能起到促进销售、获取利润的目的。

（三）渠道策略

1. 直接销售渠道

直接销售渠道主要是指由游客自己直接来到景区，购买门票，然后进入景区游览。这种购买方式主要是针对一些散客如自助游客以及景区附近的近距离游客。

2. 间接销售渠道

景区产品的间接销售主要有以下几种情况：

（1）通过旅行社中介或旅游代理商中介销售。任何一个景区产品的推介力度与旅行社有着密切的联系，景区产品的销售依赖于旅行社或旅游代理商。景区产品的购买基本上是由他们组织的包价旅游买去的，产品销售模式是：景区产品—旅行社或旅游代理商—游客。景区按旅行社或旅游代理商的业务量给予不同的优惠折扣，节省游客因排队购票而浪费的游览时间。

（2）旅游信息中心销售景区产品。这种销售渠道主要是指景区为宣传产品、扩大客源、方便和吸引游客而设置的销售网点。游客从旅游信息中心购买产品常常也可以享受折扣优惠。

上述销售代理机构一般只经营国内市场的业务，但基思·普鲁斯公司是其中一个例外，该机构将许多景区的景点组成“世界著名景点”，预售这些景点的游览票。如美国的迪士尼世界、迪士尼乐园、水上世界、环球影视城；法国的巴黎迪士尼乐园和阿斯特里克公园；德国的欧罗巴公园和梦幻世界等。这种预售方式，一是可以节省游客因排队购票而浪费的游览时间；二是保护游客免受不同季节的货币波动。

但是，在选用景区产品的间接销售渠道时应注意一个问题，即景区销售推力的强劲是由景区给旅行社、代理商等渠道组成者所享受利润空间的厚薄来决定的。给谁的利润大，谁就有动力推动景区旅游。因而，景区可以采取一些应对措施来强化渠道推力：价格折扣，包括消费总额的现金折扣、游客数量折扣、淡季折扣，其目的就是刺激以旅行社为主体的渠道组成者推动景区消费的积极性；设立专项奖，如最佳合作奖、冷点温点地区市场开拓奖、景区特别贡献奖等；赠予收益期权，对一些为景区发展做出特别贡献的渠道组成者，给予一定的收益分配权；广告合作与支持，与目的地旅行社签订广告支持协议，共打广告、共同策划；给予特别礼遇，对一些为景区营销做出过特别贡献的渠道组成者，给予高规格的接待安排，甚至可以安排他们进入公司发展，组成制定战略的顾问团队。

一些知名的大景区如黄山、泰山、峨眉山、庐山，如果仅仅依靠旅行社、中间商的推动是远远不够的，应以形象营销、品质营销为主，而对一些三线、四线景点，确有发展潜力，但寄居于穷乡僻壤、交通不便，无法被更多人认识的一些景区应该给予中间商、旅行社更多的门票折扣、收入折扣，刺激中间商、旅行社组团前去游览，然后，通过日积月累，口碑传播，积累品牌辐射能量，达到一定程度后，再辅之以形象宣传，如黄山市的翡翠谷景点，基本沿用此营销组合。

案例

浙江开化百万年薪聘导游

2022 年 12 月，浙江省开化县向全国广发英雄帖——“百万年薪聘导游”。消息一经发出，就有 1300 余人报名，经过甄选，100 位参与者进入网络海选阶段。4 月 3 日下午，开化“百万年薪聘导游”5 晋 1 终极 PK 赛收关。至此，自启动并经历了海选、20 强采风、20 进 5、5 晋 1 等比赛环节后，为期近 4 个月且多次登上热搜榜前列的“百万年薪聘导游”活动终于落下帷幕。

旅游目的地或旅游景区通过此类事件营销，可以取得哪些成果？

（四）促销策略

在旅游促销中用来传递信息的手段是多种多样的，但是景区可以使用的促销工具主要有以下几种：

1. 促销印刷品

因为许多景区产品是无形的，而对于无形产品只能通过语言、文字或图像来进行描述，所以，宣传手册等印刷品就成为一种重要的促销工具。设计、内容、印刷规格的大小，以及发放情况是景区印刷品收到成效的关键。因而，利用印刷品进行促销时应注意以下几点：

（1）所有的印刷品要用景区目标市场通用的语言文字印刷。

（2）要注意景区目标市场所在国家或地区的禁忌，印刷品的内容、形式、色彩绝对不能犯忌，要投其所好。

（3）一份印刷品的大小和规格要有所选择，便于游客拿在手中并随身携带，例如，将一张 A4 纸对折两下后的大小是景区宣传册普遍采用的规格。

（4）印刷品的设计要多利用图像符号，文字要短小、有趣。

（5）印刷品的内容应能为潜在游客提供他们需要的信息，比如设施和位置，同时还应该有恰当的评论以促使他们产生访问景区的愿望。

（6）要有提前意识，早做印刷的准备，且数量能满足景区的需要。

（7）要及时销毁过时的印刷品，否则会造成游客信息混乱。

2. 广告

景区广告是用支付一定费用的方式，通过媒体向旅游消费者传播景区产品信息的宣传。根据所使用的媒体的不同，景区广告可以分为报刊广告、电波广告（广播和电视广告）、年度要目和年鉴、室外广告（广告牌、广告画）。一般情况下，报刊是景区的主要广告媒体，包括当地和地区的报纸、杂志。相对而言，景区较少利用广播和广告牌做广告。成功的广告宣传取决于设计出恰当的广告内容，在恰当的时间登在恰当的媒体上。我国大多数景区用于广告宣传的费用向来是短缺的。由于大部分景区产品不是大众市场产品，属于特定市场产品，因而景区通常不需要使用昂贵的大众市场媒体。有针对的目标广告战略通常与景区关系更密切。设定目标可采用多种形式：仅在一年中某些时间做广告；把目标定位为恰当的、针对特定市场的媒体；大型景区在暑假和黄金周假日前利用电视做广告；某些特殊活动在电视或其他媒体上做广告。

某农庄打算开展一年一度的六一国际儿童节亲子欢乐农场活动，请问可以在哪些媒体的什么时段投放何种类型的广告？

3. 新闻与公关

新闻和公关能够在媒体上给景区提供免费的报道，但需要景区为媒体提供值得报道的新闻形式的信息。

4. 赞助

景区可以通过赞助某些活动、人或组织，使景区在人们的心目中留下一个好的形象，让人们了解景区。

5. 促销

促销是景区在淡季或特殊时间为增加业务量而暂时提供的优惠或折扣。如某野生动物园在“六一”儿童节前后，推出“两位成人可免费带一位14周岁以下孩子入园”的促销活动，吸引了很多家庭前来。景区常把促销印刷品、广告、新闻与公关、赞助、促销五种营销手段加以组合运用，根据不同的细分市场特征、营销目标，选择和组合这五种促销方式，以取长补短，制定出适合的促销策略。对于一些一线、二线知名景区而言，应更多地运用广告和新闻与公关这两种手段，因其具有传播速度快和宣传面宽、能迅速提高景点知名度和美誉度的特点。对一些不太知名的区域性三线、四线景区而言，则应更多地运用赞助和促销以及与大景点捆绑销售、借“景”生“情”等手段。

除了以上传统的促销方式外，景区应充分利用互联网和无线通信技术发展自己的网络信息平台和短信平台，组建完整的电子信息系统，提高景区的知名度和美誉度，以达到景区促销的目标。作为深圳欢乐谷园区项目的网络延伸和补充的“欢乐谷网站”，就是景区对网络技术应用的成功例子。它是一个融宣传性和互动性为一体的体验型网站，它在宣传欢乐谷的同时拓展了欢乐谷的业务，传播了欢乐谷的文化和理念，提升了欢乐谷的品牌力量，当然也使得欢乐谷在营销方面的条件更加充分和成熟。

案 例

杭州宋城景区的整合营销

杭州宋城景区位于西湖风景区西南，由杭州宋城集团有限公司投资兴建。市场营销是宋城集团非常重视的工作，其营销模式是“统一策划，统一营销，统分结合，相互分工”，其特点如下：

第一，整个公司的广告策划与营销由集团公司统一管理，旅游公司、广告公司大力协作，六大景区整体推出，以提高旅游产品在市场上的整体竞争力。

第二，以鲜明的文化个性作为产品宣传口号，满足消费者的价值取向。"给我一天，还您千年"这个宣传口号表达了宋城景区以千年南宋文化为主线、怀古寻根的主题，又显示出企业的一种营销理念，即对消费者的承诺和对自己产品的信心。这个宣传口号通过中央电视台等传媒及户外广告的整体宣传，已广为人知，在扩大品牌影响的同时，也向人们传递了企业的经营理念。

第三，以杭州旅游市场为核心，以上海和华东地区为目标，积极扩大在"西湖一日游"市场中的占有率，在华东建立500家旅行社的委托代理网络，使长期客户输送的游客占游客总量的50%以上，保持客源规模的稳定。

第四，注重企业公共关系，组织各种有冲击力的社会公关活动。为开辟上海市场，组织"暑期乐，杭州新景亲子游"，上海市民只要给宋城写信，就可以参加抽奖，中奖者全家游宋城，费用全部由宋城出。广告一出，上海市民纷纷来信，竟有10万多封。宋城派专车到上海迎接中奖者。当热情的上海人到了宋城门口一看，大宋城楼纸片飘飘。原来是把所有来信贴在城门上，对大家的热情参与表示感谢。上海人十分激动，回去一宣传，很多人就认同宋城了，景区在上海市场产生了巨大的亲和力。还可以与政府有关部门积极合作，举办各种大型文化艺术及会展活动，扩大影响，吸引注意力。

第五，把在景区举办各种大型节庆活动和文体竞赛作为营销宣传的重要手段。通过举办活动既更新了景区的文化活动、丰富了文化内涵，活动本身也成为吸引游客的一大亮点。

宋城集团的营销模式其实是具有现代营销理念的"整合营销"。整合营销相对于传统营销的特点是：信息横向传播，传播双方是平等关系，用沟通来取代促销，使产品反映旅游者的真实需求。而在实施过程中，更注重不同传播工具及手段的优势组合，降低企业的宣传成本，把企业的价值形象与信息准确传递给消费者。

整合营销通常要考虑哪些因素?

第三节　景区的顾客关系管理

市场营销的起点是顾客需求，市场营销的终点是顾客满意。景区要做好市场营销，必须围绕游客管理做文章，营销就是要通过与游客的沟通实现交换。

一、建立紧密顾客关系的方法

景区用什么方法才能使中间商顾客非常满意并建立起非常紧密的关系呢？有三种顾客价值捆绑方法可供选择。

（1）给顾客关系增加经济利益。旅游业中最早实行顾客价值捆绑的是航空公司和饭店，他们的常旅客计划通过类似消费积分的形式把顾客牢牢吸引住。景区的“常旅客计划”就是为一定时期达到一定销量的中间商制订奖励、津贴计划，鼓励他们多向景区输送客源。

（2）给顾客关系增加社会效益。景区营销人员通过了解每个顾客的需求与欲望，将各种社会利益结合到一起，然后针对中间商送来的游客提供定制化的产品和服务：安排优秀的景区员工负责接待该中间商送来的游客；使游客感受到他们是这一特殊顾客关系的受益者，同时为中间商和景区增加口碑。

（3）给顾客关系一个结构性联系。这一方法的最早应用是在航空公司，他们为旅行代理机构开发专门的预订系统，对忠实旅客提供电话专线，为头等舱顾客提供躺椅、豪华车接机等。景区要安排善于关系管理的营销人员专门负责关键顾客的联系，为他们开通联络专线，专为他们印制宣传品，为他们的顾客开通快速服务通道、增加特别服务、赠送小礼品等。

二、顾客关系管理的步骤

景区可以按照以下五个步骤开展顾客关系管理：

（1）识别关键顾客。关系管理并非与每一位顾客都建立起特殊关系。事实上，有一些顾客是没有价值的。景区应该有选择地建立顾客关系，弄清楚哪些顾客值得培养，因为景区在满足这些顾客的需求方面具有优势。在正式启动顾客关系管理前，景区营销人员必须广泛与大量的旅行社、旅游协会、旅游咨询网络公司等中间商进行直接的接触，从中选择最大的或最佳的顾客关系群体，并将他们确定为关系管理的对象。当然，也可以包括那些增长迅速和有发展潜力的顾客。

（2）为关键顾客指派营销经理。为每个关键顾客指派一位擅长关系管理的营销经理。当前正在负责为该顾客服务的销售人员应该接受关系管理的训练，或者用另一位更懂得关系管理的营销人员替换他，负责关系管理的营销人员应该具有某些符合顾客需要或能吸引顾客的品质。

（3）制定关系管理守则。对负责关系管理的营销人员的报告程序、目标、责任和评价标准给予描述，要使营销人员成为所有涉及顾客事务的焦点。每一位营销人员应该只管理少数几个关键顾客，这样才能保证对顾客需求变化的及时、深入洞察。

（4）制订顾客关系计划。让每位负责关系管理的营销人员都制订年度和长期顾客关系计划。这些计划要明确各种目标、战略、特殊行动和必要资源。

（5）安排关系管理总管。安排一位总管来监督营销人员的关系管理工作，负责制订整个景区的关系管理工作计划，制定工作评估标准，开发各种支持性资源，以便使营销人员的关系管理工作更有成效。

本章小结

营销管理是景区经营管理活动中最重要的内容之一。本章在阐述景区营销管理的内涵、需求类型、发展模式与管理类型的基础上，讲述了景区营销管理的步骤，并重点论述了景区顾客关系的管理技巧与方法。

复习与思考

一、名词解释

景区营销管理　细分市场

二、选择题

1. 在“粮票经济”时代，我国企业的营销理念处于哪一个阶段？（　）

A. 产品理念阶段　B. 生产理念阶段　C. 关系营销理念阶段　D. 社会营销理念阶段

2. 近年来，越来越多的企业逐步重视社会责任的承担，更注重自身的社会形象。请问，这属于哪种营销理念？（　）

A. 生态学营销理念　B. 社会营销理念　C. 关系营销理念　D. 整合营销理念

3. 对于某旅游目的地而言，哪些营销资源是无法无偿整合的？（　）

A. 地方政府宣传部门　B. 地方旅游主管部门　C. 旅游行业协会　D. 各类媒体

4. 景区营销管理需求中，哪个不属于其需求管理的范围？（　）

A. 景区自身的发展　B. 营销队伍　C. 地方经济发展　D. 旅游者

三、简答题

1. 景区营销管理的类型有哪些？

2. 对于一个营销投入有限的小景区而言，选择何种市场调研方法最具有可操作性？

3. 为什么景区需要进行客源市场细分？市场细分必定会使景区产品更有吸引力吗？

4. 市场定位通常有哪些方法？

四、实训项目

1. 设计某景区的市场调研方案。

2. 制订某景区营销策划方案。

3. 某主题公园将在新的一年中开展专项市场调研活动，主要目的是分析其所在城市中青年居民的旅游消费意愿，请尝试设计一份调查问卷。

第八章 景区安全管理

本章重点对景区安全管理的概念、景区事故或事件的分类、景区安全事故的发生规律进行介绍，讨论了景区安全管理的方法，使学习者能对景区安全管理有较为全面的认识。在此基础上，本章对景区游乐项目游客安全管理的内容和景区常见事故进行了较为详细的阐述，具有较强的可操作性和实用性。

学习目标

知识目标

1. 掌握景区安全管理的基本概念，景区事故或事件的分类及事故的发生规律。
2. 掌握景区安全管理的基本思路和方法。
3. 了解景区安全管理相关法律法规、景区危险源的辨识方法和景区安全管理体系所包含的内容。
4. 掌握景区常见游乐项目游客安全管理的内容。

技能目标

掌握景区常见事故处理方法。

案 例

游乐项目安全监管应加快补位

近年来，因为兼具运动性、趣味性和时尚性，诸如攀岩、蹦床、晃桥、马术、蹦极等新兴游乐项目在年轻人甚至儿童中颇受欢迎，但其存在的安全风险也不容忽视。近些年，新兴游乐项目引发的安全事件不时发生，有的甚至引发司法诉讼。尽管如此，类似伤害及经营者所付出的沉重代价仍在重复上演。要规避网红游乐安全事件发生，归根到底还得靠经营者、监管者以及消费者形成合力，善于防险避险，防患于未然。

一些网红游乐项目大多从专业体育运动演化而来，但目前还缺少明确的商业经营管理规定，对其经营者无特定的资质要求，对经营者的市场准入条件、场地规格、游乐设施、人员配备、管理水平等方面也缺少统一的标准和要求，不少地方的相关经营者往往仅需取得工商营业执照即可开展经营。这在一定程度上导致了经营者安全责任模糊，经营过程中缺乏必要的安全保护措施，不少经营场所安全提示不足、滥用免责条款，刻意规避责任等。

要使网红游乐项目更安全，必要的监管应加快补位，通过监管加以引导规范经营秩序。一是应完善新兴游乐项目行业规范标准，加强对经营主体和从业人员资质审核，制定高危游乐项目设备设施生产及安装标准，出台相应游乐项目基本游戏规则和禁止事项。二是应加强对行业经营者的执法监督，细化安全运营标准，强化标准落实，加大运营主体安全责任落实的行政管理与监督，督促场所落实游戏安全告知、安全保护以及紧急救助等安全措施，提高场所安全管理规范水平。

同时，网红游乐安全也是公民人身安全的一部分，需要将其纳入全民安全教育，增强安全意识，提高安全风险识别和防范能力，增强社会生活个人安全可控性与主动性。网红游乐虽然新鲜刺激，但游客要学会冷静理性，根据自己的能力以及对项目的了解谨慎选择，对于未成年人参与游乐项目则应加强保护。

［资料来源］经济日报（http://www.ctnews.com.cn/gdsy/content/2020-09/03/content_84456.html）

第一节　景区安全管理概述

景区安全管理是指为了确保旅游者、员工和景区的安全，景区所采取的一系列旨在消除安全隐患、减少事故损失、保障景区正常运营的管理措施。景区安全管理是保证服务质量、塑造流畅体验、维护景区声誉和建设和谐景区的前提条件。

从游客在景区的活动行为来看，景区的安全管理渗透在景区逗留过程中的吃、住、行、购、游、娱等各个活动环节中，即可以分为饮食安全、住宿安全、交通安全、游览安全、购物安全、娱乐安全六大类，其中游览和娱乐是景区安全管理中较为核心的部分，本章内容将着重阐述。

一、景区安全管理的特点

（1）管理环节复杂。景区安全管理涉及游客的食、住、行、游、购、娱各个环节，而其中每个环节的安全状况都会受到一系列因素的影响。如在游览环节，其安全状况除了受到自然因素、人为操作因素的影响外，还受到游乐设施设备安全状况的影响，而空中、地面、水面等不同类型游乐设施的安全状况又会受到不同因素的影响。

（2）涉及面广，时效性强。旅游者在景区中活动的流动性强，而且逗留时间短，人流量大，涉及面积广。景区的安全管理包括游客的安全管理和景区自身的安全管理。景区安全事故具有多种表现形态，不同形态的安全事故造成的损失与影响不同，处理方式也不尽相同。同时，安全事故的控制、管理和处理时效性强。

（3）责任重大。景区是旅游者比较集中的地方，知名度高的景区还会吸引大量国外游客。景区是一个地区、一个国家对外宣传的窗口，景区安全问题控制与管理的好坏，不仅会直接影响到旅游者的生命、财产安全，而且还会影响到旅游地的形象和经济政治安全，甚至会影响到国家形象。

二、景区安全管理的任务和原则

（一）景区安全管理的任务

景区安全管理的任务是研究景区各项工作中的规律与特点，检查、分析并杜绝景区中存在的安全隐患和不安全因素，采取有效的管理措施和手段，确保景区运行和旅游者的安全。具体包括：建立健全安全组织和制度；加强设施设备的安全管理，制定安全操作规程；审查基建工程的安全程度，组织落实各项安全核查工作；配置安全设施设备，对游览区域进行安全监控；防范、控制与处理景区安全事故。

（二）景区安全管理的原则

（1）预防为主，防治结合。在日常工作中，要将景区安全放在首要位置来抓，以保证景区接待工作的顺利开展。为防止安全事故的发生，对可能发生的安全事故要有充分的预见；积极做好各种防范工作，把安全隐患消灭在萌芽状态；当发生安全事故时，能迅速果断地采取行动，减少事故可能带来的损失。

（2）保证重点，兼顾一般。对于影响全局的工作环节和景区的薄弱环节，要花大力气确保万无一失；对于其他次要环节，也要定期巡检。在客流高峰到来之前，要对景区的安全设施、安保力量进行重新评估，判断其是否存在安全隐患和管理漏洞。

（3）明确责任，全员参与。由于景区安全工作的政策性、专业性和法律性都比较强，所以在景区要实行领导安全责任制，并坚持“谁主管，谁负责”的原则；要在景区推行岗位安全责任制，设置专门的机构，配备专业的人员进行安全的防控和事故发生后的处理；同时，要发动和依靠景区的广大员工共同做好安保工作，最大限度地降低安全事故发生率。

三、景区安全事件的分类

（一）犯罪

犯罪是景区中最常见的安全事件。由于景区游览往往是整个旅游活动的高潮，旅游者游兴高，常疏于防范；景区地形相对复杂，隐蔽性较强；加之景区旅游者数量淡旺季明显。这些因素都为景区犯罪提供了便利条件。景区内的犯罪事件使旅游者的游兴索然，对旅游者的伤害和打击的程度极大。

景区犯罪的形式主要是盗窃、诈骗、抢劫和袭击，一般与财产型犯罪的实施密切相关。例如，1998 年 3 月 4 日，4 位新疆游客在北海银滩被海滨摩托艇经营者非法高额索赔 6000 元，被扣押、限制人身自由一整天。2002 年 10 月 12 日晚上，印度尼西亚驰名世界的旅游观光胜地巴厘岛发生该国有史以来最严重的恐怖袭击事件，一连串的爆炸案造成 180 多人死亡、300 多人受伤，印度尼西亚陷入浓烈的恐怖气氛中。2003 年，一对新婚夫妇到张家界旅游被导游谋财害命。2003~2004 年李氏兄弟在杭州西湖区开佛教工艺品商店，欺诈游客钱财 200 多万元。2005 年 7 月 23 日凌晨，埃及红海旅游胜地沙姆沙伊赫发生连环爆炸，在贾扎拉花园饭店、老城区旅游品市场和附近的一个停车场，几乎同时有炸弹被引爆。这起连环爆炸造成至少 90 人死亡、240 人受伤。同年 10 月、11 月，印度尼西亚旅游胜地巴厘岛、约旦首都安曼也遭遇了恐怖袭击。2023 年五一期间，一对情侣在印度尼西亚巴厘岛因“自杀”事件亦对旅游目的地与景区的形象造成了致命影响。2023 年 6 月底，一辆载有中国游客的大巴在法国马赛行驶期间误入骚乱现场遭遇围困攻击。

（二）疾病

旅途劳累、旅游异地性导致的“水土不服”和客观存在的食品卫生问题等可能诱发旅游者的疾病或导致食物中毒等。在游览中，旅游者也会由于旅游目的地和景区特殊的地域环境和自然条件原因而引发疾病。例如，旅游者在高海拔景区常会出现缺氧和高山反应病状，病情严重时，甚至可能导致死亡。在我国西藏、青海等高海拔旅游区，常出现旅游者由于缺氧、高原反应而发生休克，甚至患上肺气肿等疾病。

（三）景区娱乐项目、器械及交通工具导致的事件

景区内的娱乐项目、器械及交通工具的事故对人们所造成的伤害非常大。1998年8月30日，上海某公园正在运行的“全部符合标准要求”的飞旋转椅突然倒塌，造成1死9伤。2000年4月15日，天津一学生在水上公园蹦极坠下，造成瘫痪。同年5月，河南某游览区游客在河南某游览区不幸从下山滑道飞出而被摔成重伤。2002年6月，一男子在某动物园被老虎抓伤。2006年8月，浙江某漂流点一妇女与8个月大的婴儿落水身亡。2010年6月29日16点45分，深圳某主题公园“太空迷航”项目发生安全事故，造成6人死亡、10人受伤，其中重伤5人。2023年5月16日，湖北恩施某景区发生一起惨绝人寰的车祸。景区一辆旅游中巴在景区浮桥上行驶时，因突发情况失控落水，造成5名游客死亡、3人受伤。景区或旅游区的交通既是交通工具又担负着娱乐或造景的功能，从某种意义上来说，交通工具的娱乐形式是景区或旅游区内部交通的必然要求。景区内部交通的种类繁多庞杂，如有缆车、山体电梯、滑道、浮桥、栈道、漂流的竹筏或橡皮筏、中小型游船等。其中缆车、滑道、浮桥和漂流船只等事故时有发生。上述一系列事件表明，游览设施安全事故在景区中时有发生，其所带来的危害触目惊心。

（四）火灾

虽然旅游业中因火灾死亡的人数较低于旅游交通事故，但是火灾往往造成严重的后续反应，如基础设施破坏、财产损失等，甚至造成旅游经济系统的紊乱。2005年10月，浙江温州市瓯海区吹台山上的无量寺发生火灾，寺内存放的200多吨蜡烛被引燃，造成寺内一座建筑被毁。2001~2005年，全国发生火灾120万起，造成12268人死亡、15757人受伤，直接财产损失75.6亿元。2023年7月10日上午10时左右，贵州黔东南西江千户苗寨景区突发火灾。据雷山通报可知，农户木屋过火2栋、过火面积450平方米，事故造成6人受伤、当地2名村民在火灾中不幸遇难。

火灾还会损坏旅游资源，如森林、木结构的古建筑等，火灾发生的同时会产生大量有毒有害气体，产生大量粉尘以及灭火过程中使用的大量化学品和水，造成对环境的破坏。

（五）自然灾害

自然灾害是旅游活动中由天气、洪水等不可控的自然原因引起的安全问题，如飓风、台风、洪水、传染病等，是旅游安全的常见表现形态之一。由于自然灾害具有的对旅游活动的破坏性及其对旅游者、旅游企业、旅游从业人员生命财产乃至资源的巨大危害性而受到较为广泛的关注。例如，2004 年 6 月 18 日 8 时 30 分，位于张家界武陵源核心景区外的紫霞观景点发生一起岩石崩塌自然灾害，致使在此景点游览的 20 多名旅游者 3 死 3 伤。2007 年 5 月 2 日，云南省迪庆藏族自治州德钦县梅里乡雪崩村至神瀑山路上突然发生雪崩，将正在山路上徒步探险的 10 余名旅游者掩埋，造成 2 人死亡、1 人重伤、6 人轻伤。2018 年 7 月 30 日，西南石油大学一名老师带领 4 名硕士研究生在新疆阿克苏温宿某景区开展野外地质考察时，遭遇泥石流，造成 4 人死亡、1 人受伤。

（六）其他安全事件

如景区内椰子树砸死游人，鲨鱼在海滨袭击游人，与有毒昆虫、植物接触导致皮肤疾病或身体伤害，重大环境污染事故等。2005 年 5 月 3 日，泰山红门宫院内的一堵墙突然倒塌，致使一名 6 岁男孩不幸被砸死。2005 年 12 月 12 日，杭州西湖景区发生野猪袭人事件，一位游客被突如其来的野猪咬伤。2021 年 5 月，杭州（富阳）野生动物世界出逃 3 只小金钱豹，最后仅找回了 2 只，剩余 1 只下落不明。

四、景区旅游安全事故的发生规律

旅游安全事故的发生具有鲜明的规律性，主要表现为以下几个方面：

（1）旅游安全事件类型与景区的资源类型关系密切。一般来说，景区按资源类型可划分为自然旅游资源型景区和人文旅游资源型景区，而旅游安全事故在自然旅游资源型景区，尤其是在山岳、水文旅游资源地发生的频率明显高于其他类型资源地。旅游安全事件（事故）的类型也因景区资源类型的不同而具有差异性。在自然资源型景区，社会环境相对简单，人口构成单一。旅游安全事故多与游客旅行技能、游客身体及心理素质、自然灾害以及景区设施设备等相关。人文旅游资源型的景区多位于人口集中的城镇，旅游环境的社会复杂性是这类景区的最大特点之一，这类景区人口构成复杂、集中，旅游活动以朝圣、观光、购物、饮食、娱乐等为主，人为造成的安全事故如偷盗、欺骗、食物中毒等占主要比例。主题游乐园设施设备事故频发。

（2）景区旅游安全事故的发生与当地的社会治安及文化背景密切相关。在社会文化发展水平比较高、社会治安好的地区，旅游地居民主动接受或参与旅游业，旅游业的发展得到当地居民的支持，社会治安好，居民安居乐业，能与游客进行良好的沟通，因此，景区治安方面的安全事故的发生率相对会比较低。若旅游地文化内涵丰富但社会发展滞后，便容易因文化差异及居民的被动与反对而造成主客冲突，从而带来安全问题。特别是某些景区在规划开发时没有处理好景区经营者与当地居民的利益关系，导致居民对旅游业产生抵触情绪，为安全管理带来隐患。

（3）景区旅游安全事故的发生率呈现较为明显的季节规律性和昼夜规律性。旅游季节表现出的时间规律性是因为旅游者外出旅游有着明显的节律性，高峰出游时间有一定程度的集中分布，从而带来了旅游淡旺季的时间规律性。旅游安全事故主要发生在旅游旺季，旅游淡季发生旅游安全事故的数量较少。据相关调查发现，高达90%以上的旅游安全事故发生在旅游旺季，而旅游淡季中发生的安全事故不到8%。旅游旺季时，旅游者大量涌向旅游地，给景区接待造成了很大压力，景区应接不暇，服务质量和管理水平下降，安全隐患上升。相反，旅游淡季时，由于旅游者相对较少，景区的安全防范措施较旺季时容易落实，因此，旅游安全事故的发生率相对较低。

（4）旅游安全事故的发生还具有昼夜规律性。特别是社会治安事件，夜晚是这类旅游安全事故的高发时段，而清晨则是一天中最为“安全”的时段，其他时间段则没有较大差异。在一些大型的山地或海滨自然景区，景区区域面积大，地形复杂，旅游者对于景区的地形不是很熟悉，但在求新求奇心理的驱动下，旅游者可能夜出并陶醉在异地美景中迟迟不归。然而，夜幕和旅游者对异地的陌生往往为旅游安全事件的发生埋下祸根。

第二节　景区安全管理

景区安全管理主要包括景区安全管理机构的设置、景区安全管理制度的制定、景区危险源的识别、员工安全意识的培训、相关法律法规的搜集和应用、景区安全管理体系的建立和运行等。

一、景区危险源的识别

危险源是指可能导致人员伤亡或物质损失事故的潜在不安全因素。危险源辨识是识别危险源的存在并确定其性质的过程（OHSMS 18000，即职业健康安全管理体系）。在此引用危险源这一概念定义景区危险源。本书所指的景区危险源是指景区内存在的潜在不安全因素，即可能会导致游客在景区内活动时发生人身伤害或财产损失的因素（见表 8–1）。

表8–1　景区危险源辨识

景区内的场所 / 活动	危险源	可能造成的后果
餐饮场所	食物不清洁，餐具消毒不到位	游客食物中毒、传染病
山　林	季节干燥，山林中点明火	山林起火、人员伤亡
山　路	铺设材料易打滑或易长青苔，山路比较陡	摔跤致伤
吊　桥	栏杆设计过疏，桥面或栏杆长久失修有损坏	坠崖、落水
缆　车	突然停电，缆车机械故障	受惊、坠崖
漂　流	水流变化，漂流船只进水，阀工技术不稳定等	落水、人员伤亡
游艺机项目	机械故障，不符合乘坐条件的人上机玩乐，操作人员操作不当	人员受惊、伤亡
商场购物	货物伪劣，价格虚高	财产损失
景区大型节庆活动	人群拥挤，疏散缓慢	偷盗、拥挤导致伤亡、人员走丢、人员失踪

在景区的安全管理工作中，危险源的识别是非常重要的一步，可以游客在景区开展的活动和经过的场所为线索来进行景区危险源的识别，危险源的识别工作应当深入每一个岗位。对辨识出来的危险源应当分类进行管理，有些应通过制定和执行日常的运行程序加以管理，有些需制订专门的管理方案，如大型活动、节假日的游客接待等，并根据危险源可能引发的安全事故或事件制定相关应急预案。

二、相关法律法规

景区应该根据自身的类型、经营项目特点以及辨识出的危险源定期主动收集国家和地方出台的法律法规和标准，严格遵守法律法规和相关标准，根据法规和标准要求制定相关的规章制度和作业文件。下面简单介绍一下我国景区安全管理的相关法律法规。

（一）国家法规条例

有关景区安全管理的法规条例主要有《中华人民共和国治安管理处罚法》（全国人民代表大会常务委员会第十七次会议于 2005 年 8 月 28 日通过）、《风景名胜区条例》（国务院令第 474 号，2006 年 9 月 19 日）、《中华人民共和国森林法》（2019 年 12 月 28 日全国人民代表大会常务委员会第十五次会议修订）、《中华人民共和国旅游法》（2018 年 10 月 26 日全国人民代表大会常务委员会第六次会议修订）、《中华人民共和国安全生产法》（2021 年 6 月 10 日全国人民代表大会常务委员会第二十九次会议修订）、《旅游安全管理办法》（国家旅游局令第 41 号，2016 年 12 月 1 日）、《重大旅游安全事故报告制度试行办法》（国家旅游局，1993 年 4 月 15 日）、《重大旅游安全事故处理程序试行办法》（国家旅游局，1993 年 4 月 15 日）、《全国旅游质量监督管理所机构组织与管理暂行办法》（国家旅游局，1997 年 3 月 27 日）、《特种设备安全监察条例》（2009 年 1 月 14 日国务院第四十六次常务会议修订）、《场内机动车辆安全管理规定》（劳动部，1995 年 4 月 7 日）、《游艺机和游乐设施安全监督管理规定》（国家质量技术监督检验检疫总局令第 8 号，1994 年 4 月 13 日）等。

（二）地方法规条例

除了上述国家法规条例规定外，各地政府相应出台了一些相关法规条文。以浙江省为例，相继出台了《浙江旅游条例》（2015 年 9 月 25 日经浙江省第十二届人民代表大会常务委员会第二十三次会议通过）、《浙江省风景名胜区条例》（2014 年 11 月 28 日经浙江省第十二届人民代表大会常务委员会第十四次会议通过）、《浙江省普陀山风景名胜区条例》（2022 年 11 月 24 日经浙江省第十三届人民代表大会常务委员会第三十九次会议通过）、《关于全面加强新时代消防安全工作的意见》（浙江省政府，2023 年 5 月 19 日）、《关于加强基层应急管理体系和能力建设的实施意见》（浙江省应急管理厅，2022 年 10 月 23 日）、《浙江省特种设备安全管理条例》（2013 年 12 月 19 日经浙江省十二届人大常委会第七次会议通过修订）、《浙江省生产安全事故报告和调查处理规定》（浙江省人民政府，2012 年 12 月 31 日）等法规。

（三）国家和地方标准规定

国家制定的适用于景区安全管理的相关标准有《旅游景区质量等级的划分与评定》（GB/T 17775—2003）、《游乐园安全 应急管理》（GB/T 42100—2022）、《游乐园安全 基本要求》（GB/T 42101—2022）、《游乐园安全 现场安全检查》（GB/T 42102—2022）、《游乐园安全 风险识别与评估》（GB/T 42103—2022）、《游乐园安全 安全管理体系》（GB/T 42104—2022）、《充气式游乐设施安全规范》（GB/T 37219—2018）、《大型游乐设施安全规范》（GB 8408—2018）、《小型游乐设施安全规范》（GB/T 34272—2017）、《游乐设施安全使用管理》（GB/T 30220—2013）、《客运架空索道安全规范》（GB 12352—2018）、《消防安全 第 1 部分：标志》（GB 13495.1—2015）等。地方上也根据近年来景区运营中出现的安全问题制定了相应的标准，如浙江省出台了《漂流旅游安全和服务规范》（DB 33/47—2004）、《浙江省危险性大体育经营活动指导标准》（浙江省体育管理委员会试行标准）等标准。表 8-2 是《旅游景区质量等级的划分与评定》中关于“旅游安全”的内容。

表8-2 《旅游景区质量等级的划分与评定》中关于“旅游安全”的内容

标准等级	安全管理的内容
5A 级旅游景区	a) 认真执行公安、交通、劳动、质量监督、旅游等有关部门制定和颁布的安全法规。建立完善的安全保卫制度，工作全面落实 b) 消防、防盗、救护等设备齐全、完好、有效。交通、机电、游览、娱乐等设备完好，运行正常，无安全隐患。游乐园达到 GB/T 16767—1997 规定的安全和服务标准。危险地段标志明显，防护设施齐备、有效，特殊地段有专人看守 c) 建立紧急救援机制，设立医务室，并配备专职医务人员。设有突发事件处理预案，应急处理能力强，事故处理及时、妥当，档案记录准确、齐全
4A 级旅游景区	a) 认真执行公安、交通、劳动、质量监督、旅游等有关部门安全法规。建立完善的安全保卫制度，工作全面落实 b) 消防、防盗、救护等设备齐全、完好、有效。交通、机电、游览、娱乐等设备完好，运行正常，无安全隐患。游乐园达到 GB/T 16767—1997 规定的安全和服务标准。危险地段标志明显，防护设施齐备、有效，高峰期有专人看守 c) 建立紧急救援机制，设立医务室，并配备医务人员。设有突发事件处理预案，应急处理能力强，事故处理及时、妥当，档案记录准确、齐全
3A 级旅游景区	a) 认真执行公安、交通、劳动、质量监督、旅游等有关部门安全法规。建立完善的安全保卫制度，工作全面落实 b) 消防、防盗、救护等设备齐全、完好、有效。交通、机电、游览、娱乐等设备完好，运行正常，无安全隐患。游乐园达到 GB/T 16767—1997 规定的安全和服务标准。危险地段标志明显，防护设施齐备、有效，高峰期有专人看守 c) 建立紧急救援机制，设立医务室，至少配备兼职医务人员。设有突发事件处理预案，应急处理能力强，事故处理及时、妥当，档案记录准确、齐全
2A 级旅游景区	a) 认真执行公安、交通、劳动、质量监督、旅游等有关部门安全法规。建立完善的安全保卫制度，工作全面落实 b) 消防、防盗、救护等设备齐全、完好、有效。交通、机电、游览、娱乐等设备完好，运行正常，无安全隐患。游乐园达到 GB/T 16767—1997 规定的安全和服务标准。危险地段标志明显，防护设施齐备、有效 c) 建立紧急救援机制。配备游客常用药品。事故处理及时、妥当，档案记录完整
1A 级旅游景区	a) 认真执行公安、交通、劳动、质量监督、旅游等有关部门安全法规。安全保卫制度健全，工作落实 b) 消防、防盗、救护等设备齐全、完好、有效。交通、机电、游览、娱乐等设备完好，运行正常，无安全隐患。游乐园达到 GB/T 16767—1997 规定的安全和服务标准。危险地段标志明显，防护设施齐备、有效 c) 事故处理及时、妥当，档案记录完整，配备游客常用药品

三、景区安全管理体系的建立

景区的安全管理体系并不独立于景区的其他管理体系，它应当与景区的质量管理体系、环境管理体系、财务管理体系以及职业安全管理体系等相融合。从整体来看，景区安全管理体系包括景区安全预警系统、景区安全控制系统和景区安全保障系统三个子系统。

（一）景区安全预警系统

景区安全预警系统由景区信息系统、宣传教育部门、市场营销部门等构成，其主要任务是发布景区安全管理法规、条例，并教育、培养景区从业人员、旅游者、景区居民的安全知识和意识，提高旅游者的安全防范能力。具体工作内容包括：第一，景区应与公安、工商、气象等部门经常联络沟通，通过景区宣传册、导游、景区广播等途径向游客及时宣传发布有关本景区旅游过程中的注意事项；第二，根据景区危险源的分布状况和控制重点，介绍景区的安全保障情况、游览注意事项以及在突发情况下的应急措施，以提高旅游者的安全防范意识；第三，景区可以通过采用某些技术手段来提高预警工作的效率和准确性。国内曾有专家对滨海城市的旅游安全预警系统进行设计，系统采用了地理信息系统（Geographic Information System, GIS）、全球定位系统（Global Positioning System, GPS）、三维可视化系统（Video System, VS）和专家系统（Expert System, ES）来收集信息、存储、运算和分析。但是这一系统的成本较高，只能在局部重点景区实施。对于地区性的自然灾害，如海啸、台风、泥石流等应制定可操作性强的应急预案并定期演习。

对在景区开展的大型活动进行风险预测评估。大型活动一般是人员密集的活动，对其进行风险预测评估，主要是评估正常情况下的步行人流组织水平和紧急情况下的人员疏散安全能力。在评估大型活动的疏散安全能力时主要考虑三方面因素的综合影响：一是仪式活动举办场所自身的特点，主要包括建筑结构、通道和出口设置、建筑的功能、活动场所在建筑中的具体位置、活动场所内部的通道设置等因素；二是参加大型活动的人员自身的特点，主要包括人员组成、安全素养、对周围环境的熟悉程度等因素；三是可能发生或需要应对的突发事件自身的特点。在综合考虑这些因素的基础上，评估者可以利用丰富的经验，在详细的实地调查的基础上进行分析，有条件的情况下可利用先进的疏散模拟模型软件对其进行定量分析，对大型活动的疏散安全能力进行全面准确的评估，制订切实可行的应急预案。

对员工进行广泛的安全培训，提高员工的安全意识；对于游客也应当以不同的方式提醒，如通过员工服务说明、宣传册、各种安全指示牌等，提高游客在景区游玩时的安全意识；对于景区的居民进行深入的普法教育，开展增强社区安全意识的活动，提高其安全意识。

在景区旅游旺季到来之前，做好游客量的预测工作，及时发布消息，将游客量控制在景区所能承受的容量之内，以此减轻景区巨大的环境保护和安全保障压力。

案　例

迪士尼拒客：霸道的温柔

开张以来一直波澜不惊的香港迪士尼乐园，在春节期间有了大大的惊喜。由于游客爆满，迪士尼乐园不得不连续两日对数百名稍后赶来的游客紧闭园门。被拒之门外的游客与迪士尼员工发生争执。舆论对迪士尼乐园本土化欠缺、应变能力差、在中国摆谱、耍大牌等评价，使迪士尼公司面临着一场不大不小的公关危机。

香港迪士尼乐园副总裁安明智在事发后连续三次召开新闻发布会，向公众道歉。迪士尼把一向奉为上帝的顾客拒之门外与其企业文化明显相悖，可见其确实低估了中国市场的巨大潜力。

其实，人口大国的特色时时刻刻体现在我们生活的每个细节中，一次招聘会动辄就会蜂拥云集几万人甚至十几万人，足球比赛、文娱活动甚至超市的酬宾活动等，在狭小的空间内拥挤成千上万人是轻而易举的事情，在春节期间，人头攒动更被看作节日的特色之一。我们更熟悉的场景是，在人群的推搡、挤压和挣扎中，有几个看起来很不友好的秩序维护人员做摆设，相信每参加一次这样的活动都会增加我们对集体活动的恐惧。北京密云灯会踩踏事故和马尼拉的踩踏事故更是给大家提出了警示。

游客们是用脚给景区投票的，决定因素包括了安全指数、地理位置、价位、服务态度、游乐指数等，迪士尼的行为看似是对“游客”的不尊重和怠慢，但相信它是希望在保证顾客安全的前提下，给顾客一个宁缺毋滥的迪士尼旅程。从保证游客的安全和完美的娱乐体验来说，迪士尼关门拒客是次中取优的决策，但事后对包销商和顾客的安抚才更能考验公司的危机处理能力。

（二）景区旅游安全控制系统

景区旅游安全控制系统是由安全管理队伍以及相应的一系列防控、管理活动组成。具体内容如下：

（1）对景区内的各种分包经营活动的监督与管理。景区内有很多服务项目是采用租赁或承包的方式经营，如餐饮、茶室、商场、船只等，有些景区内还有当地居民开设的各种小店铺、摊位以及上山滑竿之类的经营项目，有些大型景区会将某些景区项目运行承包给某个公司，如峨眉山景区就专门成立了峨眉山索道服务有限公司。对于这些分包出去的项目，应当给予额外的关注。景区安全管理部门应当将安全管理的指导思想和要求传达到位，并加强对这些服务项目的监督与管理，建立有效的管理办法，定期对经营者进行评估，使之按照景区的管理要求运营，确保安全。对于日常管理中发现的违规现象多、游客投诉多、评估分数低的经营者，应采取措施清理整顿。

（2）设置景区治安管理机构。景区内应设置专业保安人员，治安管理机构应与景区所在地的公安局或派出所紧密联系，加强景区的治安管理。防止并控制在景区内部出现盗窃、酗酒、闹事、聚众斗殴等违法事件，保证游客在景区内的人身财产安全。

（3）对景区内的旅游活动进行管理，制订旅游旺季疏导游客的具体方案。有防范、有计划地组织游客进行安全的旅游活动。必要时，可以采取措施以限制高峰时的游客数量；也可以采用一些科学技术手段来实现景区的游客安全管理，如西湖景区和迪士尼所做的。

案　例

北斗助力国家文化和旅游发展

为贯彻落实《中华人民共和国国民经济和社会发展第十四个五年规划和2035年远景目标纲要》和国家“十四五”文化改革发展规划，加快推进文化和旅游发展，建设社会主义文化强国，文化和旅游部发布关于印发《“十四五”文化和旅游发展规划》的通知。其中明确提出推进文化和旅游数字化、网络化、智能化发展，推动北斗导航等在文化和旅游领域应用。

文化和旅游是北斗特色应用的重要方向之一，北斗凭借高精度位置服务和短报文通信服务在智慧旅游、文物保护和野外搜救等方面发挥了重要作用。

1. 智慧旅游

北斗高精度定位在智慧旅游中发挥了重要作用，基于北斗系统的智慧旅游终端完善了景区智慧旅游系统，导游机的使用更加灵活方便并且可以随时中断。游客在一定范围内就开始自动讲解，感兴趣可以反复听，比起人工导游讲解也更精准规范。新疆交河古村、山东泰山、福州仓山等多个景区都已带安装北斗智慧旅游终端，极大提升了游客的旅游体验。

2. 文物保护

利用北斗高精度定位，可以实时监测古建筑的裂缝、沉降、位移等情况，目前广东广州陈家祠、湖北荆州川店镇、陕西西安唐景陵等文物保护中安装了北斗终端，有效解决了因文物保护区面积太大导致巡查力量分散、巡查管理不到位、协防不及时、应急处置手段不完备等问题。

3. 野外搜救

近年来，“驴友”在户外探险过程中因为迷路和突发意外导致的事故频发，由于救援人员无法确定遇难者位置，不能及时救援，北斗应急终端通过短报文通信定时将“驴友”的足迹位置发送到系统平台上，当“驴友”遇险发出求救信号，系统可以根据他的所在位置及时处理，保护了“驴友”的生命安全。

目前，北斗三号全球卫星导航系统已全面建成，提供更加精准、更加可靠、更加智能的服务。随着产业新时代的开启，相信北斗系统也将在文化和旅游领域发挥更大的作用。

［资料来源］http://m.beidou.gov.cn/yw/xydt/202106/t20210604_22673.html

此外，景区旅游安全控制系统还包括：对景区内的旅游设施设备进行日常安全预防检查和管理；对景区内游客的住宿安全、饮食安全进行监督和管理；对有动物的景区来说，做好动物的管理工作，避免游客受到动物袭击和伤害

（三）景区旅游安全保障系统[①]

景区安全保障系统由景区安全管理的政策及相关法规条例、景区安全救援机构与部门、景区安全资料档案与保险等内容构成。

（1）景区安全管理的规章制度。各景区应根据国家、本地方颁布的相关的法规

① 郑向敏．旅游安全学［M］．北京：中国旅游出版社，2003.

条例结合本地具体情况来制定各项制度和条例。应由景区安全管理机构统一和本景区内的文化和旅游、公安、交通、生态、自然资源、工商、市场、卫生等各相关部门相互协调，一并落实。

（2）景区安全救援。景区应设置能快速反应和进行施救的景区安全援救系统。安全援救系统由景区和社区的医院、消防、公安部门组成。为了能对重大的安全事故如景区火灾、交通事故进行快速、有效救援，要设有专门的救援机构车和救援小组，要配备相关的救援设施设备，制订救援制度和设计、演练救援方案，以提高安全救援的能力和效果。

（3）景区安全资料和档案。景区安全资料和档案是景区安全管理的依据和借鉴。应对景区安全事故的类型、发生规律进行研究和总结，形成资料，用于开展景区安全管理工作的指导。要对景区资源安全、环境质量安全等进行资料收集和统计，以便进行有针对性的管理。设备的维护保养是质量管理的一个重要环节，对于安全管理来说也非常重要。安全管理机构还要协同质量管理部门对设备的维护和保养进行监督。

（4）旅游保险。要在景区内推广实施旅游保险制度。建立和完善旅游者人身、财产保险制度，加强旅游保险的宣传和教育，引导和提倡旅游者购买景区旅游保险，提高安全防范和自身安全保险的意识。

第三节　景区常见游乐项目安全管理及常见事故处理方法

随着旅游业的深入发展，一些新兴的娱乐项目不断涌现出来，具有刺激性的游艺、游乐旅游活动项目逐渐受到人们的青睐，设有游艺机和游乐设施、开展各项游乐活动的游乐园（场）于20世纪90年代开始在我国大量涌现，各种漂流活动也大受欢迎。本节从游客安全的角度出发，在参考国家相关标准的基础上，就景区游乐项目的游客安全管理方法进行了整理、归纳和阐述。同时，本节还就景区常见事故的处理方法进行较为详细的阐述。

一、景区的游客安全管理

（一）游乐园项目的游客安全管理

这里所指的游乐园项目主要是指游艺机类的游乐设施，即采用沿轨道运动、回转运动、吊挂回转、场地上运动、室内定置式运动等方式，承载游客游乐的现代机械设施组合；也包括承载游客在水面上进行游乐活动，由机械动力驱动、人力驱动或由游客自行操纵的设施。水上世界也属于游乐园中的一个专门类别，是专供游客游泳或进行戏水等水上游乐运动的场所。《游乐园安全 应急管理》（GB/T 42100—2022）、《游乐园安全 基本要求》（GB/T 42101—2022）、《游乐园安全 现场安全检查》（GB/T 42102—2022）、《游乐园安全 风险识别与评估》（GB/T 42103—2022）、《游乐园安全 安全管理体系》（GB/T 42104—2022）等国家相关标准规定，游乐园应建立健全各项安全管理制度，在制定制度和程序时，应考虑到以下几方面的要求：

1. 人员要求

机械游乐设施操作人员以及快艇、电瓶车的驾驶人员必须经过项目技术培训、考核，获得国家授权机构颁发的上岗证，持证上岗。对于快艇驾驶人员景区应对其驾龄做出规定；严禁身患高血压、心脏病、癫痫等可能突发生理失控的操作人员上岗操作；操作人员应当接受应急事故处理的培训，熟练掌握如火灾、机械险情、游客突发疾病等事故的处理方法。

2. 安全服务要求

游乐设施投入运行前，操作服务人员应按照“日常点检表”［《游乐园安全 基本要求》（GB/T 42101—2022）、《游乐园安全 现场安全检查》（GB/T 42102—2022）］对设施进行日常的检查；景区指定的安全检查人员也应在每日运营前进行例行检查，没有安全检查人员签字的设施、设备不能投入营业。若发现问题应通知部门主管，并填写“维修申请单”报工程部维修，并在设施上悬挂“设施检修中”这样的标识，经工程技术人员验收后方能继续营运。

在常规检查基础上，应根据游乐设施的特点进行无人情况下的试运行不少于两次，确认一切正常后，才能开机营业。操作服务人员在运行前应检查设施相关配套辅助用具的合格情况，如立体眼镜、配套安全装置、救生衣等，发现配套用具不合格或未齐备的情况严禁运行。

各游艺机应在醒目位置公布游客须知，并通过广播和操作人员口头说明，告知乘坐游艺机的注意事项。谢绝不符合游艺机乘坐条件的游客参与游艺活动。水上世界的活动更要在广播中反复宣传，提醒游客注意安全，防止意外事故的发生。

游客上游乐设施后，操作服务人员必须进行安全检查，帮助游客佩戴相应的安全用具，如安全带、护肩、救生衣、搭接杆及其他护具等，并告知正确的操作方法和技巧以及相关的安全注意事项。

操作服务人员根据设施运行要求，做好封场工作，确认无人进入危险区域后开始操作。

开机前先鸣铃提示，确认无任何险情时方可开机；游艺机在运行中，操作服务人员严禁擅自离岗；密切注意游客动态，及时制止个别游客的不安全行为。

游乐设施动作结束时，操作服务人员应提醒游客安坐不动，待设备完全停稳后方可打开保险带、扣等，指挥游客依次从出口离开。

其他注意事项有：游乐器械的两次运动之间必须间隔合理的时间、空间和距离；对于可预见的事故易发部位，应设置相应的警告提示标识，并安排人员就近做好紧急情况的处理准备；遇有紧急事故发生，服务人员应立即参与抢救和疏散游客，执行相关紧急预案的程序规定；遇冰冻、雷雨、大风等影响安全的恶劣天气应暂停营运，景区管理方应当对各种天气下设施是否正常营运做出规定。

每天营运结束时，操作人员应按照“日常点检表”做好使用完成的检查；将设施停靠在规定的位置，做好防护措施；关闭电源；根据设施保养需要完成每天的保养工作；将当天的“检查日报表”整理、汇总、保存。

对于水上世界，还应当随时向游客报告天气变化情况；做到安全使用化学药品，每天营业前对水面和水池底除尘一次；凡具有一定危险的项目设施，在每日运营之前，要经过试运行；每天定时检查水质，用水的安全、卫生和水质的标准应符合 GB 8408—2018、GB 9667—1996、GB 9665—1996 等相关安全、卫生管理办法的规定。

3. 设施设备要求

景区添置游艺机和游乐设施，应当执行进货检查验收制度。游艺机必须到通过国家认可的游艺机生产厂家购买，进口的游艺机、游艺设施应按商检的有关规定办理。

游艺机和游乐设施安装完毕后，经调试、负荷试验，运转正常，由运营单位的主管部门会同当地公安、劳动、技术监督部门对各项准备工作检查验收后方可投入运营。

根据游乐设施申报制度，不同级别的游艺设施向国家市场监督管理总局核准取得相应资质的检验检测机构提出定期检验要求。

游乐设施除了进行日、周、月、节假日前和旺季开始前的例行检查外，设施设备必须按规定每年全面检修一次，在检修时对本单位无力检测的关键部件，必须委托有资格的技术检验单位进行检验，严禁设备带故障运转。

开放夜场的游乐园（场），其主要通道和公共场地应设有充足的灯光照明设备，各游艺机和游乐设施自身亦应有灯光照明。

水上世界的管理还应关注以下几点：各水上游乐项目均应设立监视台，有专人值勤，监视台的数量和位置应能看清全池的范围；水上世界范围内的地面应确保无积水、无碎玻璃及其他尖锐物品；各游乐场所、公共区域均应设施安全通道，时刻保持通畅；各游乐区域，除封闭式的外，均应按 GB 8408—2018 的规定设置安全栅栏；严格按照消防规定设置防火设备，配备专人管理，定期检查；有报警设施，并按 GB 13495.1—2015 设置报警器和火警电话标志；在人群比较拥挤隐蔽的场所应当装置监视器；露天水上世界应设置避雷装置；有残障人安全通道和残障人使用的设施；有处理意外事故的急救设施设备。

4. 医疗急救设施的要求

游乐园（场）内应设置为游客服务的医务室，医务室位置要合理，标志要明显；医务室应备有常用救护器材，能应对突发事故中伤病员的急救工作；医务室应配备具有医士以上资格的医生和训练有素的护理人员，能为游客进行一般性突发病痛的诊治和救护。

5. 档案要求

景区必须建立完整的单机档案和人员培训档案。把设备购置、施工、安装、调试、试验，定期检查和运行过程中出现的问题及处理情况，检修和更换零部件情况、油料情况等，包括图纸和文字以及运营管理、操作、维修人员培训、教育、考核等情况，全部记录存档备查。

（二）野生动物园的游客安全管理

近年来，国内动物园屡次发生动物伤人事件，造成多位游客和工作人员伤亡。事故的发生多与当事人思想麻痹大意，认为人工饲养动物比较温驯、攻击性弱，因而忽视操作规程或管理疏漏有关。因此，园区应建立健全各项安全管理制度，在制定制度和程序时，应考虑到以下几方面的要求：

1. 人员要求

景区各岗位的工作人员，特别是驾驶员、导游员、动物饲养员、环境清洁员、兽医、动物表演主持人等岗位人员，必须经过相应的岗位技术培训，接受园区动物习性、特点、操作注意事项的特殊培训，并经考核，持证上岗。工作人员应当严格按照操作规程工作，并接受应急事故处理的培训，熟练掌握如火灾、车辆在猛兽区出现机械故障、游客受动物袭击等事故的处理方法。

2. 安全服务要求

在动物放养区设置专人维护游览秩序，保障游客安全；游客在动物放养区追逐、打逗动物时，工作人员要及时进行劝阻，并耐心解释违反安全须知可能会出现的不良后果；游客在园区内受到伤害时要及时处理，并解答游客提出的各种疑问；游客在园区内出现意外，如突然晕倒、跌伤等，工作人员要及时进行救助；在凶猛动物放养区，游客遇到危险时，工作人员要及时对游客进行保护，并将其护送到安全的场所；动物进入繁殖期时，工作人员要加强对动物的看护，严防游客受到伤害。

设置专人维护游览车安全游览秩序。发现游客在猛兽区开启车门窗、将头臂探出车外等情况时，工作人员要及时进行制止并耐心地解释违反安全须知可能出现的不良后果；当游览车在凶猛动物放养区出现故障时，司乘人员应守护好车门窗，确保游客安全。

游客使用自备车游览时，景区应当向游客发放自备车游览须知；如发现游客在凶猛动物放养区开启车窗、下车等情况时，工作人员要及时进行制止；自备车辆在凶猛动物放养区搁浅或出现故障时，工作人员发现或接到游客的求助信息后要及时进行处理，严禁游客下车自救。

利用高架桥等游览通道步行参观凶猛动物展区，应当设立防护网等安全防护设施，并设专人看护；发现游客翻越防护设施要及时制止，并耐心解释违反安全须知可能带来的后果。

游客在观看动物驯化表演时，要在凶猛动物的驯化、表演场与游客的观赏台之间设置隔离设施；在驯化或表演需要游客参与时，驯化员要根据动物的表现、表演要求选定适宜人员，确保参与人员的安全；驯化或表演的凶猛动物逃逸时，工作人员应立即采取措施控制动物，以保证游客的安全。

3. 安全标识

在野生动物园入口处设立入园须知，明确规定游客严禁携带宠物入园；在园区的入口处设立园区游览图，明确标记每个动物展区的确切位置及游览方式（车行或步行等），详细说明游客在游览过程中的注意事项及在紧急状况时的求助方式；在车行区和步行区入口处的醒目位置设立标志，明确游客的游览方式；在凶猛动物放养区的醒目位置设立警示牌，明确标有“动物凶猛、关闭车窗、严禁下车”等类似的警示标志；部分较温驯的动物在进入繁殖期时对人有明显的攻击行为，应在醒目位置设立“动物进入繁殖期，请勿靠近”等警示标志；在“神经质性”动物（如长颈鹿、羚羊等）放养区须设立“动物易惊”等类似标志，并详细说明游览时的注意事项；在园区的醒目位置设立防火标志；门票或景区游览手册上应标有野生动物园游览线路及安全须知。

4. 设施设备要求

景区建立景区设施设备一览表，并对景区设施设备采取日常检查和维修工作，特别是对于直接涉及游客安全的某些设施设备要及时进行维修保养。这些设备包括景区游览车、动物的隔离栅栏、动物笼舍的门和其他防护设备。

此外，野生动物园的游客安全管理还包括医疗急救设施的要求（可参考本节“游乐园项目的游客安全管理”的相关内容）。

相关链接 搜索

八达岭野生动物园老虎伤人事件调查结果：不属生产安全责任事故

2016 年 7 月 23 日 15 时许，延庆区北京八达岭野生动物世界有限公司发生一起东北虎伤人事件，造成 1 死 1 伤。之后，“7 · 23”东北虎致游客伤亡事故调查组对事发原因做出如下认定：造成此次事件的原因：一是赵某未遵守八达岭野生动物世界猛兽区严禁下车的规定，对园区相关管理人员和其他游客的警示未予理会，擅自下车，导致其被虎攻击受伤。二是周某见女儿被虎拖走后，救女心切，未遵守八达岭野生动物世界猛兽区严禁下车的规定，施救措施不当，导致其被虎攻击死亡。

北京八达岭野生动物世界有限公司在事发前进行了口头告知，发放了“六严禁”告知单，与赵某签订了《自驾车入园游览车损责任协议书》，猛兽区游览沿途设置了明显的警示牌和指示牌，事发后工作开展有序，及时进行了现场处置和救援。结合原因分析，调查组认定“7 · 23”东北虎致游客伤亡事件不属于生产安全责任事故。

［资料来源］人民网（http://health.people.com.cn/n1/2016/0825/c398004-28664654.html）

（三）漂流项目的安全管理

漂流旅游是指漂流经营企业组织旅游者在特定水域，利用船只、木筏、竹排、橡皮艇等漂流工具进行的各种旅游活动。根据亲水性，漂流旅游可以粗略分成亲水性弱的漂流旅游和亲水性强的漂流旅游两种，浙江省的天目溪漂流和武夷山漂流都属于亲水性弱的漂流旅游。漂流旅游因其观赏性或刺激性而受到旅游者的欢迎，但作为一种特种旅游活动，漂流旅游尤其是亲水性较强的漂流旅游的危险性也是比较高的。

为了加强漂流旅游安全管理，保护漂流旅游者，促进漂流旅游有序发展，国家旅游局特于 1998 年 4 月 7 日颁布了《漂流旅游安全管理暂行办法》，并于 1998 年 5 月 1 日起实施。根据要求，浙江省也颁布了《漂流旅游安全和服务规范》（DB 33/475—2004）的暂行办法和规范，对漂流企业的资质审批、漂流企业的安全组织机构、安全管理制度建立、漂流事故处理程序、漂流工具的管理、操作人员的管理、漂流环境卫生等方面做了较为全面的规定。

1. 漂流水域的要求

漂流的水域必须符合以下标准：漂流旅游活动应当在当地水运部门考察核定的、符合安全标准的水域内进行；水域的宽度、深度和水文地理情况适宜组织漂流，无可致漂流工具翻覆的旋涡和暗礁；水域两岸地质情况良好，无滑坡、崩岸等危及漂流安全的隐患；漂流经过的地域社会治安和自然安全情况良好，无危害游客安全的野兽出没；漂流水域内不得留有监视盲区，深水区、危险区至少设置一名安全救生人员；对容易发生危险的水域部位，应有明显的提醒游客注意的警示标志。

2. 漂流设施和工具的要求

漂流设施、工具安全可靠，漂流工具需经有关部门检验，持有载明乘客定额、载重量、适航内容的合格证书；漂流设施、工具须按规定进行定期检查，严禁使用有事故隐患的漂流设施、工具；严禁使用超过安全期限的漂流设施和工具；核定载客量；配备足够的安全救生装备；有专供漂流工具停靠的码头，码头上亦必须配备足够的安全救生设备和服务设施。

3. 漂流工作人员的要求

责任心强，身体健康；经过专门培训，技术熟练，并持有培训合格证书；漂流救生员须符合有关部门规定，经过专门培训，掌握救生知识与技能，持证上岗；熟悉漂流操作程序、安全规章制度和知识，并能熟练地使用安全救生设备进行救护活动；向游客宣讲漂流旅游安全知识，介绍漂流工具上的安全设施及使用方法，说明漂流旅游过程中的安全注意事项和发生意外事故的救护办法；婉拒患有精神病、心脏病、高血压、痴呆病等病症的患者以及孕妇、老人、小孩和残障人等参加漂流活动（在漂流售票处等地应有醒目告示）；由旅游者自行或参与操作河流工具进行漂流的，应由专职工作人员事先将有关注意事项详细告知旅游者，并在易发生事故的危险地段安排专人负责安全监护。

二、景区常见安全事故处理

（一）景区火灾事故处理[①]

火灾是景区比较常见，也是危害较大的安全事故之一。景区发生火灾事故可以按以下方法处理：

1. 组织灭火

发生火灾的单位或发现火情的人员或单位应立即向报警中心报警，讲清失火的准确部位、火势大小。报警中心接到报警后，应立即报告总经理或总负责人，并根据总经理或总负责人的批示呼叫消防队并拉响警铃。报警中心应指示总机播放录音，告知火势情况，稳定客人情绪，指挥客人撤离现场。总经理或总负责人、安全部经理、工程部、消防队、医务人员等应立即赶赴火灾现场指挥现场救火。迅速查明起火的准确部位和发生火灾的主要原因，采取有效的灭火措施，积极组织抢救伤病员和老、弱、病、幼旅游者。

2. 保护火灾现场

注意发现和保护起火点。清理残火时，不要轻易拆除和移动物体，尽可能保护燃烧时的状态。火灾扑灭后，应立即划出警戒区域，设置警卫，禁止无关人员进入，在公安部门同意后进行现场勘察和清理火灾现场。勘察人员进入现场时，不要随便走动。进入重点勘察区域的人员应有所限制。

3. 调查火灾原因

景区火灾发生的原因基本上可以分成三类，即思想麻痹、违规操作引发火灾；自然起火，如自燃、雷击等；人为纵火，主要采用调查访问、现场勘察和技术鉴定等方法确认。

（1）调查访问。主要调查对象包括最先发现火灾的人、报警的人、最后离开起火点的人、熟悉起火点周围情况的人、最先到达起火点的人、火灾受害人等。调查的内容包括火灾发生的准确时间、起火的准确部位、火灾前后现场情况等。

---

① 徐进．旅游开发规划及景点景区管理实务全书［M］．北京：北京燕山出版社，2000.

（2）现场勘察。包括对火灾周围环境的勘察，对着火建筑物和火灾区域的初步勘察，对物证、痕迹的详细勘察和对证人的详细询问等。

（3）技术鉴定。借助科学技术手段如化学分析实验、电工原理鉴定、物理鉴定和模拟实验等进行技术鉴定。

（二）食物中毒事故处理

处理方法包括：搜集有关食品、餐具、用具及呕吐物；了解现场情况，访问事主或群众；搜集各种痕迹，如中毒者已被送往医院，要向医务人员了解中毒者的症状和抢救过程；抢救的同时，要取得医生配合，调查发生中毒的原因；食物中毒处理过程中，应成立临时指挥部，负责整个抢救工作。

（三）景区重大盗窃事故处理

景区重大盗窃事故是指发生在景区内的客人或企业的大笔现金、贵重物品被盗事件或景区贵重设施设备被盗事件。景区安全部一旦接到报案，应迅速做出如下反应与处理：

（1）了解情况，保护现场。查明发现事故的经过，了解情况，采取切实有效的措施保护现场。

（2）向警方报案，划定勘察范围，确定勘察顺序。盗窃现场勘察重点是：其一，现场进出口的勘察。因现场进出口是犯罪分子必经之地。其二，被盗财物场所勘察。被盗财物场所是犯罪分子活动中心部位，往往会留下犯罪痕迹。其三，现场周围的勘察。主要是为了发现犯罪分子去现场的线路和作案前后停留的场所有无痕迹、有无遗留物及交通工具痕迹等。

（3）分析判断案情，确定犯罪嫌疑人。经过勘察分析，判断案情，如果不是外部来人作案，即可在划定范围内，通过调查访问，发现犯罪嫌疑人。

（四）游客死亡事故处理

景区内游客死亡处理应注意以下三方面：

1. 游客病危时

当发现客人突然患病，应立即报告景区负责人或值班经理，在领导安排下组织抢救。在抢救病危客人过程中，必须要有患者家属、领队或亲朋好友在场。

2. 游客死亡时

（1）死亡的确定。一经发现游客在景区内死亡，应立即报告当地公安局，并通知死者所属的团、组负责人。如属正常死亡，善后处理工作由接待单位负责。没有接待单位的，由公安机关会同有关部门共同处理。如属非正常死亡，应保护好现场，由公安机关取证处理。尸体在处理前应妥为保存。

（2）通知死者单位或家属。凡属正常死亡的，在通报公安部门后，由接待或工作单位负责通知家属。如死者无接待单位，由景区或公安部门负责通知。

（3）出具证明。正常死亡，由县级或县级人民法院出具《死亡证明书》。非正常死亡，由公安机关或司法机关法医出具《死亡鉴定书》。

（4）死者遗物的清点和处理。清点死者遗物应有死者随行人员或家属及景区工作人员在场。如死者有遗嘱，应将遗嘱拍照或复制，原件交死者家属或所属单位。

（5）尸体的处理。遗体处理一般以当地火化为宜。遗体火化前，应由领队、死者家属或代表写出《火化申请书》，交景区保存。如死者家属要求将遗体运送回原籍，尸体要由医院做防腐处理，由殡仪馆成殓，并发给《装殓证明书》。遗体运送回原籍应有相关证明。

3. 其他注意事项

善后处理结束后，应由聘用或接待单位写出《死亡善后处理情况报告》，送交主管领导单位、公安局等相关部门。内容包括死亡原因、抢救措施、诊断结果、善后处理情况等。

对在我国国境内死亡的外国人要严格按照《中华人民共和国外交部关于外国人在华死亡后的处理程序》处理。

本章小结

景区是旅游者旅游活动中的核心内容，其类型多样，服务涉及面广，因此景区往往成为旅游安全事故的高发地。景区安全管理的核心内容是景区游客的安全管理。本章主要从游客安全的角度探讨景区的安全管理。

（1）介绍了旅游安全、景区安全管理的概念，说明景区安全可以分为旅游者安全、旅游从业者安全和旅游资源的安全。本章的景区安全着重从游客安全的角度进行分析，对景区安全事故或事件进行了分类。

（2）较为全面地对景区安全管理进行了梳理，对景区危险源的定义和识别方法进行了介绍，并就何种完善的景区安全管理体系有助于景区安全管理进行了讨论。

（3）游乐项目安全管理是景区安全管理中的重要内容。本章在参考相关法律法规的基础上，结合实践工作需要，从游客安全管理的角度出发，对游乐园项目的安全管理、野生动物园项目的安全管理和漂流项目的安全管理等分别就人员要求、设施设备要求、档案要求、安全标识、医疗配备等作了阐述。

（4）对景区常见事故的处理方法，如火灾、重大盗窃事故、游客死亡事故等进行了介绍。

复习与思考

一、名词解释

景区安全管理

二、简答题

1. 景区安全管理的范畴。
2. 景区安全管理的基本思路和体系构成。
3. 景区安全事件一般分成哪几类？
4. 简述景区旅游安全事故发生的一般规律。
5. 景区安全控制系统主要包括哪些内容？

三、选择题

1. 景区安全管理指的是（　）。

A. 游客安全管理　B. 景区从业人员安全管理　C. 旅游资源安全管理　D. 以上都是

2. 以下哪一项工作是游艺机操作人员每天上岗开机营业前无须做的事情（　）。

A. 根据日常点检表检查机器

B. 机器在无人情况下试运转至少两次

C. 给机器上润滑油

D. 请安全检查员检查并签字

3. 法律法规旅游安全管理体系是（　）。

A. 景区安全预警系统中的内容　B. 景区安全控制系统中的内容

C. 景区安全保障系统中的内容　D. 一个独立的系统

四、分析题

请分析法律法规和标准对于景区安全管理的重要性。

五、能力应用题

1. 小王是一名实习生，上岗第一天游乐园的经理就让他顶替操作“太空船”的那位生病员工的岗位，在简单了解操作规程后，小王就上岗了。用经理的话说，这台机器操作起来很简单，一点儿也不复杂。

请你评价这样做是否妥当。

2. 游乐园有一台机器，买回来后就没有全面检修过，游乐园的负责人很感叹：“我们这台机器是全园唯一一台进口机器，没人能检修得了，质量也好得不得了，没出过一次故障。”

请你对游乐园的做法进行评论。

六、实训项目

考察当地的一个景区，分析一下该景区的危险源。

参考文献

[1] 彭淑清. 景区服务与管理 [M]. 北京：电子工业出版社，2010.

[2] 张凌云. 旅游景区景点管理 [M]. 北京：旅游教育出版社，2003.

[3] 王昆欣. 旅游景区服务与管理 [M]. 北京：旅游教育出版社，2006.

[4] 周国忠，王方. 景区服务与管理实务 [M]. 南京：东南大学出版社，2007.

[5] 斯沃布鲁克. 旅游景区开发与管理 [M]. 龙江智，译. 2版. 北京：旅游教育出版社，2006.

[6] [美] TIMM PR 著. 对客服务艺术：成功源自顾客的满意 [M]. 肖洪根，李洪波，曾武英，译. 北京：旅游教育出版社，2002.

[7] 中华人民共和国国家质量监督检验检疫总局.《旅游区质量等级的划分与评定》(GB/T 17775—2003).

[8] 张立明，胡道华. 旅游景区解说系统规划与设计 [M]. 北京：中国旅游出版社，2006.

[9] 蒋炳辉. 导游带团艺术 [M]. 北京：中国旅游出版社，2001.

[10] 刘哲编. 康乐服务与管理 [M]. 北京：旅游教育出版社，2003.

[11] 李如生. 美国国家公园管理体制 [M]. 北京：中国建筑工业出版社，2005.

[12] 佩吉，布伦特. 现代旅游管理导论 [M]. 刘劼莉，译. 北京：电子工业出版社，2004.

[13] 约翰逊. 旅游业人力资源管理 [M]. 朱虹，译. 北京：电子工业出版社，2004.

[14] 周玲强. 旅游景区经营管理 [M]. 杭州：浙江大学出版社，2006.

[15] 杨振之. 景区升级与服务质量管理 [M]. 北京：科学出版社，2009.

[16] 卢晓. 旅游景区服务与管理 [M]. 北京：清华大学出版社，2009.

[17] 姜若愚. 旅游景区服务与管理 [M]. 大连：东北财经大学出版社，2008.

[18] 王莹. 旅游区服务质量管理 [M]. 北京：中国旅游出版社，2003.

[19] 林南枝. 旅游市场学 [M]. 修订版. 天津：南开大学出版社，2000.

[20] 格克. 旅游广告实用手册 [M]. 尹倩，译. 北京：东方出版社，2008.

[21] 符国群. 消费者行为学 [M]. 2版. 武汉：武汉大学出版社，2006.

[22] 霍洛韦. 旅游营销学 [M]. 4版. 修月祯，译. 北京：旅游教育出版社，2006.

[23] 刘锋，董四化. 旅游景区营销 [M]. 北京：中国旅游出版社，2006.

[24] 李红，郝振文. 旅游景区市场营销 [M]. 北京：旅游教育出版社，2006.

[25] 范云峰，丁若玉. 市场营销 [M]. 北京：中国经济出版社，2006.

[26] 曹戈. 旅游同业销售理论与实务 [M]. 北京：中国旅游出版社，2004.

[27] 冯淑华. 景区运营管理 [M]. 广州：华南理工大学出版社，2004.

[28] 邹统钎. 旅游景区开发与经营经典案例 [M]. 北京：旅游教育出版社，2003.

[29] 李鼎新，岳福琴. 旅游市场营销 [M]. 北京：科学出版社，2005.

[30] KOTLER P，BOWEN J，MAKENS J. 旅游市场营销 [M]. 北京：旅游教育出版社，2003.

[31] 郑向敏. 旅游安全学 [M]. 北京：中国旅游出版社，2003.

[32] 王昆欣. 旅游景区服务与管理案例 [M]. 北京：旅游教育出版社，2008.

[33] 薛建红. 旅游服务礼仪 [M]. 郑州：郑州大学出版社，2002.

[34] 陈刚平，周晓梅. 旅游社交礼仪 [M]. 北京：旅游教育出版社，2003.

[35] 张永宁. 饭店服务教学案例 [M]. 北京：中国旅游出版社，2003.

[36] 黄琳. 商务礼仪 [M]. 北京：机械工业出版社，2005.

[37] 梁智，李红，刘宏飞. 旅游投诉与旅游事故案例精选解析 [M]. 北京：旅游教育出版社，2009.

[38] 姚志国，鹿晓龙. 智慧旅游：旅游信息化大趋势 [M]. 北京：旅游教育出版社，2013.

[39] 李云鹏. 智慧旅游：从旅游信息化到旅游智慧化 [M]. 北京：中国旅游出版社，2013.

[40] 章小平. 智慧可持续发展景区战略管理 [M]. 北京：中国林业出版社，2011.

[41] 郭伟. 我国智慧景区发展研究 [J]. 中国集体经济，2012（25）.

[42] 孔邦杰 . 旅游安全管理 [M] . 上海：格致出版社，2019.

[43] 张公鹏 . 景区客流安全管理与应急调控 [M] . 北京：中国旅游出版社，2022.

[44] 祝红文，梁悦秋 . 旅游安全基础知识 [M] . 北京：旅游教育出版社，2021.

[45] 张凌云 . 旅游景区管理 [M] . 6 版 . 北京：旅游教育出版社，2019

[46] 郎富平，陈蔚 . 景区服务与管理 [M] . 北京：旅游教育出版社，2021.

[47] 郭亚军 . 旅游景区运营管理 [M] . 2 版 . 北京：清华大学出版社，2022.

[48] 王昆欣 . 旅游景区服务与管理案例 [M] . 2 版 . 北京：旅游教育出版社，2022.

[49] 傅云新 . 旅游景区管理 [M] . 2 版 . 广州：暨南大学出版社，2022.

项目策划： 张芸艳
责任编辑： 张芸艳
责任印制： 冯冬青
封面设计： 武爱听

图书在版编目（CIP）数据

景区服务与管理 / 周国忠主编． -- 3 版． -- 北京 ：
中国旅游出版社，2023.9
“十二五”职业教育国家规划教材 经全国职业教育
教材审定委员会审定
ISBN 978-7-5032-7216-5

Ⅰ．①景… Ⅱ．①周… Ⅲ．①风景区－商业服务－高
等职业教育－教材②风景区－经济管理－高等职业教育－
教材 Ⅳ．①F590.6

中国国家版本馆 CIP 数据核字（2023）第 176683 号

书　　名： 景区服务与管理（第三版）

主　　编： 周国忠
出版发行： 中国旅游出版社
（北京静安东里6号　邮编：100028）
http://www.cttp.net.cn　E-mail:cttp@mct.gov.cn
营销中心电话：010-57377103，010-57377106
读者服务部电话：010-57377107
排　　版： 北京旅教文化传播有限公司
经　　销： 全国各地新华书店
印　　刷： 三河市灵山芝兰印刷有限公司
版　　次： 2023年9月第3版　2023年9月第1次印刷
开　　本： 787毫米×1092毫米　1/16
印　　张： 15
字　　数： 255千
定　　价： 39.80元
I S B N　978-7-5032-7216-5
